民间法哲学论

一种中国特色
法哲学建构论纲

ON THE PHILOSOPHY
OF FOLK LAW

A Theory of Legal Philosophy with Chinese
Characteristics

姚选民　著

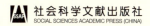
社会科学文献出版社
SOCIAL SCIENCES ACADEMIC PRESS (CHINA)

献给　香香和阳宝

要按照立足中国、借鉴国外，挖掘历史、把握当代，关怀人类、面向未来的思路，着力构建中国特色哲学社会科学，在指导思想、学科体系、学术体系、话语体系等方面充分体现中国特色、中国风格、中国气派。

——习近平《在哲学社会科学工作座谈会上的讲话》

（2016 年 5 月 17 日）

"场域公共秩序"导向的民间法哲学

——姚选民著《民间法哲学论》序

谢　晖*

从 1989 年关注"回族法文化"这项课题的研究算起，我认真关注并积极推进民间法话题的研究已整整 30 年了。这期间，所见到的绝大多数相关成果是以"实证研究"为特点的。无疑，对在学科上应属于法律社会学或法律人类学研究对象的民间法问题而言，首在实证研究，这是毋庸置疑、天经地义的。但不得不指出的是，我国既往的相关研究，多见材料，罕见学理。似乎实证研究，就是材料的堆砌、事实的陈述、案例的解剖，而不需要什么分析工具、知识基础以及学理框架似的。其实，这里明显存在双重误解：既是对实证研究的误解，又是对理论建构的误解。

对实证研究的误解，在于我们通常所钟情的"实事求是""用事实说话""事实胜于雄辩"等格言。但实证研究，并非只是个案、材料和事实的罗列。所谓"实事求是"，目的是要在事实中寻求其所蕴含的道理，是把零乱的事实升华为具有逻辑性的道理。所谓"用事实说话"，照例是要最终以事实来讲理，它不是将事实搁在纸上，而是要透过事实把道理搁在纸上，搁在人间。即便"事实胜于雄辩"，也不是用事实否定雄辩，而是说只有事实能够证明的

---

*　谢晖（1963~），男，甘肃天水人，哲学博士，我国著名法学家，二级教授、博士生导师。

雄辩，才是真正的雄辩，或者只有经由事实，才能获得更能说明真相的雄辩。

可见，众多的民间法事实，虽然是民间法研究的前提和对象，但并非民间法研究本身。民间法研究，更应关注如何对民间法事实进行搜集、采访、整理、命名、分类、梳理、提升，即如何把民间法的事实纳入民间法的学理框架中。如果民间法已经有学理框架模型，那么，民间法研究的基本套路，就是把民间法的事实代入这一框架中；如果民间法尚未有其学理模型，那么，民间法研究的基本出发点，就是透过相关材料，架构理论框架或分析模型。显然，实证研究，至少是资料与学理并重的事业，是在资料基础上的研究，而不是把资料搁在那里，就想当然地成了研究。进言之，实证研究及其成果本身就是一类分析方法、一套学理体系、一种知识类型。

当然，这样讲，并不是说实证研究和理论建构之间没有区隔，完全等同。诚然，在学术研究的实践中，实证研究就是实证研究，理论研究就是理论研究，两者之界限无需讳言，否则，就没有必要单独开列这两个不同的概念了。也正因如此，民间法在实证研究之外，还存在在此基础上如何提升其学理水平的问题。这意味着，民间法的实证研究固然需要理论框架和分析方法，甚至每种实证研究，如果称得上真正的研究的话，那么，本身也在提供并丰富着相关理论。但是，这并不意味着实证研究就包办了一切学理，反之，诚如前述，实证研究和它的理论建构之间还存在明显的区别。因之，实证研究不是止步于实证本身，而是需要在实证研究基础上，强化诸如概念解释、类型划分、情境描述、功能阐析、工具开发等理论提升的工作。如此坚实、深入且实用的理论提升，既象征着实证研究之水准，又支持着实证研究之深化，还标志着一个研究领域的成熟。

这对民间法的研究而言，尤为需要。这是因为一来如前所述，我国目前民间法的研究基本上处于资料收集、整理和简要分析的实证阶段，即使实证研究自身的方法，也远没有被系统运用、自觉贯彻，因之，其学理水平尚不尽如人意。二来民间法虽然属于法律社会学和法律人类学研究领域的子项，但后二者除提供了民间法研究的可能方法之外，并不能包办民间法研究的具体问题、理论和方法。三来民间法研究中所涉及的一系列概念及概念体系，如社团规范、财团规范、政党纪律、社区规约、地方（民族）习惯、习惯法、宗族法、宗教法、乡规民约、网络公约等，都有各自独特的、其他学科的研究无法替代的内涵，而这些概念及制度事实是通过何种机理、动力来调整、规范和结构社会事实的？这些概念自身又是如何演变的？把它们共同结构在民间法这一概念体系中的基本理据是什么？显然，这都是在民间法研究的理论提升中应予充分审视的问题，也表明民间法研究的理论提升这一话题，并不是民间法研究者们的自说自话，而是这一研究能够在理论和实践上真正有所作为的必要举措。

任何一项学术研究的理论提升，都不可避免地要从其基础理念开始，民间法研究的理论提升也是如此。从目前国内的研究情形看，有关民间法理论提升的基础理念，大体有以下四种：（1）以社会学中"小传统"的概念为基础理念（如谢晖之《大、小传统的沟通理性：民间法初论》[①]、黄金兰等的《小传统的法治面向》[②] 等）；（2）以经济学中"非正式制度"的概念为基础理念（如徐昕、桑本谦以经济分析视角对"私力救济""私人间监控与惩罚"的剖析[③]；赵海怡在制度经济学，特别是非正式制度视角下对民间法的分析[④]等）；

[①] 参见谢晖《大、小传统的沟通理性：民间法初论》，法律出版社，2019。
[②] 参见黄金兰、周赟《小传统的法治面向》，厦门大学出版社，2018。
[③] 参见徐昕《论私力救济》，中国政法大学出版社，2005；桑本谦《私人之间的监控与惩罚：一个经济学的进路》，山东人民出版社，2005。
[④] 参见赵海怡、钱锦宇《法经济学视角下国家法的限度：民间规则与国家法关系的重新定位》，《山东大学学报》2010 年第 1 期；赵海怡、钱锦宇《国家法与民间规则互动的必要性及其实现方式：以社会制度变迁路径的多层次拓展为分析进路》，《甘肃政法学院学报》2009 年第 6 期。

（3）以人类学中"地方性知识"的概念为基础理念（如谢晖在此基础上提出的"地方性的普适性"① "个体性的普适性"② 等概念）；（4）以法学中"民间法"（如梁治平的相关论述③）或"习惯法"（如李可等的相关论述。需指出的是，不乏一些学者将这两个概念混淆的情形，但事实上，两者并非等同的概念，而是种属关系或种属概念④）的概念为基础理念⑤。但遗憾的是，在上述基础理念中，并没有运用政治学的概念为基础理念，以提升民间法研究的理论者。

这种情形，或许要被呈现在读者面前的这部书所打破。姚选民博士在他的博士后研究报告中，就颇具创意地提出了"场域公共秩序"的概念，把主要运用于政治学领域的"公共秩序"一词，经过修饰改造，作为建构其"民间法哲学"的基础元素和理念。作者指出：

> 本书所探讨或讨论的"公共秩序"主要是指政治学意义上的公共秩序。"场域公共秩序"主要是用"场域"这一建构元素来有力地呈现公共秩序的结构层次性，并没有增添公共秩序概念的内涵要素，旨在让公共秩序概念所指涉的外延内涵能够更形象、更有力地呈现出来。基于对公共秩序概念的分析，所谓

① 参见谢晖《族群—地方性知识、区域自治与国家统一：从法律的"普适性知识"和"地方性知识"说起》，载《思想战线》2016年第6期；谢晖《论民间法研究的两种学术视野及其区别》，载《哈尔滨工业大学学报》（社会科学版）2012年第2期。
② 参见谢晖《民间法的视野》，法律出版社，2016。
③ 参见梁治平《法律的文化解释》，生活·读书·新知三联书店，1994。
④ 参见于语和《寻根：民间法絮言》，清华大学出版社，2012；魏治勋《民间法思维》，中国政法大学出版社，2010；张洪涛《使法治运转起来：大历史视野中习惯的制度命运研究》，法律出版社，2010。
⑤ 参见李可《习惯法：理论与方法论》，法律出版社，2017；高其才《中国习惯法论》，中国法制出版社，2008；胡平仁《法律社会学》，湖南人民出版社，2006。

"场域公共秩序"，主要是指国家或全球社会范围内不同区域或领域（包括国际区域或领域）亦即各种场域法域（包括国际场域法域）中社会主体（包括国际法主体成员）集体地通过以一定强制力为潜在后盾的非强制性手段如民间法规范（包括国际"民间法"）来支撑的社会主体间的相对稳定关系体。

借用这一基础理念，作者把民间法的相关基本概念予以重新组织和结构，并寻求民间法的基石概念、基石范畴、基石法益、基石法理等。作者把"场域公共秩序"中的场域，从人们习以为常的"地方"、国内延展到国际视野中的国家、跨国组织等，从而在作者的理念中，作为结构、缔造"场域公共秩序"的民间法，不仅是内国的地方性的，而且是跨国的或国际性的，因此，其所结构的不仅是内国之地方的"场域公共秩序"，而且也以"国际软法"和"区域国际法"的方式结构国际的"场域公共秩序"。这样一来，"场域公共秩序"这个政治学的术语，就是理解作者之民间法哲学构建的"元概念"之一。

在一定意义上，我们可以将作者对民间法哲学的此种努力，视为借由功能视角的尝试："场域公共秩序"是所有民间法之目的所向，民间法的功能端在于"场域公共秩序"的需求及其程度，以及民间法对这种需要的供给及其程度。而"场域公共秩序"的功能，除了对民间法的出场发出需求指令之外，还是测评民间法是否满足其目的——"场域公共秩序"的基本标准。既然是一种目的-技术构造的结构-功能关系，两者各自在结构中的权重就并不平衡，这种目的——"场域公共秩序"导向的结构功能关系，也是一种技术——"民间法"调整和具体结构的结构功能关系。①

---

① "就我所掌握的资料看，目前我国在法哲学层面的民间法理论建构，大体有三种情形：其一是结构内化的民间法理论构建。这一建构强调，（转下页注）

（接上页注①）民间法尽管是国家法的对称，但并非强调它是国家法及其秩序的分庭抗礼者，反而民间法须要遵循国家法及其秩序的制约和安排，因此，民间法是国家法律秩序的拾遗补缺者，是国家法秩序的协助者，故对民间法的研究，只有把它设法结构在国家法秩序的整体范畴时，才有意义。顺着这种逻辑，民间法的相关理论建构，就只是普通法理学的一部分，它或者是人们通过日常交往中按照'法无明文禁止即权利'的一般要求，在实践中把按照民间法所为、但法律并未禁止的事项纳入权利和法律保护的范畴；或者是通过立法，把一种民间法明确吸收为国家法的一部分；或者是司法根据法律精神、原则，在法律出现'意义空缺'或'调整不能'时，通过具体的法律方法，把民间法结构在司法裁判中。我们习见的法理学教材或名著，总是会或多或少地涉及习惯与习惯法（民间法的一部分），就是此种结构内化的思维成果。但直至目前，对此种结构内化的民间法理论的系统建构，并未见蔚为大观的学术成果。在一定程度上，笔者主张这样的民间法研究及其学理建构，但目前的学术成果，散乱而不系统。其二是另辟蹊径的民间法理论构建。这一建构坚持民间法和国家法相较的独立存在。即使国家法再完善、详实、具体，一个国家不能也不可能没有民间法。只要国家法不是一个毫无疏失的意义封闭体系，只要它还具有结构开放的属性，那么，就意味着它必然留有民间法成长的独立空间。因此，民间法和国家法近乎一种分庭抗礼的存在。即使国家法的作用再强大，也不能取代民间法在人们的日常交往行为中经常性地组织、构造秩序。按照这一思路，国家法有国家法之法理，民间法有民间法之法理，切不可用国家法的法理对民间法的法理越俎代庖。民间法的法哲学构建，就是要在这种对民间法的认知基础上另辟蹊径，寻找其自身发生、成长、扩散、接受以及发挥功用的独特法理，否则，研究民间法，不过是研究国家法的一个方面，民间法的法理，只能被法教义学化，而无以全面梳理、表达民间法的特质，进而无法发展、构建民间法的法理，其结果，最多只是'国家法法理的民间法部分。'……姚选民的博士后出站报告，在报告现场引起较为强烈的反响，原因或导生于此。其三是事实描述的民间法理论构建。它是坚持以人类学—社会学为主导的一种民间法理论建构。严格说来，人类学和社会学的立场就是其基本立场。拿材料出来说话：一份材料说一分话，十分材料说十分话，没有材料不说话是其基本主张。遗憾的是，这样的民间法研究，成果虽多，但对民间法研究中调研方案的设计、实施、反馈，样本的把握、提炼、选择，材料的获取、筛选、运用，描述手法的组织、编排、特征以及如何能够真正站在他者立场观察、描述、解释民间法等基础性工作，未做系统阐述和总结，因此，这么多的研究成果，能够给人们的致思以深刻启迪者寥寥无几。乃至专职学者们能做的工作，也是有关党政机构政研室的研究者们不但能做甚至做得更好的工作。"见谢晖《民间法研究的理论建构》，http://www.hljsk.org/skqk/sknj/20181204/2760.html，2018年12月4日。

　　尽管以"场域公共秩序"为基础的民间法哲学建构，为我国正在发展的民间法研究之理论提升，开发了一种可以期待的进路，但这仍应被视为目的-外部导向的民间法研究，如果把法治这一追求作为我们这个时代的"场域公共秩序"的话，它毫无疑问，仍是在"法治"目的导向下的民间法研究，因此，如何把这种外部导向的民间法研究切换或至少观照到内部导向即规范自身导向的民间法研究层面，这是许多年来，我在尝试了不同进路的民间法理论提升的工作后所思考的重点。我越来越倾向于开发一种在不忽视外部导向的前提下，从民间法之规范内部寻求民间法哲学的进路，我也期待选民能够在目前研究的基础上，适当地把研究的目光位移到民间法规范内部的知识发现上。

　　是为序。

2019 年 6 月 15 日于兰州

目　录

导　论

　　在很大程度上讲，当前的国家法（包括其所衍生的"地方法"）及其法学理论是西方国家法律特别是美国法律全球化及其法学理论全球化的产物①。适度承认这一事实，并不意味着要对当前的国家法及法学理论进行"推倒重来"，而是要有意识地提醒学界同人，要在正视"残酷"现实的基础上，建构一种真正契合当前中国社会法秩序结构实际状况的科学法律观及法学理论。要想最终实现这一学术愿景，一方面要客观地适度批判国家法法律一元观和国家法法治一元观及其法学理论，透视该视角下的"灯下黑"；② 另一方面要建构一种一般意义上的民间法哲学，确立一种以民间法为审视基点③的民间法主体思维，作为当代中国科学法律观及其法学理论的重要一元甚或重要另一元。建构一种一般意义上的、与国家法法哲学相对位或平等的民间法哲学之所以可能和可行，是因为，一方面，现有民间法理论研究为一般意义上之民间法哲学的建构提供了诸多重要构建元素或理论资源；另一方面，更为重要的是，出现了建构一般意义上之民间法哲学的外部理论需求环境，即当前国家法法哲学为中

---

① 参见邓正来《谁之全球化？何种法哲学？——开放性全球化观与中国法律哲学建构论纲》，商务印书馆，2009，第 7~193 页。

② 参见姚选民《法律全球化背景下的中国法治二元观：基于一种民间法哲学主体视角》，载谢晖等主编《民间法》（第 17 卷），厦门大学出版社，2016，第 37~50 页。

③ 参见胡平仁《宪政语境下的习惯法与地方自治："萨摩亚方式"的法社会学研究》，法律出版社，2005，第 11~14 页。

国法治推进实践所提供的理论支援是有欠缺的。具言之,晚明以来特别是鸦片战争以降,中国逐渐被卷入了西方世界的全球化进程①,随着西方世界特别是其法律世界的全球化扩展,尤其是美国法律的全球化扩展,传统中国法律或中国古代法及其"说理"在整个社会的层面上丧失了政治合法性,逐渐沦落为一种"上不了台面"之国家层面或国家范围内的民间法及其说理,② 而在很大程度上源自西方国家或美国的法律及其法学理论跃升为或"摇身一变"为当前的国家法及其法学理论,③ 并呈现"一枝独秀"的发展态势。④ 这种国家法法律一元观(包括其所衍生的国家法法治一元观)及其法学理论不正视国家层面民间法之主体作用的现状或现实,不仅让中国某些法治实践⑤难以真正落到实处,而且会造成国家法与国家层面民间法之间的直接对立冲突,防碍全面依法治国实践的深入推进。⑥ 让一般意义上的法治(包括民间法法治秩序)真正"落地",让依法治国全面实现,我们必须正视国家层面民间法长期存在这一客观事实及其不容忽视的主体作用,并给予其应有的与国家法相对位或平等的法律地位甚或政治地位。要做到这一点,在理论上我们理论法学工作者就必须首先构建出一种一般意义上的民间法哲学即法律全球化背景下的民间法哲学,以作为该现实举措的理论根据或理论支援。

---

① 参见谢晖《法治讲演录》,广西师范大学出版社,2005,第198~223页。
② 参见姚选民《全球化话语中的国家意识形态问题:基于一种问题化进路》,载周赟主编《厦门大学法律评论》2013年第2期,厦门大学出版社,2013,第352~372页。
③ 参见谢晖《法治讲演录》,广西师范大学出版社,2005,第242~262页。
④ 参见谢晖《法意与表达》,法律出版社,2014,第13页。
⑤ 参见习近平《决胜全面建成小康社会 夺取新时代中国特色社会主义伟大胜利——在中国共产党第十九次全国代表大会上的报告》(2017年10月18日),人民出版社,2017,第38~39页。
⑥ 当代中国语境中的"依法治国"或官方意义上的"法治",与西方意义上的法治可能是两个完全不同的命题,详细阐述需要专门研究,于此按而不表。

一　问题意识

　　建构一种一般意义上的民间法哲学即法律全球化背景下的民间法哲学有其特有的问题意识。具体来讲，这一特殊的问题意识主要有两方面的基本内涵：一方面，不论是民间法研究者，还是其他法学研究者，对国家层面民间法的审视或研究都潜在地遵循着一种以国家法为价值判准的民间法"婢女思维"；另一方面，不论是民间法研究者，还是其他法学研究者，对于国家层面民间法的审视或研究都潜在地秉持一种民间法"机械思维"。

　　就民间法"婢女思维"问题而言。所谓民间法婢女思维，主要指在法律全球化特别是西方国家法律或美国法律全球化背景条件下，一些法学研究者，甚或民间法研究者自己，视之为当然地将国家层面的民间法当作国家法的一种补充，国家层面民间法存在的价值要以国家法的价值需要为判准，"民间法消亡论""民间法有碍法治论"等就是这种思维的典型表现。其中，"民间法消亡论"的基本观点是这样的，即在西方法律世界的全球化进程中，受西方国家特别是美国法律的强势影响，我国国家法会越来越强大，国家层面的民间法会越来越被边缘化，最终国家法会吞噬国家层面的民间法，国家层面的民间法会逐渐消亡。[①] 而"民间法有碍法治论"的基本观点是这样的，即在西方法律世界的全球化进程中，国家层面的民间法只有在助益中国法治建设的前提下，[②]

---

①　参见魏治勋《"民间法消亡论"的内在逻辑及其批判》，载《山东大学学报》（哲学社会科学版）2011 年第 2 期，第 59~65 页；于语和《寻根：民间法絮言》，清华大学出版社，2012，第 1~263 页；魏小强《民间法复兴论纲》，载谢晖、陈金钊主编《民间法》（第 12 卷），厦门大学出版社，2013，第 40~54 页。

②　参见刘俊旗《吸纳中的刑事习惯法》，载高其才主编《当代中国的刑事习惯法》，中国政法大学出版社，2016，第 55~64 页；冯玉军《民事习惯法的定性及其与法律的关系》，载高其才主编《当代中国民事习惯法》，法律出版社，2011，第 28~29 页。

才有存在的资格或价值，否则，就必须被"消灭"或整合。① 这显然是一种变相的民间法婢女思维。面对这类民间法研究或思想困境，民间法研究者就不能仅仅满足于这样三种研究现状（（1）对国家层面的民间法进行一般性的理论建构，如对民间法的内容、基本特征等进行探讨；（2）对国家层面的民间法进入国家司法进行较为细致的学理分析；（3）在国家法-民间法框架下展开种种证成性研究）②，而更是要打破这种民间法婢女思维，进行一种一般意义上的民间法哲学建构，并且只有对民间法进行一种一般意义上的法哲学建构，才能够最终实现预期学术目标，这是由法哲学研究的内在理论使命所决定的。③

就民间法"机械思维"问题而言。所谓民间法机械思维，其基本思想观点是这样的，即在西方法律世界的全球化进程中，一些法学研究者，甚或民间法研究者自己，仅仅实诚地将"民间法"视为"国家法"的对应物或对应概念，将"民间法"仅仅视为一个针对国家范围之民间法现象的描述性概念，这种思维的典型表现是"民间法虚幻论"。所谓"民间法虚幻论"，其具体内涵或基本思想逻辑，主要指一些法学研究者，甚或民间法研究者自己，直观性地认为"民间法"是一个没有任何理论实质内涵的空洞概念或表达，该概念或表达所含括

---

① 参见孔庆平《关于习惯与法律关系的误会：民国立法中的一个争论》，载《北方法学》2008 年第 5 期，第 111~116 页。

② 参见李瑜青、张建《论民间法研究的内在精神》，载《甘肃政法学院学报》2010 年第 4 期，第 26~31 页；李瑜青、张建《批判意识与民间法研究》，载谢晖、陈金钊主编《民间法》（第 12 卷），厦门大学出版社，2013，第 55~63 页。

③ 参见姚选民《法律全球化背景下的中国法治二元观：基于一种民间法哲学主体视角》，载谢晖等主编《民间法》（第 17 卷），厦门大学出版社，2016，第 37~50 页；姚选民《中国共产党与中华民族伟大复兴：中国崛起的政治哲学解释》，九州出版社，2016，第 300~301 页。

的东西是零散的，没有内在的法哲学或法理逻辑的。① 一些法学研究者甚或民间法研究者自己对民间法的这种"机械"学理思维，需要我们构建一种一般意义上的民间法哲学来打破，并且只有在法哲学研究的层面上才能达此理论研究目的，以表明"民间法"不仅仅是一个具有一定价值中立性的描述性概念，而且是一个具有极强价值内涵的规范性概念。一般意义上的民间法（包括国家层面民间法，和国际"民间法"）这一客观存在事实，其实内含深厚的法哲学思考空间，只是因为当前法学界深受国家法思维的钳制，民间法（主要指国家层面的民间法）的形象才显得如此单薄和不受重视。② 毋庸讳言，这是一种极不正常的法学研究状态，或者说，这是一种极不正常的一般意义上的法学研究格局。

上述问题若要得到有效解决，本书将构建出一种以国家法法哲学为一定参照的、相对独立的一般意义上之民间法哲学，根本性地突破学界特别是法学界关于民间法的常规性认知，打破法律全球化背景下的当前国家法法律一元观及立基于其上的国家法法治一元观，确立起一种在法律全球化背景下之民间法与"官方法"（包括国家法）并立并有机互动的科学法律观；不仅能够有力回应当前民间法研究所面临的重要理论困境，如"民间法消亡论""民间法虚幻论"等理论性学术严肃批评质疑，③ 而且能够科学指出深度推进中国法治实践的民间法努力方向，同时有力回应学界特别是法学界"民间法有碍法治论"等论调的笼统性学术情绪批评。④

① 参见刘作翔《具体的"民间法"：一个法律社会学视野的考察》，载《浙江社会科学》2003 年第 4 期，第 17~24 页；刘作翔、王勇《锻铸政体的法理学：中国社会科学院法学研究所刘作翔教授学术访谈录》，载《甘肃社会科学》2015 年第 1 期，第 144~151 页；胡平仁、陈思《民间法研究的使命》，载《湘潭大学学报》（哲学社会科学版）2012 年第 2 期，第 34~41 页。
② 参见陈冬春《民间法研究批判》，载谢晖、陈金钊主编《民间法》（第 4 卷），山东人民出版社，2005，第 57~69 页。
③ 参见谢晖《法意与表达》，法律出版社，2014，第 241~243 页。
④ 参见谢晖《民间法的视野》，法律出版社，2016，第 144~147 页。

二　研究回顾

直观而论，民间法或者说一般意义上的民间法（包括国家层面的民间法和国际"民间法"），是法或广义上之法体系①的一种基本法形态，② 在法或广义上之法体系中与官方法（包括国家法和国际"官方法"）有着相对位或平等的理论地位。③ 基于这样一种朴素的关于法或广义上之法体系的基本认识，任何文明及其国家中的法学研究都不可能没有民间法或类似之基本法形态的研究位置。

就国内研究而言，关于民间法研究，学界特别是法学界公认现已成了一种研究运动，甚至于民间法研究在中国法学研究格局中在一定程度上实现了从边缘到中心的飞跃。④ 民间法研究是近三十年来我国法学研究的一个重要专门研究领域。具体来讲，现在民间法研究已有专门的 CSSCI 学术集刊《民间法》，已有成系列的民间法丛书《民间法文丛》，已有非常固定的学术会议机制，如每年一度的民间法研究年会，已有一些比较有成效的科研机构，如一些高校所设立的民间法研究机构，并且在一些刊物甚至重点期刊上形成了相对固定的研究专栏，如《甘肃政法学院学报》的《民间法/民族习惯法研究》栏目、《原生态文化研究》的《民间法/习惯法》栏目

---

① 参见〔美〕罗斯科·庞德《通过法律的社会控制》，沈宗灵译，商务印书馆，2010，第 24~25 页；高其才《中国习惯法论》（修订版），中国法制出版社，2008，第 3 页；渠涛《当代中国民事习惯法与国家法的关系》，载高其才主编《当代中国民事习惯法》，法律出版社，2011，第 16 页。

② 参见谢晖《法学范畴的矛盾辨思》，法律出版社，2017，第 2~9 页。

③ 参见〔日〕千叶正士《法律多元：从日本法律文化迈向一般理论》，强世功等译，中国政法大学出版社，1997，第 148~151 页。

④ 参见魏敦友《民间法话语的逻辑：对当代中国法学建构民间法的三种理论样式的初步探讨》，载《山东大学学报》（哲学社会科学版）2008 年第 6 期，第 2~8 页；谢晖《总序》，载龙大轩《乡土秩序与民间法律：羌族习惯法探析》，中国政法大学出版社，2010，第 1~9 页。

等。特别是梁治平先生的《清代习惯法》①、朱苏力先生的《法治及
其本土资源》② 等著作出版以来，在民间法研究领域包括民间法基
本理论、习惯或习惯法、民族习惯法、民间法与司法等主题方面，
近三十年出版的学术著作有 100 多部，发表的专业学术论文、调查
报告以及硕士学位论文、博士学位论文等超过 10000 篇。③

　　据不完全理论阅读，跟本书主题比较相关的国内学术论文有 60
余篇④，学术著作约有 20 部。就学术著作具体来讲，梁治平是"民
间法"理念的最先倡导者之一，在《清代习惯法》中，梁先生通过
对清代的习惯法进行研究，以个案研究的方式倡导一种相较于国家
法或官方法的民间法理念，对于后来中国民间法研究运动的形成具
有"开风气之先"的影响，对于法律全球化背景下的民间法哲学构
建研究特别是对于核心概念"民间法"的分析与建构、民间法的
"法治中国"担当等主题探讨具有重要的参考价值。⑤ 在其主编的
《法律的文化解释》一书中，梁先生强调应从历史文化的角度来理解
法律的生成，对于法律全球化背景下的民间法哲学构建研究特别是
对于核心概念"民间法"的分析与建构、核心概念"场域公共秩序"
的分析与建构等具有重要的理论借鉴意义。⑥ 朱苏力在《法治及其本
土资源》中对"法治中国"目标的实现路径进行了颠覆性反思，并

①　参见梁治平《清代习惯法》，广西师范大学出版社，2015，第 1~186 页。
②　参见苏力《法治及其本土资源》（修订版），北京大学出版社，2015，第 3~
　　356 页。
③　参见谢晖《论民间法研究的两种学术视野及其区别》，载《哈尔滨工业大学
　　学报》（社会科学版）2012 年第 2 期，第 30~40 页；谢晖《民间法、民族习
　　惯法专栏主持人手记（六十八）：民间法研究的理论建构》，载《甘肃政法
　　学院学报》2018 年第 4 期，第 29 页。
④　参见姚选民《法律全球化背景下的民间法哲学构建研究》，博士后出站报告，
　　中南大学，2018，第 6~7 页。
⑤　参见梁治平《清代习惯法》，广西师范大学出版社，2015，第 1~186 页。
⑥　参见梁治平《法律的文化解释》，生活·读书·新知三联书店，1994，第 1~
　　344 页。

对作为国家层面民间法的"本土资源"对于中国法治实践推进的助益作用给予了充分肯定，是中国民间法研究运动的"里程碑"式的力作。虽然该著作不是关于民间法哲学的构建研究，但是对于法律全球化背景下的民间法哲学构建研究特别是对于民间法的"法治中国"担当等主题探讨提供了重要的理论基础。① 谢晖先生通过他努力创造或构建的《民间法文丛》、多家期刊民间法栏目、每年一度的民间法研究年会等民间法学术平台，对于中国民间法研究运动的形成，可谓厥功至伟。谢先生关于民间法的理论思考②主要集中在《大、小传统的沟通理性》一书中，该著以"大、小传统的沟通理性"（涉及大传统与小传统的冲突、沟通和互补问题）为主线，主要对国家层面民间法的学理问题、国家层面民间法在人们日常交往中的功能问题以及国家层面民间法在社会纠纷司法解决中的功能问题等进行了深入且详尽的探讨，是中国民间法基础理论研究中思考最为广泛亦最为深入的学术著作，对于法律全球化背景下的民间法哲学构建研究具有全面的重要参考价值。③ 于语和等在其主编的《民间法》一书中"对民间法之基本学理、存在基础、社会效力、表现方式以及其与国家法之关联等"④ 做了详尽探讨，是国内第一本力图对民间法（主要是国家层面的民间法）进行学科化理论提升的著作，对于法律全球化背景下的民间法哲学构建研究特别是对于核心概念"民间法"的分析与建构、民间法的国内维度疆界等主题探讨具有重要的理论

① 参见苏力《法治及其本土资源》（修订版），北京大学出版社，2015，第3~356页。
② 参见谢晖《民间法的视野》，法律出版社，2016，第1~382页。
③ 参见谢晖《大、小传统的沟通理性》，中国政法大学出版社，2011，第1~371页；谢晖《大、小传统的沟通理性：民间法初论》，法律出版社，2019，第1~387页。
④ 谢晖：《问道生活取法民间》，载于语和主编《民间法》，复旦大学出版社，2008，第1~2页。

借鉴意义。① 于教授在其专著《寻根：民间法絮言》中潜在地以法律
史的研究手法，对国家层面民间法的古今演变进行了全景式素描，
是一部民间法经验材料与学理结合融贯、彰显著者深厚学术积累的
民间法研究成果，对于法律全球化背景下的民间法哲学构建研究特
别是对于核心概念"民间法"的分析与建构、民间法的"法治中国"
担当等主题探讨具有一定的参考价值。② 王铭铭和王斯福共同担纲的
《乡土社会的秩序、公正与权威》，主要运用经验研究的社会学方法
讨论了在中国这一特定时空中乡土社会场域公共秩序的生成，对于
法律全球化背景下的民间法哲学构建研究特别是对于核心概念"场
域公共秩序"的分析与建构、民间法的基石法理等主题探讨具有一
定的学术参考价值。③ 胡平仁在《宪政语境下的习惯法与地方自治：
"萨摩亚方式"的法社会学研究》一书中对萨摩亚法律制度中最有特
色的问题即宪制语境下的习惯法与地方自治问题进行了系统研究，
其中关于"法益分析""民间立场""整体性思维"等主题的理论阐
述和思考对于法律全球化背景下的民间法哲学构建特别是对于核心
概念"民间法"的分析与建构、民间法的基石法益、民间法的基石
法理等主题探讨具有重要的借鉴意义。④ 田成有在其著《乡土社会中
的民间法》中基于一种国家法思维，对国家层面的民间法进行了一
种体系化的理论研究，是一部难得的标准化民间法法理学专著，对
于法律全球化背景下的民间法哲学构建研究特别是对于核心概念
"民间法"的分析与建构、民间法的基石法理等主题探讨具有重要的
理论参考价值。⑤ 龙大轩在他的专著《乡土秩序与民间法律：羌族习

① 参见于语和主编《民间法》，复旦大学出版社，2008，第1~319页。
② 参见于语和《寻根：民间法絮言》，清华大学出版社，2012，第1~263页。
③ 参见王铭铭、王斯福主编《乡土社会的秩序、公正与权威》，中国政法大学出版社，1997，第1~645页。
④ 参见胡平仁《宪政语境下的习惯法与地方自治："萨摩亚方式"的法社会学研究》，法律出版社，2005，第3、8~17、19页。
⑤ 参见田成有《乡土社会中的民间法》，法律出版社，2005，第1~273页。

惯法探析》中，对我国羌族习惯法进行个案式研究，探讨乡土秩序与民间法律之间密不可分的这一理论问题。虽然龙先生在此著中的研究不是一种民间法哲学建构，但是，对于法律全球化背景下的民间法哲学构建研究特别是对于核心概念"民间法"的分析与建构等主题探讨提供了一定的研究基础。① 魏治勋在其专著《民间法思维》中力图基于一种市民社会与国家分野的研究路径，阐述了他的民间法哲学思考即一种民间法法学思维，该著是一部很有思辨性、彰显深厚学养的民间法研究成果，对于法律全球化背景下的民间法哲学构建研究特别是对于核心概念"民间法"的分析与建构等主题探讨具有重要的参考价值。② 姜世波在他的专著《习惯国际法的司法确定》中从国际法司法确定的角度对习惯国际法进行了系统的理论研究，虽然姜教授不是从民间法哲学建构的角度从事国际习惯法研究，但是对于法律全球化背景下的民间法哲学构建研究特别是对于民间法的国际维度疆界等主题探讨提供了重要的研究基础。③ 厉尽国在他的专著《法治视野中的习惯法：理论与实践》中主要在国家或社会的层面上，从其对于中国法治实践推进之助益的视角对习惯法进行了体系化的理论阐述，虽然厉先生不是从民间法哲学建构的角度来从事习惯法基本理论研究，但是对法律全球化背景下的民间法哲学构建研究特别是对于民间法的基石法益等主题探讨颇有助益和启发。④ 王新生在他的专著《习惯性规范研究》中主要从国家或社会的层面对习惯性规范进行了系统的理论研究，虽然王先生不是从民间法哲学建构的角度来从事习惯性规范的基本理论研究，但是对于法

---

① 参见龙大轩《乡土秩序与民间法律：羌族习惯法探析》，中国政法大学出版社，2010，第1~329页。
② 参见魏治勋《民间法思维》，中国政法大学出版社，2010，第1~321页。
③ 参见姜世波《习惯国际法的司法确定》，中国政法大学出版社，2010，第1~361页。
④ 参见厉尽国《法治视野中的习惯法：理论与实践》，中国政法大学出版社，2010，第1~250页。

律全球化背景下的民间法哲学构建研究特别是对于民间法的基石法益等主题探讨提供了重要研究基础。① 马珺在他的著作《清末民初民事习惯法对社会的控制》中对习惯法的公共秩序功能进行了较为系统的理论阐述，该著虽不是关于民间法哲学构建的专门研究，但是对于法律全球化背景下的民间法哲学构建研究特别是对于核心概念"场域公共秩序"的分析与构建、民间法的基石法益等主题探讨具有一定的参考价值。②

就国外研究而言，国外对民间法的关注主要是社会学法学派学者以及一些法人类学研究者。社会学法学派学者主要有奥地利的埃尔利希（Eugen Ehrlich）、德国的马克斯·韦伯（Max Weber）、美国的罗斯科·庞德（Roscoe Pound）等。③ 法人类学研究者主要有美国的克利福德·格尔茨（Clifford Geertz）、霍贝尔（Hoebel）、罗伯特·C. 埃里克森（Robert C. Ellickson）等。据不完全理论阅读，对本书有助益的国外民间法学术论文与著作不是很多。就学术著作具体来讲，克利福德·格尔茨的《地方知识：阐释人类学论文集》不是一部法学著作，而是一部人类学著作，但是它对于法律全球化背景下的民间法哲学构建研究特别是对于核心概念"场域公共秩序"的分析与建构等主题探讨颇具参考价值。格尔茨的地方性知识理念在很大程度上确立了国家层面之民间法相对于国家法的独立主体地位，但是，由于地方性知识理念中"地方"这一构成元素的结构感欠缺，因此无法作为本书构建一般意义上的民间法哲学即法律全球化背景下的民间法哲学的基本分析概念或框架，不过，地方性知识理念仍

---

① 参见王新生《习惯性规范研究》，中国政法大学出版社，2010，第1~390页。

② 参见马珺《清末民初民事习惯法对社会的控制》，法律出版社，2013，第1~274页。

③ 参见曾宪义、马小红《中国传统法的"一统性"与"多层次"之分析：兼论中国传统法研究中应慎重使用"民间法"一词》，载《法学家》2004年第1期，第134~144页；田成有《法律社会学的学理与运用》，中国检察出版社，2002，第35~52页。

是本书分析和建构一般意义上的民间法哲学即法律全球化背景下的民间法哲学之核心概念"场域公共秩序"的重要域外理论参考资源。① 霍贝尔在《原始人的法：法律的动态比较研究》中，以丰富的资料介绍了世界各地保留原始痕迹较多的民族或部落情况，指出了原始法与现代法的差异，并对人类社会法律制度的发展规律做了前沿探索，该著虽然没有秉持一种民间法视角，但是对现代"法"之内涵的历史溯源或回归，对于法律全球化背景下的民间法哲学构建研究特别是对于核心概念"民间法"的分析与建构、民间法的国际维度疆界等主题探讨具有重要的参考价值。② 罗伯特·C. 埃里克森在他的著作《无需法律的秩序：邻人如何解决纠纷》中，以个案研究的手法探讨了民间法法秩序问题，虽说该著不是一般性的民间法哲学构建研究，但是对于法律全球化背景下的民间法哲学构建研究特别是对于核心概念"场域公共秩序"的分析与建构、民间法的基石法益等主题探讨能够提供重要的域外理论思考参考。③

以上学术著作及未具体提及的学术论文，为本书研究的顺利展开提供了重要的研究基础，但是，基于对这些学术论文或学术著作的理论阅读，不难发现其中存在的一些特点或问题。由于国外相关主题研究的典型成果较少，本书暂且只分析以上国内相关研究成果的特点或问题，可能会同时或多或少地反映国外相关主题研究的特点或问题。具体来讲，当前民间法研究（主要是国内民间法研究）主要存在这样四个方面的特点或问题。其一，当前的国内民间法研

---

① 参见〔美〕克利福德·格尔茨《地方知识：阐释人类学论文集》，杨德睿译，商务印书馆，2014，第4~271页；〔美〕克利福德·吉尔兹《地方性知识：事实与法律的比较透视》，邓正来译，载梁治平主编《法律的文化解释》，生活·读书·新知三联书店，1994，第73~171页。

② 参见〔美〕霍贝尔《原始人的法：法律的动态比较研究》，严存生等译，法律出版社，2006，第3~311页。

③ 参见〔美〕罗伯特·C. 埃里克森《无需法律的秩序：邻人如何解决纠纷》，苏力译，中国政法大学出版社，2003，第1~354页。

究，盛行用国家法理论思维来思考国家层面民间法的相关问题，努力将国家层面的民间法问题研究纳入现有之国家法理论的概念谱系当中去。① 民间法理论研究者，包括不少民间法经验研究者或实证研究者，主要用一种国家法思维或国家法理论思考国家层面民间法问题，或进行国家层面民间法的研究。其二，当前的民间法研究亟须一种民间法整体观，② 亟须形成一种与国家法主体思维相对位或平等的民间法主体思维，亟须一种类似于国家法理论研究谱系的相对独立的一般意义上之民间法理论研究谱系。民间法理论研究者还没有形成一个类似于国家法理论研究谱系的、相对独立的一般意义上之民间法理论研究谱系，民间法理论研究者还没有形成一种与国家法主体思维相对位或平等的民间法主体思维。③ 其三，当前的民间法理论研究在整体层面上处于一种简单归纳的学术研究阶段，在整体上还没有进入一般意义上之民间法哲学的构建阶段，民间法研究亟须深入一般意义上之民间法哲学理论构建阶段，改观"一边倒"地热衷于经验材料研究。其四，当前的民间法理论研究亟须一种立基于创新意识的法哲学思维能力，对既有民间法理论研究进行整合提升和哲学理论化，一般意义上的民间法哲学即法律全球化背景下的民间法哲学构建还有非常大的理论创新空间，甚至可以说，还是一片尚待开垦的"处女地"。

三　基本框架

在构建一般意义上的民间法哲学的过程中，本书拟运用一种法

---

① 参见谢晖《民间法的视野》，法律出版社，2016，第 283~382 页。
② 参见胡平仁《宪政语境下的习惯法与地方自治："萨摩亚方式"的法社会学研究》，法律出版社，2005，第 8~11 页。
③ 参见樊鹏、刘超《民间法范式的反思与国家法之于民间法的正效应初探》，载谢晖、陈金钊主编《民间法》（第 5 卷），山东人民出版社，2006，第 99~125 页。

哲学思维来构建法律全球化背景下的民间法哲学。首先，秉持一种民间法主体思维来对法律全球化背景下的民间法哲学的"地基"进行清理，具体型构出一般意义上的民间法哲学即法律全球化背景下的民间法哲学的逻辑建构根基或基础性分析框架，如"民间法""场域公共秩序"等核心理论分析概念。其次，基于该逻辑建构根基或运用基础性分析框架进行一般意义上的民间法哲学即法律全球化背景下的民间法哲学的本体论阐释，① 一方面揭示一般意义上之民间法的核心或基石法益，另一方面揭示一般意义上之民间法的核心或基石法理。② 再次，基于一般意义上的民间法哲学即法律全球化背景下的民间法哲学的本体论，厘清一般意义上之民间法的疆界，包括国家层面的民间法与国家法之间的国内维度疆界，以及国际社会层面的国际"民间法"与国际"官方法"之间的国际维度疆界。最后，基于一般意义上的民间法哲学即法律全球化背景下的民间法哲学，澄清国家层面之民间法在中国法治实践深度推进中的法治担当，一般意义上的民间法哲学即法律全球化背景下的民间法哲学构建不仅有其理论意义，亦有其实践意义。基于这样一种研究思路，本书除"导论"和"余论"部分外，一般意义上的民间法哲学即法律全球化背景下的民间法哲学主要包括五大部分内容。

第一大部分，核心概念的建构："民间法""场域公共秩序"。第一大部分旨在为一般意义上的民间法哲学即法律全球化背景下的民间法哲学构建提供一种逻辑建构根基或基础性分析框架，主要包括两个小部分：一是对"民间法"及相关概念的分析与重构，二是对"场域公共秩序"及相关概念的分析与重构。

---

① 参见洪汉鼎《诠释学：它的历史和当代发展》，人民出版社，2001，第97~99页；谢晖《法律的意义追问：诠释学视野中的法哲学》，法律出版社，2016，第43~47页。

② 参见〔德〕尼克拉斯·卢曼《法社会学》，宾凯、赵春艳译，上海世纪出版股份有限公司，2013，第37~444页。

　　就"民间法"及相关概念的分析与重构而言，一般意义上的民间法概念不仅有其常规性含义，即"民间法"是"国家法"（包括其所衍生的"地方法"）的对称，是在国家法系统之外，对国家范围内不同区域或领域亦即各种场域法域进行社会控制和社会秩序构造的规范系统，是指在一切国家法规则（包括其所衍生的地方法）之外，对各种场域法域中社会成员的交往行为及其权利义务分配具有一定现实调整作用的社会规范，① 而且有一种"民间法法学思维"的法哲学内涵。民间法的法哲学内涵即"民间法法学思维"，主要包括两方面内容。一方面，"民间法"是指与"官方法"②（包括国家法和国际"官方法"）相对应的概念，它是国家或全球范围内不同区域或领域（包括国际区域或领域）亦即各种场域法域（包括国际场域法域）中不居于意识形态中心地位的规范系统，是官方法规则之外，对国家或全球社会范围内不同区域或领域（包括国际区域或领域）亦即各种场域法域（包括国际场域法域）中社会主体（包括国际法主体成员）进行社会控制和社会秩序构造的规范系统。另一方面，民间法是指一种一般意义上的法秩序，包括国家层面的民间法法秩序和国际社会层面的国际"民间法"法秩序。其中，一般意义上的民间法法秩序与官方法法秩序（包括国家法法秩序和国际"官方法"法秩序）相对应，而国家层面的民间法法秩序与国家法法秩序相对应，国际社会层面的国际"民间法"法秩序则与国际"官方法"法秩序相对应。

　　就"场域公共秩序"及相关概念的分析与重构而言，"场域公共

---

① 参见谢晖《大、小传统的沟通理性》，中国政法大学出版社，2011，第346页；高其才《中国习惯法论》（修订版），中国法制出版社，2008，第3~5页；田成有《法律社会学的学理与运用》，中国检察出版社，2002，第53~55页；〔日〕千叶正士《法律多元：从日本法律文化迈向一般理论》，强世功等译，中国政法大学出版社，1997，第2、146、150页。

② 参见〔日〕千叶正士《法律多元：从日本法律文化迈向一般理论》，强世功等译，中国政法大学出版社，1997，第149页。

秩序"是一般意义上的民间法哲学即法律全球化背景下的民间法哲学之逻辑基础的另一个基本概念,这一基本概念的核心词汇是"公共秩序","场域"是"公共秩序"的修饰成分,旨在彰显和突出"公共秩序"的结构层次性。"公共秩序"这一名词表达,目前主要有两种用法:一种是法学意义上的,主要指一种法律制度,尤其指国际私法上的公共秩序;另一种是政治学意义上的,也就是人们通常说的"社会秩序"或"社会公共秩序"。构建一般意义上的民间法哲学即法律全球化背景下的民间法哲学,本书所探讨或讨论的"公共秩序"主要是指政治学意义上的公共秩序。"场域公共秩序"主要是用"场域"这一建构元素来有力地呈现公共秩序的结构层次性,并没有增添公共秩序概念的内涵要素,旨在让公共秩序概念所指涉的外延内涵能够更形象、更有力地呈现出来。基于对公共秩序概念的分析,所谓"场域公共秩序",主要是指国家或全球社会范围内不同区域或领域(包括国际区域或领域)亦即各种场域法域(包括国际场域法域)中社会主体(包括国际法主体成员)集体地通过以一定强制力为潜在后盾的非强制性手段如民间法规范(包括国际"民间法")来支撑的社会主体间的相对稳定关系体。

第二大部分,民间法的基石法益:场域公共秩序。第二大部分内容旨在揭示一般意义上之民间法的核心或基石法益,即场域公共秩序法益(包括国家层面场域公共秩序法益和国际场域公共秩序法益)。一般地说,就国家层面而言,政治秩序主要指国家范围内社会成员集体性地通过以强制力为后盾的各种手段特别是国家法来支撑的社会主体间的超稳定关系体。国家法存在的核心目的是维护国家政治秩序法益。以国家法的核心或基石法益为参照,在国家层面,场域公共秩序主要指国家内部不同区域或领域亦即各种场域法域中人们集体地通过以一定强制力为潜在后盾的非强制性手段如民间法规范来支撑的社会主体间的相对稳定关系体,在很大程度上讲,民间法存在的核心目的旨在维护国家层面场域公共秩序法益。

不过，这不是说国家法不保护国家内部各种场域法域中的场域公共秩序法益，而是相比较而言，民间法存在的核心目的是保护国家层面场域公共秩序法益，也可以说，在国家法启动以前，民间法可能已经实现了对国家层面场域公共秩序法益的保护。在国际社会层面，国际"官方法"（国家法在国际社会层面的意志表现）存在的核心目的是维护国际政治秩序法益。以国际"官方法"的核心或基石法益为参照，国际"民间法"存在的核心目的旨在维护国际场域公共秩序法益。

第三大部分，民间法的基石法理：场域公共秩序逻辑。第三大部分内容旨在揭示一般意义上之民间法的核心或基石法理，即场域公共秩序逻辑（包括国家层面场域公共秩序逻辑和国际场域公共秩序逻辑）。

一般来讲，在国家层面，国家法的核心或基石法理是国家政治秩序逻辑，国家法遵循着一种国家政治秩序逻辑。以国家法的核心或基石法理为参照，基于国家层面民间法的法理型构思维即场域逻辑，国家层面之民间法的核心或基石法理是国家层面场域公共秩序逻辑，国家层面的民间法遵循着一种国家层面场域公共秩序逻辑。意思是说，就国家层面而言，国家法与民间法在维护社会意义上秩序的问题上存在一种自然的分工：国家法一般维护主要的、重要的社会关系，如宪法、刑法、民法等宪法性法律或法律所调整的社会基本关系，捍卫的是国家层面的政治秩序；而民间法主要维护国家范围内不同区域或领域亦即各种场域法域的社会秩序，一般是不产生政治秩序影响的社会公共秩序。就国家层面而言，民间法遵循着国家层面场域公共秩序逻辑主要有这样三个方面的基本表现。其一，国家层面的民间法在国家内部不同区域或领域亦即各种场域法域中处理国家法没有顾及的社会纠纷。这些社会纠纷主要是指那些国家法有意识不介入的社会纠纷，主要包括两大类，一类是偶发性的、影响极其有限的"鸡毛蒜皮"式纠纷，另一类是业已平息、国家法应

"插手"但反应过来亦不再"插手"的社会纠纷。其二，国家层面的民间法在国家内部不同区域或领域亦即各种场域法域中处理国家法顾及起来不经济的社会纠纷。这些社会纠纷主要指那些国家被动不顾及的社会纠纷，也就是一些国家法想介入但没有足够精力和心力介入的社会纠纷，主要包括这样三种情况的社会纠纷：第一种情况是低交易成本条件下的私人自主博弈；第二种情况是高交易成本条件下利害关系人的自主博弈；第三种情况是国家法介入导致公共选择替代集体选择这种情形。其三，国家层面的民间法在国家内部不同区域或领域亦即各种场域法域中处理国家法难以解决彻底的社会纠纷。这些社会纠纷，从国家法对社会纠纷介入之态度的角度来看，是属于前面两种纠纷类型之间的纠纷类型。第一类社会纠纷是国家法没有想到要去介入的纠纷类型，第二类社会纠纷是国家法想介入但被迫无奈不介入的纠纷类型，第三类社会纠纷是国家法主动介入，亦能介入，但无法解决彻底的纠纷类型。之所以说"存在国家法在国家内部不同区域或领域亦即各种场域法域中难以解决彻底的社会纠纷"，是因为按照国家法介入程序，当这种社会纠纷走完整个国家法介入程序时，这类社会纠纷个案仍然没有得到完全彻底地平息，还需要民间法配合"烧一把火"来把这类社会纠纷个案予以解决彻底。

在国际社会层面，国际"官方法"（国家法在国际社会层面的意志表现）的核心或基石法理是国际政治秩序逻辑，以国际"官方法"的核心或基石法理为参照，基于国际"民间法"的法理型构思维即国际场域逻辑，国际"民间法"的核心或基石法理是国际场域公共秩序逻辑，国际"民间法"遵循着国际场域公共秩序逻辑。

第二大部分和第三大部分，构成本书所欲建构之一般意义上的民间法哲学即法律全球化背景下的民间法哲学的本体论。

第四大部分，民间法的疆界：国内维度疆界与国际维度疆界。第四大部分旨在厘清一般意义上之民间法的疆界，包括民间法的国内维度疆界和民间法的国际维度疆界（国际"民间法"的疆界）。就民间法的国内维度疆界而言，在当下国家法居绝对强势地位的时代，在很大程度上讲，国家法的疆界之外几乎就是民间法的国内维度疆界。从理论上讲或从原则上看，法或广义上之法体系以及特定法的法益疆界与外延疆界在逻辑上是完全吻合的，但是，由于种种原因特别是国家法的强势，特定法（如国家层面的民间法）之法益疆界与外延疆界一般情况下在逻辑上并不完全吻合（不过基本吻合），并且往往是法或广义上之法体系以及特定法的法益疆界决定其外延疆界。缘于法或广义上之法体系以及特定法之法益疆界对其外延疆界的决定作用，国家范围内旨在维护各种场域法域中场域公共秩序法益的各种民间法形式，都可归于国家层面之民间法的外延范畴。国家层面的民间法因其适用范围的不同可粗略地分为民族法、乡村法、行会法、帮会法、宗教法和各种习惯法（包括禁忌、习惯、惯习、礼俗等）。民间法的国际维度疆界或国际"民间法"的疆界从直观来看，在国际法体系中就是除去国际"官方法"的那部分；从整体来看，民间法的国际维度疆界或国际"民间法"的疆界中最具典型性的两块可能要算国际"软法"部分和区域国际法部分。这样来厘定民间法的国际维度疆界或国际"民间法"的疆界，显然是一种"偷懒"的做法，也是不够的。在这种情况下，一方面，本书要揭示民间法之国际维度疆界或国际"民间法"之疆界的大致范围，即对民间法的国际维度疆界或国际"民间法"的疆界进行一种定性研究；另一方面，本书要尽可能地阐述在国际法体系中怎么辨别国际民间法规范，而这种实证研究就展现为对国际"软法"和区域国际法的分析。对国际"软法"和区域国际法的案例式研究旨在表明，具备国际"软法"或区域国际法特征的国际法都属于民间法的国际维度疆界或国际"民间法"的范畴。

第五大部分，民间法的"法治中国"担当：兼对通常法治一元观的批判。第五大部分旨在阐释国家层面之民间法的"法治中国"担当。民间法的"法治中国"担当，是一般意义上的民间法哲学即法律全球化背景下的民间法哲学构建的逻辑必然，一般意义上的民间法哲学即法律全球化背景下的民间法哲学构建的现实取向旨在为"法治中国"实践深度推进提供重要的智力支援。在国家层面民间法所遵循之国家层面场域公共秩序逻辑的指引下，国家层面之民间法的法治使命和担当在国家法法治使命和担当的参照下主要表现在这样两个方面：一方面，"治未病"，在国家法还没开始"操心"之前解决现实生活纠纷，回复社会法秩序；另一方面，"配合"国家法，实现社会法秩序体系回复的完整性，在国家法回复国家层面的政治秩序的同时，国家层面之民间法回复特定场域法域的场域公共秩序。"法治中国"建设在法律全球化时代特别是西方国家法律或美国法律全球化时代，须要正确认识国家层面的民间法问题，需要将国家层面的民间法问题正式纳入"法治中国"建设的议题中来，否则，中国在推进"法治中国"建设的过程就会"走弯路"，不说目的与路线、途径"南辕北辙"，至少在很大程度上会是"蹩脚"的。研究或构建一般意义上的民间法哲学即法律全球化背景下的民间法哲学构建，不仅意味着国家层面的民间法助益"法治中国"实践深度推进的必然，而且意味着国家层面的民间法在"法治中国"建设中大有可为。

最后，在构建一般意义上的民间法哲学即法律全球化背景下的民间法哲学后，基于一般意义上的民间法哲学即法律全球化背景下的民间法哲学的基本逻辑，我们再来重新探讨民间法或一般意义上之民间法与官方法（包括国家法）之间的关系问题。概言之，民间法或一般意义上的民间法与官方法（包括国家法）之间的关系，主要有三个层面的基本内涵：首先，民间法或一般意义上的民间法与官方法（包括国家法）之间的关系呈现为一种并行的独立存在状态；其次，民间法或一般意义上的民间法与官方法（包括国家法）之间的关系呈现为一种结构性独立存在状态；最后，在法律全球化时代，民间法或一般意义上的民间法与官方法（包括国家法）之间的关系还有其国际向度表现，其中不仅包括前两方面基本内涵的国际社会层面表现，而且在法律全球化时代存在一个法或广义上之法体系中基本法形态之间的相互转换问题。从一般意义上的民间法哲学即法律全球化背景下的民间法哲学视角来看，国家层面的民间法在理论上具有与国家法相对位或平等的理论地位，违背这一学术逻辑甚或规律逻辑则极可能对现实世界中的法治实践（包括"法治中国"实践）带来灾难性的影响或者后果。

第一章　核心概念的建构："民间法""场域公共秩序"

客观地讲，欲图构建一种一般意义上的民间法哲学即法律全球化背景下的民间法哲学，不论实际构建出来的是一座宏伟的"理论大厦"，还是一间简陋的"茅草房"，均需首先明确，这样一种法哲学或法学理论是建立在一种什么样的逻辑基础之上。就对这一问题的初步回答而言，对一般意义上的民间法哲学即法律全球化背景下的民间法哲学进行一种理论建构，本书主要立基于"民间法"和"场域公共秩序"这两个核心概念。在很大程度上，正是有了对"民间法"和"场域公共秩序"这两个核心概念的理论重构或建构，才会最终有一般意义上的民间法哲学即法律全球化背景下的民间法哲学这样一套学术理论。对"民间法""场域公共秩序"这两个核心概念的建构，本章并不是完全"另起炉灶"，而是很大程度上在对这两个概念之原初核心含义进行分析、析取和嫁接的基础上逐渐形成的。这样一种学术再创造，从这两个概念形成的历史角度来说是一种重构，而从将其打造成一般意义上的民间法哲学即法律全球化背景下的民间法哲学之逻辑基础的角度来说则是一种建构。

一　"民间法"及相关概念的分析与重构

建构一般意义上的民间法哲学即法律全球化背景下的民间法哲学，本书需要对这一理论建构的逻辑基础先进行厘定，即俗话说的

“打地基”或“清理地基”。对“民间法”概念进行学术“清算”或学术分析，主要是因为这些年来，民间法概念“被众多学者挂在口上和留驻笔端”①，而且对这一概念的理解在很大程度上亦呈现“众说纷纭”状。在这种情况下，本书很有必要对民间法概念的使用情况进行一定程度的研究回顾，并基于特定研究理论诉求对其原初内涵进行一定程度的批判性改造。而之所以是对民间法概念进行一种批判性改造，主要有两方面的原因：一方面，“民间法”在法学界特别是在民间法研究领域已是一个约定俗成的概念，若对这个概念“推倒重来”，创造一个全新的学术概念，那么，所建构的民间法哲学理论极有可能让人“不知所云”；另一方面，“民间法”本身是一个很有张力的概念，是一个“底子”很不错的概念，在一定程度上以学界特别是法学界对民间法概念的现有研究和探索为基础对其进行适度的理论化重构，不仅能够呈现其丰富的理论内涵，而且能凸显其应有的理论使命，如回应或应对当前学界特别是法学界对民间法概念的诟病、批评等。

本书对民间法概念进行回顾和批判性审视，不是要将学界特别是法学界对民间法概念的诸多个殊性认识强行统一起来，这不仅没有必要，而且也不可能，而是想通过对民间法概念的批判性分析和审视，将“民间法”这一表达型构和提升为一个更具理论深度的严肃学术概念，不再让“民间法”背负“一个并不科学和规范的名称和概念”②的“骂名”，让“慎重使用‘民间法’一词”的批评③永远地成为过去或法学研究的历史。

---

① 刘作翔：《具体的“民间法”：一个法律社会学视野的考察》，载《浙江社会科学》2003年第4期，第17页。

② 刘作翔：《具体的“民间法”：一个法律社会学视野的考察》，载《浙江社会科学》2003年第4期，第17页。

③ 参见曾宪义、马小红《中国传统法的“一统性”与“多层次”之分析：兼论中国传统法研究中应慎重使用“民间法”一词》，载《法学家》2004年第1期，第134～144页。

"民间法"这个概念是怎么产生的？目前，民间法研究领域主要有这样两种观点。一种观点认为民间法概念是一种"舶来品"，主要是对源自西方世界法律实践之法学概念的"照搬"或移植。"在中国传统法的研究中使用'民间法'一词，即扭曲了西方社会学法学派有关'民间法'的定义，又不符合中国传统法的客观实际"①。另一种观点则截然相反，认为民间法概念产生于中国本土。梁治平先生说："在中国传统语汇里，与'官府'相对的正是'民间'，而'官'与'民'这一对范畴，适足表明中国传统社会结构的特质。主要因为这个缘故，我在'国家法'之外，特别标出'民间法'的概念来作区别。"② 梁先生的这一论述，加之"民间法"这一表达本身所承载之天然的浓浓中国味，在很大程度上表明，民间法概念至少其概念表达是在中国"土生土长"出来的，是深受中国传统文化影响而产生的。不过，关于民间法概念的产生，本书更倾向于对这两种观点的综合。

具体来讲，从民间法概念的法学思想渊源来看，民间法概念的法学内涵在很大程度上可以说来自西方法学理论传统。甚至有研究者认为，民间法概念之法学内涵的雏形，最早可以追溯到奥地利著名法社会学家尤根·埃利希（Eugen Ehrlich）在他的《法律社会学基本原理》一书中对它的第一次使用。③ 郑永流教授亦说："所谓'活法'，在其创立者——奥地利著名法社会学家埃利希那里，是指社会法，即存在于人的团体中的法，相对于司法人员法和国家法。他认为，整个人类社会由无数团体组成，其内部组织建立在其每个成员遵循的行为命令或规范之上，因而，这种法又可叫作'组织法'。间

---

① 曾宪义、马小红：《中国传统法的"一统性"与"多层次"之分析：兼论中国传统法研究中应慎重使用"民间法"一词》，载《法学家》2004 年第 1 期，第 134 页。

② 梁治平：《清代习惯法》，广西师范大学出版社，2015，第 35 页。

③ 参见魏治勋《"民间法"概念问题辨谬》，载谢晖、陈金钊主编《民间法》（第 11 卷），厦门大学出版社，2012，第 24 页。

或，埃利希又使用'民间法'（Volksrecht）来指代它。"① 不过，本书之所以基本认同这样一种观点，不仅是因为西方法学理论传统尤其是西方著名法学家理论著述中首先出现了"民间法"概念之法学内涵的雏形，而且是因为现当代中国法学研究思维本身就来自西方法学理论传统，更确切地说，最初主要来自西方法学的传播者如日本的现代法学②。

从民间法概念表达的发生学来看，"民间法"概念的表达产生于中国本土。说民间法概念表达产生于中国本土，主要是跟 20 世纪 80 年代末西方"市民社会"理论在中国学界的传播及"市民社会"运动（台湾称"民间社会运动"）③ 对中国的深远影响有关④。一方面，"官府"与"民间"对应思维、"本土资源"说等"市民社会"话语很明显包含地道的中国语境元素，皆来自中国传统文化或思维。另一方面，与"市民社会"话语紧密联系在一起的研究者如梁治平、朱苏力等，都深受西方市民社会理论影响，都是该理论在中国的重要传播者或倡导者。⑤ 在这种情况下，我们似乎可以说，当代一些著名法学家由于受中国传统文化影响，采用了地道的中国表达即"民间法"一词来转译、继受或移植源自西方世界的法学思想内涵。

学界特别是法学界对民间法概念之基本内涵的认识存在一定程

---

① 郑永流：《法的有效性与有效的法：分析框架的建构和经验实证的描述》，载《法制与社会发展》2002 年第 2 期，第 24~25 页。
② 参见梁治平《清代习惯法》，广西师范大学出版社，2015，第 34~35 页。
③ 参见金光亿《文化研究与中国：国家与人类学之关系》，载马戎等主编《田野工作与文化自觉》，群言出版社，1998，第 351~354 页。
④ 参见邓正来《国家与社会：中国市民社会研究》，北京大学出版社，2008，第 163~203 页；姚选民《做真读书人和真学问家：兼论〈三一集：邓正来学术文化随笔〉》，载《社会科学论坛》2016 年第 5 期，第 121~129 页。
⑤ 参见姚选民、杜欢《"您并没有离去"：邓正来先生诞辰六十周年暨往生三周年追思》，载何家弘主编《法学家茶座》（总第 48 辑），山东人民出版社，2016，第 131~135 页。

度的差异，如比较流行的有"知识传统说""行为规则说""本土资源说""民间规范说"等①，但是，差异的背后基本上有一个共同的、大体的参照物，就是国家法。也就是说，学界特别是法学界对民间法概念的认识，除了对民间法概念持否定批判态度的那些学者外，在很大程度上是大同小异的，基本上都认为"民间法"是"国家法"的对称，如梁治平②、朱苏力③、谢晖④、郑永流⑤、于语和⑥等著名学者关于民间法的相关研究。以谢晖先生对民间法概念的厘定为例。在谢先生看来，国家法是由国家主权者出面，通过"君主命令""代议制""全民公决"等方式制定的，在国家这一区域范围内拥有普遍效力的法律。在国家这一区域范围能够得到强制执行的法律规则体系，一方面必须由能够代表整个国家的主权者如议会、全国代表大会等推出，另一方面必须通过正式程序制定，如立法动议、表决、宣读等程序环节，否则，所推出的规则体系就是不合法的，不具有普遍的法律效力，即没有国家机器或主权者的强制保障。谢先生还以西方社会的"小费"为例来阐释其基本观点。虽然"给小费"在西方社会生活中极为常见，但是，除了个别种类的"小费"在法律上有明文规定以外，其他种类的"小费"在很大程度上仍是一种靠习惯、习俗等民间法支撑的交往规则。也就是说，如果交往对象没有一种基于个人习惯或当地习俗的自觉而不给服务者"小费"，那么提供额外服务的行为者或"侍者"除了终止其额外服务，基本上没有可能

---

① 参见于语和主编《民间法》，复旦大学出版社，2008，第21~22页。
② 参见梁治平《清代习惯法》，广西师范大学出版社，2015，第34~43页。
③ 参见苏力《法治及其本土资源》，北京大学出版社，2015，第3~24页。
④ 参见谢晖《大、小传统的沟通理性》，中国政法大学出版社，2011，第342~370页。
⑤ 参见郑永流《法的有效性与有效的法：分析框架的建构和经验实证的描述》，载《法制与社会发展》2002年第2期，第23~40页。
⑥ 参见于语和主编《民间法》，复旦大学出版社，2008，第20~37页。

运用一种强制力来获得他们所应得的报酬或权益。① 基于这样一种关于民间法的认识逻辑，谢先生结论性地认为："民间法是国家法的对称，是国家法之外，用来进行社会控制和社会秩序构造的规范系统"②，"是指在一切国家法之外，对人们的交往行为及其权利义务分配具有现实调整作用的社会规范。"③ 于语和教授亦持类似观点："民间法是与国家法（或曰国家制定法）相对应的法的概念。它是某一特定社区内在人们长期生产、生活过程中约定俗成的，用以划分人们的权利义务和调解各类纠纷，并且具有强制性、权威性、规范性和一定约束力的行为规范。"④

在很大程度上讲，如果对民间法概念的探讨到目前这个程度为止，那么，对民间法概念的探讨完全没有必要作为一个独立主题，对民间法概念的探讨也称不上"重构"或建构。而本书之所以这么做，主要是因为建构一般意义上的民间法哲学即法律全球化背景下的民间法哲学、为法律全球化背景下的民间法哲学提供一种逻辑基础，学界特别是法学界目前对民间法概念的探讨或业已存在的关于民间法的共识性认识是不充分的。具体来讲，一方面，本书对一般意义上的民间法哲学即法律全球化背景下的民间法哲学之逻辑基础的建构，离不开学界特别是法学界目前关于民间法概念的常识性认知，但是，只建立在这种常识性认识的基础上是远远不够的。另一方面，在继承学界特别是法学界关于民间法概念内涵之常识性认知的基础上，本书需要对民间法概念进行理论化提升或法哲学提升。基于这样一种认识逻辑，民间法概念或一般意义上的民间法概念，一方面有其常规性含义，即"民间法"是"国家法"（包括其衍生的"地方

① 参见谢晖《大、小传统的沟通理性》，中国政法大学出版社，2011，第345~346页。
② 谢晖：《大、小传统的沟通理性》，中国政法大学出版社，2011，第346页。
③ 谢晖：《大、小传统的沟通理性》，中国政法大学出版社，2011，第346页。
④ 于语和主编《民间法》，复旦大学出版社，2008，第22~23页。

法")的对称,是在国家法系统之外,对国家范围内不同区域或领域即各种场域法域进行社会控制和社会秩序构造的规范系统,意指国家范围内不同区域或领域中不在国家法范畴(包括其所派生的地方法规则体系)之内、能够实际性地在一定程度上规制人们之行为及其利益分配的社会规范总和,① 其渊源形式一般包括习惯或习惯法、民族习惯法、仪式、民间习俗或禁忌、宗教戒律、乡规民约、行业规章、礼节等;② 另一方面有"民间法法学思维"的法哲学内涵。

在对一般意义上之民间法概念的法哲学内涵进行揭示之前,本书要先作两点限定或说明。

其一,"法哲学"概念的基本内涵是有特别限定的。一提到法哲学概念,人们往往会不自觉地想到法理学概念,在很大程度上讲,法哲学概念通常是以法理学概念为基本参照的,但是,法哲学概念跟法理学概念有明显的不同,至少在中国法学语境中是如此。具体来讲,如果把法学理论(作为整个法学学科的元概念,不是通常所说的"法理学"简称)比作一幢建筑的话,那么,法哲学应该是该幢建筑的地基,就像地基决定建筑的"高""矮""胖""瘦"一样,法哲学往往决定了研究者从宏观上审视整个世界法律现象的视角和方位,解决他们所要关注的核心法律理论问题。③ 而法理学是该幢建筑中立基于地基结构的框架结构或"水泥架"结构,这种框架结构在所有建筑中都能够找到,即框架结构在特定的建筑中既严重依赖

---

① 参见谢晖《大、小传统的沟通理性》,中国政法大学出版社,2011,第346页;高其才《中国习惯法论》(修订版),中国法制出版社,2008,第3~5页;田成有《法律社会学的学理与运用》,中国检察出版社,2002,第53~55页;〔日〕千叶正士《法律多元:从日本法律文化迈向一般理论》,强世功等译,中国政法大学出版社,1997,第2、146、150页。

② 参见语和主编《民间法》,复旦大学出版社,2008,第22~23页。

③ 参见姚选民《法律全球化背景下的中国法治二元观:基于一种民间法哲学主体视角》,载谢晖等主编《民间法》(第17卷),厦门大学出版社,2016,第49~50页。

地基,又相对独立于特定建筑的地基,在其他的建筑中也能够找到。进一步言之,部门法学主要关注特定框架结构或法理学的内部设计。在一定程度上讲,法哲学解决的是不同法系或特定文明中国家法法秩序规则体系的理论基础问题,法理学解决的是不同法系或特定文明中国家法法秩序规则体系的形式共性问题,部门法学解决的是不同法系或特定文明中国家法法秩序规则体系之特定领域规则体系的形式共性问题。关于法哲学与法理学的区别,在一定程度上亦可以这样来表达:"与基于法认识论和法方法论、侧重于法的实证层面和应用领域的'法理'概括与探究的法理学不同,法哲学侧重于法的本体层面和价值领域的'哲理'概括与探究。就其精神品格与思维方式而言,法哲学既是一种前提性反思,即审视和追问对象赖以存在的前提,对法的本源、本质和普遍原理的追问;又是一种逻辑性反思,即对法学命题和理论的逻辑起点及逻辑展开的追问;还是一种价值性反思,即对法律规范和法学命题正当性的深层追问。"①

其二,"民间法"思维主要是一种法学思维。一般意义上的民间法哲学即法律全球化背景下的民间法哲学建构,可能会涉及民间法规范的具体适用问题,但其要解决的核心或主旨问题是民间法作为广义上之法体系中基本法形态的存在理论基础问题。在这种情况下,建构一般意义上的民间法哲学即法律全球化背景下的民间法哲学,关于"民间法"的理论思考更多的是一种法学思维。之所以要特别明确地申明这一点,主要是因为"法律思维和法学思维都是法律实践与法学研究中十分重要的问题……它们并没有引起人们足够的重视。由于法学思维与法律思维有着共同之处和紧密联系,因而人们往往将法学思维与法律思维混为一谈"②。为避免措辞上的误解,我们有必要厘清法学思维与法律思维之间的关系问题。具体来讲,在

---

① 胡平仁:《从法哲学的范围与品格看部门法哲学研究》,载《法制与社会发展》2010 年第 3 期,第 18 页。

② 胡平仁:《法律人的思维方式》,载《怀化学院学报》2007 年第 3 期,第 40 页。

胡平仁教授看来，法学思维与法律思维的根本区别在于法学思维主要是以批判性思考为主导的；法律思维主要是一种以"法律"或规则为坐标和工具，按照形式逻辑来"严丝合缝"地观察问题、分析问题、解决问题的思维习惯和思维能力。法律思维主要是一种"根据法律的思考"，而法学思维在很大程度上是一种"关于法律的思考"；法律思维是法学思维的重要组成部分，法学思维不仅要以法律或规则以及法律思维为基本的前提条件，而且要反思法律或规则以及法律思维的正当性问题，并力图超越特定的法律或规则和法律思维。① 基于这样一种关于法学思维与法律思维之间关系的思想认识逻辑，本书对一般意义上之民间法的宏观审视和思考，显然是一种法学思维，而不太关注民间法之具体规范的适用问题，当然，这也不是说一般意义上的民间法哲学即法律全球化背景下的民间法哲学建构就绝对不会涉及民间法的法律思维。在此意义上说，本书秉持的是民间法思维的广义内涵，不仅包括民间法思维的狭义内涵即民间法法律思维，而且包括民间法法学思维。

让我们再回到民间法的法哲学内涵探讨。民间法的法哲学层面内涵即"民间法法学思维"主要包括两个方面。

一方面，"民间法"是指与"官方法"② 相对应的概念，它是国家或全球社会范围内不同区域或领域（包括国际区域或领域）亦即各种场域法域（包括国际场域法域）中不居于意识形态中心地位的规范系统，是官方法规则之外，对国家或全球社会范围内不同区域或领域（包括国际区域或领域）亦即各种场域法域（包括国际场域法域）中社会主体（包括国际法主体成员）进行社会控制和社会秩序构造的规范系统。在本书中，"官方法"不是指法学研究领域中业

---

① 参见胡平仁《法律人的思维方式》，载《怀化学院学报》2007 年第 3 期，第 40 页。

② 参见谢晖《中国古典法律解释的哲学向度》，中国政法大学出版社，2005，第 35~47 页。

已约定俗成的"由官方制定的法"或"适用于官方内部交往关系的法"①,而是指国家或全球社会范围内不同区域或领域(包括国际区域或领域)亦即各种场域法域(包括国际场域法域)中主导其意识形态者或拥有"政治"话语权者所促成的具有一定强制执行力的规则系统。从外延来看,官方法可能是"正儿八经"的国家法,也可能是具有一定强制执行效力的规则,在国家或全球社会范围内,官方法比民间法的"政治"地位要高。显然,拥有前"一方面"或第一方面法哲学层面内涵的民间法已不是常规性含义的民间法或其外延具体形态,而是已经被提升为一种理论分析框架。作为理论分析框架的民间法概念,不再是描述性的事实概念,而是内含一定价值意蕴的规范性概念。这种规范性体现在"民间法"概念可以用来分析现实世界包括国际社会或全球社会中的民间法现象。比如说,在以常规性含义为内涵的民间法概念体系中,国家法是官方法,就不可能同时是民间法。而在民间法概念的第一方面法哲学内涵层面,国家法是官方法,但也有可能在特定条件如法律全球化条件下变成了一种"民间法"。具言之,从通常的国家层面来讲,民间法是民间法,国家法是官方法;而从国际社会层面来讲,国家法不是"官方法",却极有可能是一种"民间法",因为国家法成为全球社会或国际社会层面"官方法"的可能性比较小,国际社会层面的"官方法"另有其外延和内涵。国际社会层面的规范跟国家层面的规范不同,要重新进行区分,国际社会层面的规则体系即国际法可基本划分为国际"民间法"和国际"官方法"。基于这样一种关于一般意义上之民间法的思想认识逻辑,在国家或全球社会范围内,一般意义上的民间法呈现多层次性,如"村落"民间法(主要包括村规民约)、"县域"民间法(主要包括风俗习惯)、"民族"民间法(主要包括民族习惯法)、"文化体"民间法(主要包括宗教戒律)、"区域国际社会"民间法

---

① 谢晖:《大、小传统的沟通理性》,中国政法大学出版社,2011,第344~345页。

（主要包括区域国际法）、"国际社会"民间法（主要包括以全球社会名义推出的国际"民间法"）等①。不仅如此，一般意义上的民间法，在不同的领域也会有不同的民间法渊源形式，一般意义上的民间法还呈现多领域性，如政治领域、经济领域、文化领域、社会领域、生态领域等领域的民间法（包括诸领域的国际"民间法"）。

另一方面，民间法的法哲学层面内涵是指一种一般意义上的法秩序，包括国家层面的民间法法秩序和国际社会层面的国际"民间法"法秩序。其中，一般意义上的民间法法秩序与官方法法秩序（包括国家法法秩序和国际"官方法"法秩序）相对应，而国家层面的民间法法秩序与国家法法秩序相对应，国际社会层面的国际"民间法"法秩序则与国际"官方法"法秩序相对应。② 说到民间法或民间法法秩序，我们一定要意识到一个维度，那就是，在法律全球化特别是西方国家法律或美国法律全球化时代，它们其实是一种前现代的法秩序或传统国家法法秩序。当前所谓民间法或民间法法秩序，在先前是一种正统的国家法法秩序，不过，在种种因素所推动之法律全球化背景条件下，在源自西方社会生活经验之所谓现代法学话语的支配性影响下，先前的国家法或国家法法秩序在法律全球化特别是西方国家法律或美国法律全球化时代，逐渐被塑造成了一种"不文明"的法秩序，沦为边缘化的社会法秩序类型即"上不了国家政治台面"的民间法法秩序。这样一种社会法秩序演变的普遍性存在事实表明，现代性的产生或西方现代性在世界范围内的扩展引发了法律全球化特别是西方国家法律或美国法律的全球化，③ 继而引发

---

① 参见姚选民《罗尔斯政治秩序观问题：建构与批判》，中共中央党校出版社，2014，第230~231页；田成有《法律社会学的学理与运用》，中国检察出版社，2002，第61~62页。

② 参见于语和主编《民间法》，复旦大学出版社，2008，第23页。

③ 参见〔德〕于尔根·哈贝马斯等《文化现代性精粹读本》，周宪主编，中国人民大学出版社，2010，第6~7页；〔德〕尤尔根·哈贝马斯《后民族结构》，曹卫东编译，上海人民出版社，2002，第178~179页。

了非西方国家法律全球化背景下社会法秩序的二元化。具体来讲，一个是民间法法秩序，缘于国家民族人口的延续性，民间法法秩序作为先前的国家法法秩序，因为其施行的长时段性而在日常社会生活中仍然为社会中的大部分人所继承和遵循。另一个是国家法法秩序。因为国家机器的强力推行和维持，国家法法秩序作为一种新生的社会法秩序类型，加之深受西方国家法律或美国法律及其法学理论的影响并在很大程度上得到了它们的"背书"，逐渐被社会中许多人接受和遵循。不过，由于新生的国家法法秩序对社会中许多人（特别是那些仍然传承着传统法秩序观念的人）之传统法秩序观念或民间法法秩序观念的"侵犯"或改造，这种新生的国家法法秩序在一定程度上在现实生活中被他们"拒斥"。在法律全球化特别是西方国家法律或美国法律全球化时代，非西方社会中社会法秩序的二元化的核心含义是：民间法或民间法法秩序在政治舞台上丧失了合法性，但是在现实生活中仍然有很大的社会影响力，实际性地支配着社会上大部分人的秩序感；国家法或国家法法秩序在整个国家范围内具有政治合法性，构筑着整个社会的政治秩序或社会秩序"骨架"，但是要内化为社会中大部分人的秩序感还有很长一段路要走。基于这样一种思想认识逻辑，在国家层面，在法律全球化特别是西方国家法律或美国法律全球化时代，民间法或民间法法秩序是非西方社会特别是第三世界国家在推进国家治理体系和治理能力现代化的过程中需要认真对待的法秩序类型。这种民间法或民间法法秩序类型不仅会长时间存在，而且在很大程度上会长期存在，可以说在非西方社会中会是一种常态的法秩序，与非西方社会中的国家法法秩序实际上处于一种并立的状态。而就非西方社会中民间法或国家法的功能作用而言，如上所述，国家法或国家法法秩序更多的是维护整个国家范围一以贯之的政治秩序（包括地方官方秩序），所保护的是国家的政治秩序法益，与之相对照，民间法或民间法法秩序更多的是维护国家范围内不同区域或领域亦即各种场域法域的场域公共秩序，所保护的是国家范围内不同区域或领域亦即各种场域法域的场域公共秩序法益。① 这样一种社会法秩序分工，不仅存在于国家层面，而且在很大程度上存在于国际社会层面。在全球社会，从国际"民间法"的视角来看全球社会法秩序分工，全球社会法秩序分为国际"官方法"法秩序和国际"民间法"法秩序，国际"官方法"法秩序更多的是维护全球社会范围内的国际政治秩序，保护的是全球范围内的国际政治秩序法益，与之相对照，国际"民间法"法秩序更多的是维护全球社会范围内不同国际区域或领域亦即各种国际场域法域的国际场域公共秩序，保护的是全球社会范围内不同国际区域或领域亦即各种国际场域法域的国际场域公共秩序法益。

二 "场域公共秩序"及相关概念的分析与重构

"场域公共秩序"是一般意义上的民间法哲学即法律全球化背景下的民间法哲学之逻辑基础的另一个核心概念，是一个待建构的理论分析概念或分析框架。这一概念的核心词汇是"公共秩序"，"场域"是"公共秩序"的修饰成分，旨在彰显"公共秩序"的结构层次性。

"公共秩序"概念的分析与重构。"公共秩序"目前主要有两种用法②：一种是法学意义上的，主要指一种法律制度，尤其指国际私法上的公共秩序原则；③ 另一种是政治学意义上的，也就是人们通常

---

① 参见姚选民《法律全球化背景下的中国法治二元观：基于一种民间法哲学主体视角》，载谢晖等主编《民间法》（第 17 卷），厦门大学出版社，2016，第 37~50 页。

② 参见马德才《国际私法中的公共秩序研究》，法律出版社，2010，第 46~51 页。

③ 参见马德才《国际私法中的公共秩序研究》，法律出版社，2010，第 10~27、51~54 页；金彭年《国际私法上的公共秩序研究》，载《法学研究》1999 年第 4 期，第 112 页。

所说的"社会秩序"或"社会公共秩序"。① 构建一般意义上的民间法哲学即法律全球化背景下的民间法哲学，本书所探讨或讨论的公共秩序主要指政治学意义上的公共秩序。"公共秩序"并非一个严格的政治学术语，在西方政治学史上，柏拉图、亚里士多德、霍布斯、卢梭、马克思等思想家或多或少地都有论及这个术语②，但是，都没有将其提升为一个严肃的学术概念。为了将"公共秩序"建构并提升为一个严格的学术概念，本章拟基于事物发展逻辑这种一般性的思想认识逻辑对其进行理论分析、概念建构。

　　具体来讲，所谓"秩序"主要"指自然界和社会现象所揭示的事物有规则的存在方式……分为自然秩序和社会秩序，自然秩序……是由自然界运动规律支配的，它不以人的意志为转移，没有人的参与其自身周而复始地存在着。社会秩序……是由该社会的经济基础决定的，由经济基础所要求的社会制度决定的，社会秩序不以个人的意志为转移，但必须由人参加，并应人类对社会发展规律的认识和驾驭能力的变化而变化"。③《中国伦理学百科全书·伦理学原理卷》的这一解释表明，"秩序"概念具有两个方面的基本内涵，一个是指"自然意义上的秩序"，另一个是指"社会意义上的秩序"。从《辞源》《辞海》关于秩序概念之解释的对比，④ 不难看出，秩序概念首先源于社会世界，因为《辞源》对"秩序"的解释与《辞海》对"秩序"的解释的第①义项相同，侧重词条源流的《辞源》对"秩序"的解释是社会意义上的，并且《辞海》"秩序"词条中

① 参见时蓉华主编《社会心理学词典》，四川人民出版社，1998，第79页。
② 参见陈绍芳《公共哲学视角的公共秩序价值解析》，载《社会科学家》2009年第1期，第107~111页。
③ 罗国杰主编《中国伦理学百科全书·伦理学原理卷》，吉林人民出版社，1993，第118页。
④ 参见广东、广西、湖南、河南辞源修订组，商务印书馆编辑部编《辞源》（下册），商务印书馆，2010，第2515页；夏征农、陈至立主编《辞海》，上海辞书出版社，2010，第2459页。

义项的排列顺序在很大程度上反映了"秩序"概念的演变历史。①

就自然意义上的秩序而言，基于现实生活观察以及现有工具书或相关研究②关于"秩序"词汇的含义解释，③ 自然意义上的秩序主要指不同自然事物间的稳定的关系体。从基本内涵直观来看，自然意义上的秩序主要包括这样一些基本构成部分。

第一，基本范畴要素。自然意义上的秩序这一事物的性质显然是一种关系，而不是其他性质的东西，在很大程度上属于一种"关系"范畴。这种"关系"从直观来看一般具有两方面的基本特征。一是"实然性"特征。这种关系没有办法人为创造，人们对自然意义上的秩序中的关系所能做的仅仅是改变关系的外在样态。二是"结构性"特征。这种关系一般呈现为一种关系结构，不是单纯线性的而是结构性的，不是单纯平面性的而是立体结构性的。

第二，基本对象要素。"自然意义上的秩序"，顾名思义，这一概念所指涉的对象是自然世界中的事物或自然意义上的事物。由于自然事物的客观性质，自然意义上的秩序现象不论如何复杂，秩序关系的基本单位在物质的意义上可能都是单一的，即任何秩序关系，不论如何复杂，都可以分解为作为秩序关系客体之自然事物间的简单关系。不仅如此，缘于秩序关系承载客体的客观性，作为秩序关系客体之自然事物间的关系亦具有客观普遍性。

第三，基本稳定性要素。自然事物客观普遍存在，自然事物间的关系不仅具有客观普遍性，而且具有稳定性。具体来讲，这种自然秩序意义上的稳定关系，不仅指特定的不同自然事物间关系的唯一性

---

① 参见姚选民《罗尔斯政治秩序观问题：建构与批判》，中共中央党校出版社，2014，第227~228页；姚选民《罗尔斯政治秩序观研究：一种论纲》（上），载《社会科学论坛》2014年第5期，第39~41页。

② 参见沈亚平《社会秩序及其转型研究》，河北大学出版社，2002，第17~23页。

③ 参见广东、广西、湖南、河南辞源修订组，商务印书馆编辑部编《辞源》（下册），商务印书馆，2010，第2515页；夏征农、陈至立主编《辞海》，上海辞书出版社，2010，第2459页。

或单一性，而且指当外在条件恒定时，具体自然事物间的关系状态在很大程度上能够在相当长时期内甚或无限期地存在。也就是说，自然意义上的秩序一般需要一定的客观条件来支撑，具体自然事物间的稳定关系往往需要特定的外在客观条件来支撑。①

由于社会意义上的秩序和自然意义上的秩序的相似性，并鉴于二者之间的差异及相关研究②，社会意义上的秩序，主要指不同社会主体（包括国际法主体成员）会不自觉地动用政治、法律、经济等不同方式来努力维护的具有一定稳定度的关系结构体。从基本内涵直观来看，社会意义上的秩序一般拥有这样一些基本构成要素③。

第一，基本范畴要素。社会意义上的秩序跟自然意义上的秩序一样，亦是一种关系体，属于关系范畴。这种关系体主要有三大基本特征。一是"实然性"特征。社会意义上的秩序中的关系同样是客观实然的，不过，社会意义上的秩序中的关系的实然性有其独特性。即是说，社会成员在一定条件下能够不同程度地变化（包括改变、创造、消灭等方式）社会意义上的秩序中秩序关系的具体形态，使得这种实然性的人为性比较明显。二是"结构性"特征。直观来看，社会意义上的秩序与自然意义上的秩序之"结构性"特征有一定程度的相似性，如都不是单纯线性的或单纯平面性的，不过，社会意义上的秩序中的关系结构的人为性特别强，这种关系结构在很大程度上可以根据社会需要而进行不同程度的变化。三是"位势区间性"

---

① 参见姚选民《罗尔斯政治秩序观问题：建构与批判》，中共中央党校出版社，2014，第 228~229 页；姚选民《罗尔斯政治秩序观研究：一种论纲》（上），载《社会科学论坛》2014 年第 5 期，第 41 页。

② Cf. Hayek, *The Constitution of Liberty* (Chicago: University of Chicago Press, 1960), p. 160; Michael Hechter, Christine Horne, *Theories of Social Order: A Reader* (Stanford, CA: Stanford University Press, 2003), p. 221; 中共黄浦区委党校课题组编著《转型时期社区公共秩序的建构：基于上海市黄浦区社区发展现状的研究》，复旦大学出版社，2014，第 14~17 页。

③ 参见沈亚平《社会秩序及其转型研究》，河北大学出版社，2002，第 23~45 页。

特征。社会意义上的秩序中的关系因人为性常常呈现程度状态差别，具有位势区间性。以社会关系中的自由与不自由关系束为例：社会自由关系束会存在基本自由、相对自由等亚种自由关系束，而社会不自由关系束则存在根本不自由、相对不自由等亚种不自由关系束。

第二，基本对象要素。与自然意义上的秩序中的适用对象明显不同，社会意义上的秩序的适用对象是"活"的或具有一定能动性的社会主体。社会意义上的秩序中的关系辐射面较广，其特定关系性质往往涉及一个一个的群体或阶层，不仅具有社会普遍性，而且具有较强的社会公共性。

第三，基本稳定性要素。作为广义秩序概念的一种类型，社会意义上的秩序与自然意义上的秩序都具有"稳定性"要素，不过，相比较而言，社会意义上的秩序中关系的稳定性因其人为性而显得弱一些。虽然如此，社会意义上的秩序关系体因其实然性而仍具有相当的稳定性，否则，便不可能有所谓的社会秩序，亦不可能具有一定的稳定预期。

第四，基本关系维系要素。在自然意义上的秩序中，关系的稳定性或超强稳定性源于自然事物的几近绝对客观性的特性，基本甚或根本不需要关系维系要素这一基本构成要素，而在社会意义上的秩序中，关系的稳定性往往取决于特定关系的人为维系力量，需要一定的人为手段或力量来确保社会意义上的秩序中之关系的稳定性。①

政治秩序、公共秩序、经济秩序、法律秩序等秩序类型，从更广泛的层面上来看都属于社会意义上的秩序范畴，可以说，都是社会意义上的秩序的子秩序类型。受社会意义上的秩序之基本内涵的启发，并以政治秩序、经济秩序、法律秩序等社会意义上秩序之子秩序

---

① 参见姚选民《罗尔斯政治秩序观问题：建构与批判》，中共中央党校出版社，2014，第229~231页；姚选民《罗尔斯政治秩序观研究：一种论纲》（上），载《社会科学论坛》2014年第5期，第41~43页。

类型的基本特征为参照,[1] 公共秩序作为社会意义上的秩序之子秩序类型,亦包括这样四个方面的基本组成部分[2]。

第一,基本范畴要素。作为社会意义上的秩序的子秩序类型,公共秩序亦是一种关系体或关系结构,隶属于关系范畴。这种关系体主要具有四个基本特征:一是"实然性"特征,二是"结构性"特征,三是"位势区间性"特征,四是"根本性"特征。其它三个特征一如前述,主要就"根本性"特征来说,公共秩序中的关系之所以在国家或全球社会范围内不同区域或领域(包括国际区域或领域)亦即各种场域法域(包括国际场域法域)中具有根本性特征,是因为公共秩序中的关系在国家或全球社会范围内各种场域法域中具有优位性甚或一定程度的"政治性"。上述各种场域法域中其他秩序类型中的关系(如道德伦理关系、生活关系等)都要受公共秩序中的关系的制约。

第二,基本对象要素。公共秩序中的关系在理论上会牵涉到国家或全球社会范围内不同区域或领域(包括国际区域或领域)亦即各种场域法域(包括国际场域法域)中的所有社会主体(包括国际法主体成员)。公共秩序中的关系变动会对其辖下所有主体的社会生活产生深刻影响,相较于上述各种场域法域中的其他秩序,公共秩序中关系所牵涉的问题一般都具有很强的公共性。

第三,基本稳定性要素。相较于国家或全球社会范围内不同区域或领域(包括国际区域或领域)亦即各种场域法域(包括国际场域法域)中的其他类型的秩序,公共秩序中的关系往往更具有稳定性。一方面公共秩序中的关系能够得到这些场域法域中大量社会主

---

① 参见姚选民《罗尔斯政治秩序观问题:建构与批判》,中共中央党校出版社,2014,第231~237页;姚选民《罗尔斯政治秩序观研究:一种论纲》(上),载《社会科学论坛》2014年第5期,第43~46页。

② 参见中共黄浦区委党校课题组编著《转型时期社区公共秩序的建构:基于上海市黄浦区社区发展现状的研究》,复旦大学出版社,2014,第26~36页。

体（包括国际法主体成员）的坚决维护，这些关系往往承载着这部分主体的群体利益。另一方面公共秩序中关系的变动对这些场域法域中所有主体（包括国际法主体成员）之社会生活的影响，不仅非常大，而且比较直接。在面临这些场域法域中社会生活方式的巨大改变时，其大部分社会成员（包括国际法主体成员）一般具有较强的保守性。①

第四，基本关系维系要素。与国家或全球社会范围内不同区域或领域（包括国际区域或领域）亦即各种场域法域（包括国际场域法域）中的其他类型的秩序相比，公共秩序中关系结构的维系往往依靠民间法，包括国家层面的民间法（如习惯、习俗、乡规民约、行业规章等）以及国际"民间法"，包括国际"软法"、区域国际法等。

基于以上对公共秩序诸基本构成要素的分析，所谓的"公共秩序"主要指国家或全球社会范围内不同区域或领域（包括国际区域或领域）亦即各种场域法域（包括国际场域法域）中社会主体（包括国际法主体成员）集体性地通过以一定强制力为潜在后盾的非强制性手段如民间法规范（包括国际"民间法"）来支撑的社会主体间的相对稳定关系体。②

"场域"概念的分析与重构。在阅读法国社会学家布尔迪厄（Pierre Bourdieu）教授相关主题作品的基础上，下文拟分三个层面来呈现布尔迪厄教授的"场域"思想及其基本内涵。

第一个层面为特定单个场域的角度。就场域概念的界定而言，主要是在学界同人批评者的"逼问"下，布尔迪厄教授才对场域概念进行了一定程度理论化的概括。"从分析的角度来看，一个场域可

---

① 参见沈亚平《社会秩序及其转型研究》，河北大学出版社，2002，第52~55页。

② 参见姚选民《罗尔斯政治秩序观问题：建构与批判》，中共中央党校出版社，2014，第232~237页；姚选民《罗尔斯政治秩序观研究：一种论纲》（上），载《社会科学论坛》2014年第5期，第43~46页。

以被定义为在各种位置之间存在的客观关系的一个网络,或一个构型。"① 这一征引表明,社会学中的场域概念在很大程度上借用了物理学中的"磁场"事理逻辑,旨在直观展现社会生活中特定区域或领域中诸客体之间的位置关系状态,即社会学中的场域状态就像物理学中的磁场状态一样,场域中客体之间的关系像磁场中的磁力线网一样有一定规律可循。② 就场域与其间之社会的一般关系而言,在布尔迪厄教授看来,"在高度分化的社会里,社会世界是由大量具有相对自主性的社会小世界构成的,这些社会小世界就是具有自身逻辑和必然性的客观关系的空间"。③ 布尔迪厄教授以西方世界中的经济场域为例进行了具体阐释。经济场域作为一个小世界不是一天形成,而是有自己的历史。在历史过程中,"生意就是生意"这一信条得以逐渐确立,并得到了生意人的集体信奉,最终"成了气候"或形成了一个"圈子"领域,从而在经济场域这一特定领域中,"友谊""爱情"等这些通常令许多人"心醉神迷"的关系一般被摒弃在场域之外。④ 就场域的运行或运作过程而言,布尔迪厄教授认为:"可以将一个场域小心地比作一种游戏……我们有一笔游戏投资,即在参加游戏之前就具有的一种'幻象':卷入游戏的游戏者彼此敌对,有时甚至残酷无情,但只有在他们都对游戏及其胜负关键深信不疑、达成共识时,这一切才有可能发生;他们公认这些问题是毋庸置疑的。游戏者都同意游戏是值得参加的,是划得来的;这种同意的基础并非一份'契约',而就是他们参加游戏的事实本身……在社会

---

① 〔法〕皮埃尔·布尔迪厄、〔美〕华康德:《反思社会学导引》,李猛、李康译,商务印书馆,2015,第 122 页。

② 参见〔法〕皮埃尔·布尔迪厄《艺术的法则》,中央编译出版社,2001,第278 页。

③ 〔法〕皮埃尔·布尔迪厄、〔美〕华康德:《反思社会学导引》,李猛、李康译,商务印书馆,2015,第 123 页。

④ 参见〔法〕皮埃尔·布尔迪厄、〔美〕华康德《反思社会学导引》,李猛、李康译,商务印书馆,2015,第 123 页。

游戏中，我们也有将牌，即根据游戏的变化，其效力也随之有所变化的'主牌'：正像不同牌的大小是随着游戏的变化而变化的，不同种类资本（经济的、社会的、文化的、符号的资本）之间的等级次序也随着场域的变化而有所不同。"① 与此同时，一个场域的运行规则也不会一成不变，而是会在一定条件下出现渐进性演变："在遵守游戏的默契规则和再生产游戏及其利害关键的先决条件的情况下，游戏者可以通过参与游戏来增加或维持他们的资本，即他们拥有的符号标志的数量；但他们也同样可以投身游戏之中，去部分或彻底地改变游戏的固有规则"② 。就场域得以运转的基本动力而言，布尔迪厄教授认为，场域得以运作或运行的原动力在于"它的结构形式，同时还特别根源于场域中相互面对的各种特殊力量之间的距离、鸿沟和不对称关系"③ 。就场域的疆界而言，在布尔迪厄教授看来，任何场域的效力范围都是有限的，似乎都存在发生效力的极限："场域的界限只能通过经验研究才能确定。尽管各种场域总是明显地具有各种或多或少已经制度化了的'进入壁垒'的标志，但它们很少会以一种司法限定的形式（如学术机构录取人员的最高限额——numerus clausus）出现。"④ 在英语世界中不遗余力地介绍布尔迪厄理论的⑤美国学者华康德教授认为，场域的疆界存在于场域效力消失的地方，而身居"外边"的行动者想要成为特定场域中的一员或成员，

---

① 〔法〕皮埃尔·布尔迪厄、〔美〕华康德：《反思社会学导引》，李猛、李康译，商务印书馆，2015，第123~124页。

② 〔法〕皮埃尔·布尔迪厄、〔美〕华康德：《反思社会学导引》，李猛、李康译，商务印书馆，2015，第125页。

③ 〔法〕皮埃尔·布尔迪厄、〔美〕华康德：《反思社会学导引》，李猛、李康译，商务印书馆，2015，第127页。

④ 〔法〕皮埃尔·布尔迪厄、〔美〕华康德：《反思社会学导引》，李猛、李康译，商务印书馆，2015，第126页。

⑤ 参见李猛、李康《译后记》，载〔法〕皮埃尔·布尔迪厄、〔美〕华康德《反思社会学导引》，李猛、李康译，商务印书馆，2015，第495~496页。

就要付出一定代价，如"入场费"之类的东西或成本。① 就场域的特殊极致形态而言，布尔迪厄教授认为，"机器"是一般意义上之场域的特殊情形。当这样的情况出现时，"一个场域可能会以一种'机器'的方式开始运作。当支配者成功地压制、平定了被支配者的反抗和敌对时，当所有的社会运动都完全以一种自上而下的方式进行时，支配的效果就会加强，以至于构成场域的各种争夺关系和辩证关系都会停止发挥作用"。② 不过，布尔迪厄教授认为，这种极致形态的场域在现实世界中一般很少存在，在历史上也很少存在过。

　　第二个层面为不同特定单个场域之间关系的角度。华康德教授说："场域的概念可以在不同的聚集层次上使用：在大学里，人文科学的学科总体或院系总体；在住宅建设经济中，包含所有房屋建造者的市场或单个建筑公司'都可以被视为一个相对自主的单位'。"③意思是说，许许多多的特定单个场域往往处在一个更大的关系场当中，特定单个场域在更大的关系场中亦有其丰富的角色身份。具体来讲，其一，特定单个场域之间的关系不取决于特定单个场域所网住的成员或群体之间的关系，而往往取决于场域本身相互间的基本作用。"一旦我说到一个场（域），我的注意力就会紧紧盯住这种客观关系系统的基本作用，而不是强调这些粒子本身……某个知识分子，某位艺术家，他们之所以以如此这般的方式存在，仅仅是因为有一个知识分子场域或艺术场域存在……场域的观念提醒我们，即使人们在构建一个场域时不能不借助个体，社会科学的真正对象也并

① 参见〔法〕皮埃尔·布尔迪厄、〔美〕华康德《反思社会学导引》，李猛、李康译，商务印书馆，2015，第134页。
② 〔法〕皮埃尔·布尔迪厄、〔美〕华康德：《反思社会学导引》，李猛、李康译，商务印书馆，2015，第129页。
③ 〔法〕皮埃尔·布尔迪厄、〔美〕华康德：《反思社会学导引》，李猛、李康译，商务印书馆，2015，第277页。

非个体。场域才是基本性的，必须作为研究操作的焦点。"① 这一征
引表明，在布尔迪厄教授看来，决定特定单个场域之间关系的不是
这些场域的社会成员或这些场域之社会成员或群体之间的关系，而
是这些场域本身相互间的特定基本功能或作用。其二，所有特定单
个场域都是相对自主的关系系统，不同的特定单个场域之间具有相
对独立性。布尔迪厄教授说："对置身于一定场域中的行动者（知识
分子、艺术家、政治家，或建筑公司）产生影响的外在决定因素，
从来也不直接作用在他们身上，而是只有先通过场域的特有形式和
力量的特定中介环节，预先经历了一次重新形塑的过程，才能对他
们产生影响。"② 显然，场域有其特有的效力范围或相对自主性。一
个场域或其成员即便是权力场域这样的元场域或其成员，都很难直
接对其他场域中的特定社会成员施加影响，而只能通过对其想要施
加影响者或特定社会成员所在之特定单个场域施加一种外部性影响，
才能够最终影响其想要影响之其他特定单个场域中的特定社会成员。
其三，在更大的关系场中不同的特定单个场域之间不是平等关系，
而是结构性"对应关系"。关于这一点，布尔迪厄教授说得很直白：
"在哲学场域、政治场域、文学场域等与社会空间的结构（或阶级结
构）之间……它们在组成结构和运作过程方面都存在全面的对应关
系：二者都存在支配者和被支配者，都存在旨在篡夺控制权与排斥
他人的争斗，都存在自身的再生产机制，等等。"③ 在他看来，"权力
场域所处的层次不同于其他场域（如文学、经济、科学、国家科层
体制等场域），因为前者在某种程度上涵盖了其他场域。它理应更多

---

① 〔法〕皮埃尔·布尔迪厄、〔美〕华康德：《反思社会学导引》，李猛、李康
译，商务印书馆，2015，第 133~134 页。
② 〔法〕皮埃尔·布尔迪厄、〔美〕华康德：《反思社会学导引》，李猛、李康
译，商务印书馆，2015，第 132 页。
③ 〔法〕皮埃尔·布尔迪厄、〔美〕华康德：《反思社会学导引》，李猛、李康
译，商务印书馆，2015，第 132 页。

地被理解成某种'元场域'"①。就社会领域中所有场域而言，权力场域是元场域，不仅范围最大，即其他场域都在权力场域的范围之内，在一定程度上都是权力场域的次场域，② 而且地位最高，即其他场域作为权力场域的次场域常常处于相互竞争的状态，③ 为争夺中央集权资本（statist capital）这种元资本④而竞争，甚或舍命相搏。

　　第三个层面为不同特定单个场域间关系之发展演变历史的角度。一个场域与另一个场域之间的关系一般不是静止的，而是历史的，如布尔迪厄教授所说，场域与场域之间关系不存在"一成不变"的规律化的东西。"我相信事实上不存在超越历史因素影响的场域之间关系的法则，对于每一种具体的历史情况，我们都要分别进行考察。"⑤ 为了阐明他的这一基本观点，西方世界中艺术和经济这两个特定场域之间的关系进入了布尔迪厄教授的分析视野。他采用长时段的历史演变视角，以个案研究的方式阐明了特定单个场域之间关系历史的复杂性。在西方历史中，艺术场域与经济场域的关系起初是这样的："一个肇始于 15 世纪的进程，引导着艺术场域在 19 世纪获得了它真正的自主性。从那时起，艺术家不再听命于资助人和庇护者的要求和命令，他们摆脱了国家与学院，等等。他们之中的大多数人开始为自身的有限市场创作"⑥。而今天，艺术场域与经济场域

① 〔法〕皮埃尔·布尔迪厄、〔美〕华康德：《反思社会学导引》，李猛、李康译，商务印书馆，2015，第 66 页。
② 参见〔法〕皮埃尔·布尔迪厄《艺术的法则》，中央编译出版社，2001，第 265 页。
③ 参见〔法〕皮埃尔·布尔迪厄《艺术的法则》，中央编译出版社，2001，第 265 页。
④ 参见〔法〕皮埃尔·布尔迪厄、〔美〕华康德《反思社会学导引》，李猛、李康译，商务印书馆，2015，第 143~144 页。
⑤ 〔法〕皮埃尔·布尔迪厄、〔美〕华康德：《反思社会学导引》，李猛、李康译，商务印书馆，2015，第 137 页。
⑥ 〔法〕皮埃尔·布尔迪厄、〔美〕华康德：《反思社会学导引》，李猛、李康译，商务印书馆，2015，第 137 页。

这两个具体场域的关系却是"一种庇护制的复归,一种直接依附关系的复归,是国家的复归,是某些最粗暴不过的检查制度的复归,以及突然之间重新展开的一种线性和不确定的自主化进程"①。基于对西方世界或社会中艺术场域与经济场域这两个特定单个场域之间关系的深刻历史分析,布尔迪厄教授认为"这只不过是一个例子,但它助于提醒我们注意场域之间的关系——这个例子揭示的是艺术场域与经济场域之间的关系——并不是一劳永逸地确定的,即使是它们演进的最一般的趋势也并非如此"。② 关于历史地看待不同特定单个场域之间的关系问题,布尔迪厄教授最后也没有给出规律性的结论,而是强调对待特定单个场域之间关系的历史问题,一定要秉持具体问题具体分析的研究取向。

以上分析在一定程度上可以说是布尔迪厄"场域"思想的基本内涵,但是,对于这种有意识的理论化事物,布尔迪厄教授似乎并不"很感冒"。在布尔迪厄教授看来,这样一种理论化方式似乎更为可取:"所采用的概念,其首要作用是,以一种简明扼要的方式,在具体研究的程序中指明一种既具否定意涵又有建设意义的理论立场或一种方法论选择的原则。随着卓有成效的类推的逐渐凸现,随着概念的各种有用特点成功地被尝试和检验,系统化自然水到渠成。"③在布尔迪厄教授的作品中,虽然具体研究对象在不停地变换,但是分析方式是一贯的,这也在一定程度上表明,布尔迪厄教授更在意基于基本或核心分析概念的分析方法,如"场域"逻辑和思维。"如果人们不把布尔迪厄著作中提出的概念、命题和理论首先看作逻辑特性的载体和逻辑演算的对象,而是看作指出特定的思想习惯或一

① 〔法〕皮埃尔·布尔迪厄、〔美〕华康德:《反思社会学导引》,李猛、李康译,商务印书馆,2015,第137~138页。
② 〔法〕皮埃尔·布尔迪厄、〔美〕华康德:《反思社会学导引》,李猛、李康译,商务印书馆,2015,第138页。
③ 〔法〕皮埃尔·布尔迪厄、〔美〕华康德:《反思社会学导引》,李猛、李康译,商务印书馆,2015,第198页。

组思想习惯的标志物,那么他将获益良多。概念或命题越一般、越抽象,以这种倾向来解读它就越重要"。①布鲁贝克(Rogers Brubaker)的这番话,不仅为我们正确理解布尔迪厄教授的"场域"概念提供了科学指引,而且在很大程度上表明,"场域"概念的理论普遍性正是基于它的"工具性"以及它的"思维习惯"性质。

"场域公共秩序"概念的分析与重构。关于公共秩序概念的探讨,诚言之,学界学者业已作了不少先行努力,但是,毋庸讳言,现有关于这一概念的认识并不太深入,而是更多地停留在对概念的平面性认识。这种认识的平面性主要呈现为两方面。一方面,主要从国家层面来认识公共秩序概念。②一些研究者将"公共秩序"界定为"统治阶级赖以存在的并依靠制定或认可的法律制度、社会公共道德规则、风俗习惯来建立和维持的包括社会生产、经营、管理、生活等方面在内的有条理的正常的社会运行状态"③,认为公共秩序"是指人们在工作、生产和社会生活中,为维护公共事业、集体利益和正常的社会公共生活所必须遵守的行为规范,是为了建立一种保障执行后对所有人都有益的秩序环境。公共秩序一般包括一国的重大利益、基本政策、道德的基本观念,或法律的基本原则"④,等等。这些研究文献表明,不少研究者对公共秩序概念的界定,是将公共秩序潜在地限定为国家层面或国家范围内的公共秩序,这种做法容易模糊公共秩序与社会秩序、政治秩序等概念的区别和界限。另一方面,对公共秩序的界定过于抽象化,其结构层次性特征没有凸显。一些研

① 〔法〕皮埃尔·布尔迪厄、〔美〕华康德:《反思社会学导引》,李猛、李康译,商务印书馆,2015,第61页。
② 参见马德才《国际私法中的公共秩序研究》,法律出版社,2010,第46~51页。
③ 赵秉志、刘志伟:《论扰乱公共秩序罪的基本问题》,载《政法论坛》(中国政法大学学报)1999年第2期,第71页。
④ 刘建荣:《公共秩序:人类德性与理性之维》,载《道德与文明》2008年第3期,第54页。

究者将公共秩序界定为"建立在公共权力和公民权利结构关系动态平衡基础上的、以公共利益实现为价值依归的、公共生活的稳定和有序状态"①，认为公共秩序"也称'社会秩序'，通常是指人们在长期的社会交往过程中形成的相对稳定的关系模式、结构和状态，是维护社会公共生活所必需的秩序"②，等等。这些研究文献表明，虽然不少研究者可能已经意识到将公共秩序潜在地设定为国家层面之公共秩序这一理解所存在的局限性，在他们自己对公共秩序的界定中避免了这一局限，但是，他们对公共秩序概念的界定过于周全而导致抽象化，公共秩序的结构层次性这一重要特征没有有力地呈现或凸显出来。

以上分析表明，一些学者在一定程度上习惯于对公共秩序概念所指涉之内涵或外延内涵进行平面性认识，与此同时，公共秩序这一概念本身让公共秩序的结构层次性这一重要特征难以有效地呈现。这两方面的情况或原因迫使我们不得不建构或构建一个新的术语来跳出当前这样一种研究困境。也就是说，本章想建构一个新的理论分析概念，借助该理论分析概念将公共秩序的结构层次性有力地呈现出来。

如何建构一个包含公共秩序核心概念元素的新理论分析概念呢？鉴于对公共秩序所表达之内涵或外延内涵的朦胧印象，反观现有常见学术理论资源，我们找到了两个似乎可以用来建构这一新的理论分析概念的学术元素：一个是"场域"概念，另一个是"地方性"概念③。不过，缘于所要实现的理论研究诉求，本书最终选择了"场

---

① 孙宏伟：《公共秩序的结构分析》，载《新疆社会科学》2013 年第 5 期，第 2 页。

② 杨瑞萍、曹彤丹：《公民理性视野下的微信公共秩序》，载《北京邮电大学学报（社会科学版）》2016 年第 4 期，第 1 页。

③ 参见〔美〕克利福德·吉尔兹《地方性知识：事实与法律的比较透视》，邓正来译，载梁治平主编《法律的文化解释》，生活·读书·新知三联书店，1994，第 73～171 页。

域"这一新的理论分析概念的建构元素。从学术层面来看，"场域"和"地方性"① 这两个建构元素似乎都是一种结构性概念。但是，从直观层面来看，人们对"地方性"的直观理解，也多是平面性的，"地方"这个日常用语会掩盖"地方性"概念的结构层次性；而"场域"这个建构元素则不会，因为"场域"这个用语不是一个日常用语，有其特定的学术内涵，研究者一般能够在第一时间直接意识到该概念的结构层次性。用场域这一建构元素来结构化公共秩序概念，还因为场域概念与公共秩序概念二者之间存在某种深度的契合性。其一，有场域的地方或领域就会有公共秩序状态。场域有大有小，公共秩序也是特定区域或领域里的公共秩序，也是不同区域或领域亦即各种场域法域的公共秩序。其二，场域概念的内涵业已揭示，存在大小场域或不同类型场域之间的包含关系，存在不同位势场域之间的优劣位势关系，而公共秩序也是如此。在国家层面，大范围的公共秩序中包含小范围的公共秩序，位势高的公共秩序相对于位势低的公共秩序具有优位性，如村镇公共秩序在特定情况下要服从县（市区）公共秩序的需要，在中央、省市等层次也存在这样的优位顺序关系。扩展至国际社会层面，在很大程度上亦如此，如全球社会、国际社会、区域国际社会等层次的国际公共秩序之间的相对优位顺序关系。其三，所有场域一般都有自己的历史，有其独特性，公共秩序也一样。一种公共秩序的构成，也是缘于或强或弱地存在的共同体。

以上分析表明，"场域公共秩序"这一表达，主要是用"场域"这一建构元素来有力地呈现国家或全球社会范围内不同区域或领域（包括国际区域或领域）中公共秩序的结构层次性，并没有增添公共秩序概念的内涵要素，而是让公共秩序概念所指涉之内涵或外延内涵更有力地呈现或凸显出来。不仅如此，场域概念与公共秩序概念

---

① 参见〔美〕克利福德·格尔茨《地方知识：阐释人类学论文集》，杨德睿译，商务印书馆，2014，第4~271页。

之间还存在一种深度的内在契合。基于前述关于公共秩序的既有界定，加之场域概念的结构性内涵，所谓"场域公共秩序"，主要指国家或全球社会范围内不同区域或领域（包括国际区域或领域）亦即各种场域法域（包括国际场域法域）中的社会主体（包括国际法主体成员），集体地通过以一定强制力为潜在后盾的非强制性手段如民间法规范（包括国际"民间法"）来支撑的社会主体间的相对稳定关系体。就场域公共秩序的基本外延而言，在国家或全球社会范围内，场域公共秩序呈现多层次性，包括村落层面公共秩序（如村、基层社区公共秩序）、县域层面公共秩序（如县域公共秩序）、民族层面公共秩序（如国家公共秩序）、文化体层面公共秩序（如文明区域国际公共秩序）、区域国际社会层面公共秩序（如国际区域公共秩序）、国际社会层面公共秩序（如全球社会公共秩序）等。① 不仅如此，场域公共秩序还呈现多领域性，在不同的领域也有不同的公共秩序，如政治领域、经济领域、文化领域、社会领域、生态领域等领域的公共秩序（包括诸领域的国际公共秩序）。构建一般意义上的民间法哲学即法律全球化背景下的民间法哲学，本书对场域公共秩序概念所指涉事物的浮现是繁复的、饱满的，是自然常态化的，非扭曲变态性的，不仅仅是指国家层面或国家范围内的公共秩序，而且是指国际社会层面或全球社会范围内的国际公共秩序。②

三　法律全球化背景下的民间
法哲学的逻辑基础

　　构建一种一般意义上的民间法哲学理论，即构建法律全球化背

---

① 参见姚选民《罗尔斯政治秩序观问题：建构与批判》，中共中央党校出版社，2014，第 230~231 页。

② 参见周光辉《政治文明的主题：人类对合理的公共秩序的追求》，载《社会科学战线》2003 年第 4 期，第 186~190 页。

景下的民间法哲学理论,对核心概念"民间法"的理解或阐释就不可能停留在常规性含义的层面,即国家层面之民间法规范的总和这一内涵层面,而是指向"民间法法学思维"这一法哲学内涵。就民间法的法哲学内涵而言,民间法概念,一方面与"官方法"(包括国家法)概念的含义相对位,是指国家或全球社会范围内不同区域或领域(包括国际区域或领域)亦即各种场域法域(包括国际场域法域)的民间法规范;另一方面指一种一般意义上的法秩序,包括国家层面的民间法法秩序和国际社会层面的国际"民间法"法秩序。其中,一般意义上的民间法法秩序,与官方法法秩序(包括国家法法秩序和国际"官方法"法秩序)相对应,而国家层面的民间法法秩序,与国家法法秩序相对应,国际社会层面的国际"民间法"法秩序,则与国际"官方法"法秩序相对应。为了将民间法所指涉事物的丰满状态完整呈现出来,本书建构或重构了"场域公共秩序"概念。这一概念没有增加"公共秩序"概念的内涵,却让公共秩序概念之基本内涵或外延内涵的呈现更为直观,是指国家或全球范围内不同区域或领域(包括国际区域或领域)亦即各种场域法域(包括国际场域法域)中的社会主体(包括国际法主体成员),集体地通过以一定强制力为潜在后盾的非强制性手段如民间法规范(包括国际"民间法")来支撑的社会主体间的相对稳定关系体。"民间法""场域公共秩序"以及相关概念的分析与重构,为构建一般意义上的民间法哲学即法律全球化背景下的民间法哲学提供了坚实的理论逻辑基础,必将在国家层面确立起国家层面之民间法相对位于国家法的主体地位。

第二章　民间法的基石法益：场域公共秩序

我们若要构建一般意义上的民间法哲学即法律全球化背景下的民间法哲学，首先需要面对的理论追问或理论问题是，民间法或一般意义上的民间法缘何存在，其存在的现实基础是什么？就是说，民间法作为社会规范或者"法"，其存在的目的是什么？学界一般认为，"民间法"是"国家法"的对称概念，由于民间法哲学是个"新鲜玩意儿"，而国家法及其法哲学是人们所熟知的法学研究对象，学界特别是法学界对国家法存在之目的，已有大量研究及深入思考。在这种情况下，本章在阐述民间法或一般意义上的民间法存在之现实基础这一法哲学命题时，以国家法为一种重要研究参照便似乎是展开该论题研究最便捷亦最为合理的学术路径。或许可以说，本书在思考、切入民间法或一般意义上之民间法存在的目的这一法哲学命题时，在一定程度上参考或借鉴学界特别是法学界回应国家法存在之目的这一法哲学命题的思维方式，在很大程度上能方便人们理解我们对民间法或一般意义上之民间法存在的目的这一法哲学命题的论述。但要明确的是，至少在一般意义上的民间法哲学即全球化背景下的民间法哲学的构建中是如此，即这种参考或借鉴肯定不是以国家法研究思维来统领民间法研究思维。

一　法存在的目的：一种法益法哲学视角

法存在的目的或广义法体系存在的目的是什么？对于这类终极

性问题的关注或思考，首先出现在西方法律思想史①甚或西方哲学史上。在西方哲学史上，"目的"这一词汇主要根源于希腊语的"终点"之意，是古希腊自然观念思想的基本构成要素。② 古希腊先哲亚里士多德曾提出了著名的"四因说"，③ 即质料因、形式因、目的因和动力因，他用"目的因"来表达特定事物之"向之努力"的内在规定性。关于"目的"，在德国哲学家康德看来，"有关一个客体的概念就其同时包含有该客体的现实性的根据而言，就叫作目的"④，目的还可以具体区分为外在目的和内在目的。"外在目的"意为一事物的存在是为了另一事物，亦即一事物对另一事物的适应性；"内在目的"则意为在一事物的概念中即一事物的本质规定中有其内在可能性的根据。由于理论研究诉求的特定性，本章所探讨之法或广义上之法体系的目的，主要指法存在的外在目的，而对其内在目的按下不表。

关于法或广义上之法体系存在的目的这一法哲学命题，一方面，西方法律思想史上可谓"众说纷纭"，除已提及之亚里士多德的"内在"目的论和康德的自然目的论之外，还有西塞罗的内在道德精神论、耶林的目的法学论⑤、庞德的社会统制论⑥等⑦；另一方面，国

---

① 参见〔爱尔兰〕J. M. 凯利《西方法律思想简史》，王笑红译，法律出版社，2002，第 1~429 页。

② 参见赵明、黄涛《论法的目的：以康德目的论哲学为视角》，载《哈尔滨工业大学学报》（社会科学版）2012 年第 2 期，第 41 页。

③ 参见〔古希腊〕亚里士多德《形而上学》，苗力田译，中国人民大学出版社，2003，第 85 页（1013^{a25}~1013^{b6}）。

④ 〔德〕康德《判断力批判》，邓晓芒译，杨祖陶校，人民出版社，2002，第 15 页。

⑤ 参见〔德〕施塔姆勒《现代法学之根本趋势》，姚远译，商务印书馆，2016，第 73~79 页。

⑥ 参见〔美〕罗斯科·庞德《通过法律的社会控制》，沈宗灵译，商务印书馆，2010，第 38~61 页。

⑦ 参见付子堂、宋云博《对"法的目的"传统理论之批判与反思》，载《政法论丛》2014 年第 2 期，第 31 页。

内学界特别是法学界对法或广义上之法体系存在的目的这一法哲学命题的认识或回答在很大程度上也是"莫衷一是"。他们往往从法的价值的角度来揭示法或广义上之法体系存在的目的,如秩序、自由、效率、正义、人权等。① "凡是可以借助于法律上的权利、义务来加以保护和促进的美好事物,都可以被视为法的目的价值,例如,公平、正义、安全、自由、秩序、效率等……法的目的价值的多元性,是与人的需求的多样性和法所调整的社会关系的多样性直接联系在一起的。"② 由于法或广义上之法体系存在的目的这一法哲学命题的繁复性,以及思考问题的学术开放性,本章对法或广义上之法体系存在的目的这一法哲学命题的思考或回答,拟主观性地撷取一种特定视角即法益的视角,或更确切地说是以一种法益法哲学的视角来展开。③ 之所以这样做,一方面,法益视角是探讨法或广义上之法体系存在的目的这一法哲学命题的一个很重要的审视视角,另一方面,从特定视角即法益视角或法益法哲学视角切入这一法哲学命题,不仅可以凸显思考维度的独特性,而且可以避免坠入对这一繁复问题泛泛而谈的"窠臼"。

从法益视角或法益法哲学的视角来思考法或广义上之法体系存在的目的这一法哲学命题,我们预设了一个基本判断,即法或广义上之法体系存在的目的主要是保护法益。一方面,"说法是利益的规律,和说法是正义的规律,不相抵触。利益是法所规律的目的,而正义则是法所规律的最高标准。法是利益的规律,但我们的正义感情,又要求它是利益的公正的规律"。④ 也就是说,从法的本质来讲,法

---

① 参见张文显主编《法理学》(第四版),高等教育出版社,2011,第251、260~286页;胡平仁《宪政语境下的习惯法与地方自治:"萨摩亚方式"的法社会学研究》,法律出版社,2005,第18页。

② 张文显主编《法理学》(第四版),高等教育出版社,2011,第253页。

③ 参见胡平仁《宪政语境下的习惯法与地方自治:"萨摩亚方式"的法社会学研究》,法律出版社,2005,第18~20页。

④ 〔日〕美浓部达吉:《法之本质》,台湾商务印书馆,1993,第43页。

或广义上之法体系存在的目的是保护法益。另一方面，基于对法或
广义上之法体系存在的目的这一法哲学命题之现有研究的基本考
察，① 在很大程度上，法或广义上之法体系存在的目的主要是保护法
益这一论断似乎已成为一种通说。在这种情况下，本章接下来要面
对或回答的问题是：法益是什么？它包括哪些基本内容？或更确切地
说，由于法益主题的繁复性，从法哲学的视角来看，法益是什么？它
包括哪些基本内容？

　　关于"法益"，学界特别是法学界一般认为这一概念特别是其基
本内涵来自德国，由德国学者首创，而日本学者拥有该概念的首译
权，即从德文首译。② 中文"法益"概念是从德文"das Rechtsgut"
转译来的。"das Rechtsgut"是由"das Recht"和"das Gut"两个词
汇合成的，其中，"das Recht"指"法或与法有关的东西"，而"das
Gut"指"财物或有价值的东西"。现代意义上之法益概念的最初内
涵是用德文"das Gut des Recht（e）s"表示的，意思是说"法概念
上的财（rechtliches Gut）是由法承认其价值的事物"。关于现代意义
上之法益概念（"法财"概念）的创始者，有研究认为是比恩鲍姆
（Michael Birnbaum），他在《关于作为犯罪概念权利侵害的必要性，
特别考虑名誉损毁概念》一文中将"法财"概念首先运用于犯罪的
实质这一刑法研究领域中，并明确赋予其犯罪客体的地位。③ "通过
宾丁格（Karl Binding）和李斯特（Franz von Liszt），法益概念在德国

---

① 参见〔日〕木村龟二主编《刑法学词典》，顾肖荣等译，上海翻译出版公
　　司，1991，第407页；张明楷《法益初论》，中国政法大学出版社，2003，
　　第175页；陈兴良、曾明生《刑法目的论》，中国政法大学出版社，2009，
　　第3页。
② 参见于飞《"法益"概念再辨析：德国侵权法的视角》，载《政法论坛》
　　2012年第4期，第142页。
③ 参见〔日〕伊东研祐《法益概念史研究》，秦一禾译，中国人民大学出版
　　社，2014，第13~14、27页。

刑法上获得了核心概念的地位。"① 也就是说，法益概念一开始主要在刑法学中有影响，之后逐渐对其他的部门法学产生重要影响。② 那法益是什么呢？遗憾的是，关于这一问题，从法益概念创立至今争论了 100 多年仍没有达成共识。学界特别是法学界认为主要有三个方面的原因。其一，在法益概念诞生之初，一些前提性的基础概念和基础理论没能及时达成共识，如法的目的、权力和利益的概念等，为后来深入阐释时产生的学术分歧埋下了浓浓的伏笔。其二，法益概念产生影响力后，许多研究者习惯从不同的理论基础出发阐述他们各自个殊性的法益观，或进行改造，或"另起炉灶"，各种法益学说犹如"雨后春笋"，法益概念的核心内涵长时间难以成型。其三，法益概念所胎生自的大陆法学在公法与私法上划分严格，界限明确、泾渭分明，公法学者和私法学者常常各表其法益概念，不仅从特定部门法的实证角度出发，创立个殊性的法益学说，而且创造出"千奇百怪"的法益语汇体系。③ 在这种情况下，法益概念的基本内涵迄今还是一个开放性的学术问题，有待学界特别是法学界学者进一步探讨。

当然，关于法益概念的现有使用状况，人们对其评价或许过于负面。从积极方面来审视，当前学术界特别是法学界对法益概念使用上的某种"乱象"在一定程度上亦反证了该概念的旺盛生命力，展现了法益概念本身强大的内在张力。可以说，正是在这样一种境况下，我们来接手法益概念，来建构或构造本书的一个重要理论分析概念。具体来讲，既然要沿用法益概念，那么，本书对法益概念的诠释或构造

---

① 〔日〕伊东研祐：《法益概念史研究》，秦一禾译，中国人民大学出版社，2014，第 68 页。

② 参见李岩《民事法益研究》，博士学位论文，吉林大学，2007，第 9～10、11 页；董兴佩《法益：法律的中心问题》，载《北方法学》2008 年第 3 期，第 27 页；张明楷《法益初论》，中国政法大学出版社，2003，第 1～157 页。

③ 参见刘芝祥《法益概念辨识》，载《政法论坛》2008 年第 4 期，第 96 页。

跟学界特别是法学界对它的现有理解就不可能完全不同。与此同时，既然是在法哲学的层面上来使用或构造法益概念，那么，本书对法益概念的诠释就不可能完全"照搬沿用"学界特别是法学界对法益概念之现有理解。也就是说，在现有关于法益概念之直观理解的基础上，我们对法益概念之基本内涵的法哲学厘定亦会有个殊化理解。

首先，法益之"法"不仅仅是指实定法或实在法，更是指法或广义上的法体系。关于法益之"法"的话题，"法益是前实定法的概念还是实定法的概念……法益是刑法保护的东西，还是一般法（或所有的法）都保护的东西？或者说，法益是刑法上的特有概念，还是一般法的共有概念？"① 对于这些问题，学界特别是法学界不同的学者有不同的回答。不过，从学界特别是法学界学者关于法益之法的设问样式及其回答来看，学界特别是法学界学者对法益概念的理解更多的是受制于法益史研究或关于法益的历史研究，更进一步追溯的话，是深受西方法律思想传统的影响。以对法（广义上的法体系）与法律的区别认识为例，在西方法律思想传统中，法与法律相对应的拉丁文是"Jus"与"Lex"，"Jus"一般是指抽象的法则、正义、权利等，而"Lex"主要指具体的法律或国家实定法。也就是说，在西方法律思想传统中，"法"一般是指高度抽象的、永恒的、普遍有效的正义法则或道德法则，而"法律"主要指由国家机关制定、颁布的行为规则，法律是法或广义上的法体系之真实的或虚假的表现形式。② 这种法与法律二元结构是西方法律思想传统中特有的，是"自然法"（应然法）与"实在法"（国家实定法）对立观念的法哲学概括。在这种法学理论视镜中，是不太可能存在国家法甚或官方法之外的广义上法体系之基本法形态如民间法的，或者说，是不可能有国家法或官方法外之民间法的法律地位或政治地位的。

① 张明楷：《法益初论》，中国政法大学出版社，2003，第 158~159 页。
② 参见董兴佩《法益：法律的中心问题》，载《北方法学》2008 年第 3 期，第 27~28 页。

在这种法学思维逻辑的深刻影响或支配下，法益之法自然仅仅指实定法或国家法。然而，法仅仅是实定法或国家法吗？同为广义上法体系中之基本法形态的民间法不也是法吗？在这种直观事实的冲击下，我们意识到，法益或许既不必须是前实定法的概念，也不必须是实定法或国家法的概念。从一种更宽广的学术视野或高度来审视和反观，法益之法在很大程度上可以是现实社会生活中业已存在之法的概念或广义上之法体系的概念。也就是说，如果我们对法益的理解不拘于发生学含义，而基于一种法哲学思维，从一般意义上的广义上之法体系的站位来审视，法益显然是广义上之法体系所保护的东西，既是国家法或官方法的概念，也是国家层面之民间法的概念，还是国际法（包括国际"官方法"和国际"民间法"）的概念。基于这样一种思想认识逻辑，法益是"法"所承认、实现和保护的利益。这里的"法"即法或广义上的法体系，不但包括"法律"或国家法，而且包括国家法之外的国家层面民间法，如习惯、习俗、乡规民约、行业规章等，还包括国际社会层面的国际"官方法"和国际"民间法"，前者如国际强行法、国际刑法等，后者如国际"软法"、区域国际法等。

其次，法益之"益"，主要是指客观利益。关于法益之"益"的话题，"法益的内容是状态还是利益？价值是不是法益？"[①] 学界特别是法学界学者对这一问题亦有不同的认识。一方面，法或广义上之法体系在本质上是一种利益分配机制，即是说，客观存在的利益决定着其分配机制之法的产生、发展和运行，而法的具体表现形式即法律或其他形式具体影响着（促进或阻碍）具体利益的实现程度和发展方向。基于这样一种思想认识逻辑，显然利益是客观的、根本的，法律则是被决定的、主观能动的。作为分配机制的法律或其他形式不可能凭空创设客观利益，只能对社会关系中的各种客观利益现

---

① 张明楷：《法益初论》，中国政法大学出版社，2003，第159页。

象进行有目的的和有方向的调控，以促进更大利益的形成和发展。①
从这一马克思主义法哲学视角来看，亦即从法或广义上之法体系的
历史演进规律来看，法益之益即法或广义上之法体系所保护的东西，
是一种客观存在的利益，即一般人都认同的利益或好处。另一方面，
过度主观的利益难以成为广义上之法体系所要保护的东西。比如，
杀人魔王可能从他们的杀人行为及其结果中获得某种程度的"快感"
或者"满足"，但是，杀人行为作为明显违背常理、严重侵犯他人利
益的行为，不可能得到法律或广义上之法体系的保护。杀人魔王从
其杀人行为及其结果中得到了某种程度的精神满足，但是一般人或
正常人不可能从中获得精神满足或利益。一般人或正常人的价值立
场必然会否定，也能够否定该种行为为一种利益。② 这从反面说明了
法益之"益"的客观性或公认性。那么，我们是否能够就此得出结
论，法益之益即法或广义上之法体系所保护的法益，是一种纯粹的
客观利益呢？对此，我们暂且不作"非此即彼"的肯定式或否定式
回答，这一问题在一定程度上提醒我们或许还要意识到或认识到法
或广义上之法体系的阶级性。具体来讲，"国家是统治阶级的各个人
借以实现其共同利益的形式"③，"由他们的共同利益所决定的这种意
志的表现，就是法律"④。意思是说，法或广义上之法体系因其阶级性
而使得法或广义上之法体系所保护的利益具有"私性"或主观性的面
相。虽然如此，我们亦知道，如果完全不兼顾被统治者或作为社会大
多数之底层群众的基本利益，这种法或广义上之法体系恐怕终究维持
不下去。在这种意义上，法益之"益"可能不完全是纯粹的客观利益，
但一定不可能是纯粹的主观利益。

---

① 参见杨春洗、苗生明《论刑法法益》，载《北京大学学报》（哲学社会科学
　版）1996 年第 6 期，第 15 页。
② 参见张明楷《法益初论》，中国政法大学出版社，2003，第 165 页。
③ 《马克思恩格斯选集》（第 1 卷），人民出版社，2012，第 212 页。
④ 《马克思恩格斯全集》（第 3 卷），人民出版社，1960，第 378 页。

最后，法益的主体享有者一般是特定的法文化群体，既可能是国家或全球社会这一整体范围的法文化群体，亦可能是国家或全球社会范围内不同区域或领域（包括国际区域或领域）亦即各种场域法域（包括国际场域法域）的法文化群体。"法益的主体是谁，个人肯定是法益的主体享有者，除此之外，国家、社会是否也是法益的主体？"① 关于法益的主体享有者问题，基于保护法益就是保护特定主体尤其是特定个人的法益这种直观思维逻辑，初步回答似乎是，法益的主体享有者主要包括个体、国家和社会，而且个体似乎是当然的主体享有者。② 这样一种推理及其结论是可以争辩的。法益之"益"主要是指客观利益，法益的主体享有者肯定不是个体，而是法益之法对其有现实拘束力之特定区域或领域（包括国际区域或领域）中的所有主体，而这些主体之所以会尊奉该法是因为他们共同信守该法的法文化基础并且该种法文化能够维护其物质利益或精神利益。基于这样一种思维认识逻辑，从法或广义上之法体系的角度来看，法益的主体享有者一般是特定的法文化群体。缘于法文化的多样性，这些特定的法文化群体，既可能是国家或全球社会这一整体范围的法文化群体，亦可能是国家或全球社会范围内不同区域或领域（包括国际区域或领域）亦即各种场域法域（包括国际场域法域）的法文化群体。如果是这样的话，显然，法或广义上的法体系存在的目的首先或起初不是保护某个个人或个体，而是让法或广义上之法体系本身得到遵循，并保护受其拘束之特定法文化群体的客观利益。也就是说，特定的法文化群众中的个体的利益受到保护是形式，其实质是个体所置于其间之特定的法文化群体的利益得到了维护，亦即国家或全球社会这一整体范围的法文化群体或者国家或全球社会范围内不同区域或领域（包括国际区域或领域）即各种场域法域（包

---

① 张明楷:《法益初论》，中国政法大学出版社，2003，第159~160页。
② 参见张明楷《法益初论》，中国政法大学出版社，2003，第159~160页。

括国际场域法域）之法文化群体的客观利益得到了维护。否则的话，一旦特定的法文化群体的利益得不到维护，国家或全球社会这一整体范围的法文化群体或者国家或全球社会范围内不同区域或领域（包括国际区域或领域）亦即各种场域法域（包括国际场域法域）中任何主体（包括国际法主体成员）的利益受到侵害的情形就会发生，而不是相反①。

　　法益究竟是前实定法的概念，还是实定法或国家法的概念？法益只是特定部门法如刑法所保护的东西，还是法或广义上的法体系所保护的东西？法益的内容是状态还是客观利益，价值是不是法益？法益的主体或享有者是谁？②"显然，要系统地、没有矛盾地回答上述问题，从而完整地界定法益概念，是相当困难"③。从追求理论完美的角度来看，要系统回答这些关于法益领域的基础问题，的确是非常困难的。不过，从关注法益的特定理论研究诉求来看，基于以上分析或对这一系列关于法益领域之基础问题的基本回应，在本书中，一般意义上的法益主要指特定的法文化群体所享有的法或广义上之法体系所保护的客观利益，而法益之"法"是法或广义上的法体系，法益之"益"主要是客观利益。法益的主体享有者是特定的法文化群体，既可能是国家或全球社会这一整体范围的法文化群体，也可能是国家或全球社会范围内不同区域或领域（包括国际区域或领域）亦即各种场域法域（包括国际场域法域）的法文化群体。④ 也就是说，从法益法哲学的视角来看，法或广义上的法体系所存在的目的

①　参见张明楷《法益初论》，中国政法大学出版社，2003，第 244~245 页。
②　参见张明楷《法益初论》，中国政法大学出版社，2003，第 158~160 页。
③　张明楷：《法益初论》，中国政法大学出版社，2003，第 160 页。
④　参见张明楷《法益初论》，中国政法大学出版社，2003，第 167 页；刘芝祥《法益概念辨识》，载《政法论坛》2008 年第 4 期，第 95~96、102 页；杨春洗、苗生明《论刑法法益》，载《北京大学学报》（哲学社会科学版）1996 年第 6 期，第 12 页；李岩《民事法益研究》，博士学位论文，吉林大学，2007，第 11 页。

主要是保护特定的法文化群体的客观利益。基于这样一种关于法益的思想认识逻辑，我们发现在国家层面，国家法的核心或基石法益是国家政治秩序。政治秩序是国家这一特定法文化群体的客观利益，而这种利益是国家范围内大多数社会成员的基本需要。以国家法的核心或基石法益为参照，国家层面之民间法的核心或基石法益是场域公共秩序。场域公共秩序是国家范围内不同区域或领域亦即各种场域法域中法文化群体的客观利益，这种以国家层面之民间法为载体的利益主要是自发生成的结果。在国际社会层面亦是如此，不仅有类似的逻辑划分，即国际"官方法"和国际"民间法"，还有这些广义上之法体系中基本法形态即国际"官方法"和国际"民间法"所要保护的法益（国际社会层面的国际政治秩序和国际场域公共秩序）。国际政治秩序是全球社会范围大多数国际法主体甚或所有国际法主体这一特定法文化群体的客观利益，这种利益是全球社会中大多数国际法主体成员或所有国际法主体成员的基本需要。国际场域公共秩序是全球社会范围内不同区域或领域（包括国际区域或领域）亦即各种场域法域（包括国际场域法域）中大部分国际法主体或所有国际法主体这类法文化群体的客观利益。

二　国家法的基石法益：政治秩序
——一种法哲学视角

受社会意义上的秩序概念之基本内涵的启发，[①] 以公共秩序、经济秩序、法律秩序等为直观参照，[②] 政治秩序作为社会意义上的秩序

[①] 参见姚选民《罗尔斯政治秩序观问题：建构与批判》，中共中央党校出版社，2014，第229~231页；姚选民《罗尔斯政治秩序观研究：一种论纲》（上），载《社会科学论坛》2014年第5期，第42~43页。

[②] 参见姚选民《罗尔斯政治秩序观问题：建构与批判》，中共中央党校出版社，2014，第231~235页；姚选民《罗尔斯政治秩序观研究：一种论纲》（上），载《社会科学论坛》2014年第5期，第43~46页。

之子秩序，其基本构成要素有四项。①

（1）基本范畴要素。作为社会意义上的秩序的子秩序类型，政治秩序是一种关系体或关系结构，其性质是一种关系，隶属于"关系"的范畴。跟社会意义上的秩序中的其他子秩序类型一样，政治秩序关系亦有自身特征。一是"实然性"特征。政治秩序中的关系在一定程度上是客观实然的，抑或可以说，政治秩序中关系的实然性有其独特性。这种实然性特征的人为性比较明显，社会成员在一定条件下能够创造、改变，甚或消灭政治秩序中的各种关系。二是"结构性"特征。政治秩序中的关系同样是一种关系结构，不是单纯线性的或单纯平面性的。这种关系结构缘于其"政治性"特质，其人为性或主观性特别强。三是"位势区间性"特征。由于政治秩序关系的"人为性"特征，政治秩序中的关系存在程度和状态的差别，具有位势区间性的重要特征。以政治秩序关系中有关平等的关系束为例，这种有关平等的关系束，一方面表现为政治平等关系束，包括基本平等关系、相对平等关系等程度类型；另一方面表现为政治不平等关系束，包括根本不平等关系、相对不平等关系等程度类型。政治秩序中的关系或特定类型关系不只有一种表现形态，而有许多不同程度的表现形态。四是"根本性"特征。以公共秩序、经济秩序、法律秩序等社会意义上的秩序之子秩序中的关系体为参照，政治秩序关系体在社会意义上的秩序关系体中的优位性比较明显，甚至可以说，是一种占据支配地位的优位性。不仅如此，政治秩序关系体对其他子秩序关系体具有支配性的影响力。

（2）基本对象要素。作为社会意义上的秩序的子秩序，政治秩序适用的对象是其辖下的全体成员（包括国际法主体成员）。政治秩序因其关系的"根本性"特征，本身的任何变化都可能对辖下之所

---

① 参见郑维东《政治秩序的构建：儒家政治文化与政治稳定》，吉林人民出版社，2002，第29~33页。

有社会成员（包括国际法主体成员）的生活或生存环境产生"颠覆"式影响或改变。跟经济秩序、法律秩序等秩序类型特别是公共秩序类型相对照，政治秩序所牵涉的问题具有更强的公共性甚至政治性。

（3）基本稳定性要素。相对于社会意义上的秩序中之其他子类型秩序如经济秩序、法律秩序、公共秩序等，政治秩序可以说拥有超强的稳定性。之所以如此，是因为，一方面，政治秩序是由国家机器、官方法等物质性力量促成的，这些物质性力量具有强制力，其辖下社会主体（包括国际法主体成员）几乎难以抗拒；另一方面，政治秩序本身的变动对辖下所有社会成员（包括国际法主体成员）之社会生活的前景影响非常大。就后一方面而言，社会基本结构（或世界结构）是一个政治体之政治秩序的根本性表征，该基本结构的任何变化都会深刻影响辖下所有社会主体（包括国际法主体成员）的发展前景①。这些社会主体（包括国际法主体成员）在政治秩序方面的行动选择一般具有更强的保守性，或者说，他们要为其政治行为选择而承担更大的判断负担。②

（4）基本关系维系要素。以社会意义上的秩序中的其他子秩序为参照，政治秩序中的关系及其结构的维系主要依靠官方法（包括国家法和国际"官方法"），以及以国家机器或国家暴力为典型代表的强制性手段，而通常不使用一般意义的民间法、道德、教化等非强制手段。

在对以上政治秩序的基本组成部分进行深入分析后，政治秩序概念的轮廓就很自然地浮现出来了。从国家社会的维度或层面来看，所谓政治秩序，指社会中人们或社会成员已内在认同并积极维护的超稳定关系结构体。这种关系结构体主要由以强制力为潜在保障的

---

① 参见〔美〕约翰·罗尔斯《罗尔斯论文全集》（上、下），陈肖生等译，吉林出版集团有限责任公司，2013，第 177~178、254、264、358、478、544、637 页。

② 参见沈亚平《社会秩序及其转型研究》，河北大学出版社，2002，第 52~55 页。

种种方式特别是国家法来支撑。① 而在国际社会层面，亦存在类似国家政治秩序的国际政治秩序。所谓国际政治秩序，由于主权因素限制，主要指全球社会范围内社会主体特别是国际法主体成员已内在认同，并积极由以一定强制力为潜在保障的各种方式特别是国际"官方法"来支撑的稳定关系结构体。②

一般而论，法或广义上之法体系中存在的诸多价值如正义、平等、自由等最终都可还原为其辖下之特定法文化群体的客观利益。如果是这样的话，法或广义上之法体系存在的目的，或更确切地说，其核心目的是保护其辖下之特定法文化群体的客观利益。国家法作为"法"或广义上之法体系的一种重要基本形态，其存在的目的亦主要是保护其辖下国族这一特定法文化群体的客观利益，更确切地说，主要是保护整个国家层面的法文化群体即全体国民的客观利益。由于政治秩序作为一种客观利益对于国家这一特定法文化群体的极端重要性③，国家法的核心或基石法益在很大程度上就是一种政治秩序："国家颁布法律，其目的是保护、巩固和发展有利于统治阶级的社会关系和社会秩序。"④ 以我们所熟悉的国家法为例，从中国的视角直观来看，宪法、刑法、民法显然是国家法的典型代表，它们存在的核心目的主要是维护政治秩序这一特定法益⑤，因此，国家

---

① 参见姚选民《罗尔斯政治秩序观问题：建构与批判》，中共中央党校出版社，2014，第235~237页；姚选民《罗尔斯政治秩序观研究：一种论纲》（上），载《社会科学论坛》2014年第5期，第45~46页。

② 参见郑维东《政治秩序的构建：儒家政治文化与政治稳定》，吉林人民出版社，2002，第20~22页。

③ 参见〔美〕约翰·罗尔斯《罗尔斯论文全集》（上册、下册），陈肖生等译，吉林出版集团有限责任公司，2013，第177~178、254、264、358、478、544、637页。

④ 赵廷光：《试论法的目的和基本作用》，载《贵州师范大学学报》（社会科学版）1979年第3期，第6页。

⑤ 更加详细的阐述，参见姚选民《法律全球化背景下的民间法哲学构建研究》，博士后出站报告，中南大学，2018，第52~56页。

法的核心或基石法益是政治秩序这一观点或论断在很大程度上便能够得到有力支撑或论证。

国家法的核心或基石法益是国家政治秩序，它们亦保护其他种类的客观利益，而对其他种类之客观利益的保护是为其核心或基石法益服务的。如果延伸到国际社会层面，基于相类似之国家法的核心或基石法益逻辑，国际"官方法"的核心或基石法益是国际政治秩序。

三 民间法的基石法益：场域公共秩序——以国家法的基石法益为基本参照

我们知道，就国家层面而言，政治秩序主要指国家范围内社会成员集体通过以强制力为后盾的各种手段特别是国家法来支撑的社会主体间的超稳定关系体。国家法存在的核心目的是保护国家政治秩序法益。以国家法的核心或基石法益为参照，在国家层面，场域公共秩序主要指国家范围内不同区域或领域亦即各种场域法域中的人们集体通过以一定强制力为潜在后盾的非强制性手段如民间法规范来支撑的社会主体间的相对稳定关系体，那么，在很大程度上，国家层面之民间法存在的核心目的在于保护场域公共秩序法益。这不是说国家法不保护各种场域法域的场域公共秩序法益，而是相比较而言，国家层面之民间法存在的核心目的主要是保护场域公共秩序法益，也可以说，在国家法启动以前，国家层面之民间法可能已经实现了对各种场域法域之场域公共秩序法益的保护。

刑事案件如命案，如果进入国家法刑法视野，那么，在很大程度上会动用刑罚系统，因为国家法刑法考量的是更高层面的国家法法益即维护国家政治秩序，往往要落实其所倡导之国家法的法的精神。这种法的精神一般情况下多是现代法的精神，更确切地说，主要是源于西方法律世界的现代法精神。为了维护这类现代法的精神，国家法刑法在其适用范围或领域内具有绝对垄断性，任何其他规范如民间规范或民间法都不能挑战其权威。这一要求几乎达到了严苛的极致，以至于这种要求有时候会引发并非其意图的后果，即让其对国家政治秩序的维护走向了反面。也就是说，国家法刑法要求任何其他规范如民间规范或民间法都不能挑战其权威，这种严苛要求有时候不但没有能保护好国家政治秩序法益，反而会在一定程度上损害国家政治秩序法益。在国家层面或国家范围内民间法具有规制效力的各种场域法域中，民间法文化群体在其法文化观念中对所谓刑事命案可能就没有什么"刑事""民事"相区分的概念。"人命关天"的刑事案件，在许多民间法文化群体看来，不过是违反了当地人的习俗约定，只要习俗约定能够得到重申和肯定，被暂时搅乱的社会法秩序就会回归平静，既不会出现国家法刑法所要着力预防之故意杀人或致人死亡随意化的政治秩序崩溃风险，也不会产生国家法刑法过度适用而对国家政治秩序法益造成的损害。藏族"赔命价"习惯法及其实践[1]在一定程度上就很好地说明了这一点，即国家层面之民间法的核心或基石法益是场域公共秩序。

所谓"赔命价"习惯法，主要指藏区或藏文化区发生杀人或致人死亡命案后，部落头人及其子弟、宗教人士等出面主持调解，由案件加害人向被害人家属赔偿相当数额的金钱和财物，以最终达到平息纠纷甚或最终免除刑罚之目的的民族习惯法。"赔命价"习惯法在古代藏区以官方法的形式存在，[2] 进入现代社会后，成为一种游离于正式国家法法秩序之外的民间法规范。[3] 对于发生在藏区或藏文化区的刑事命案，"赔命价"民间法的处理旨在重申和尊重受到冲击的

---

[1] 参见南杰·隆英强《藏族赔命价习惯法对我国刑事司法的挑战及其可能贡献》，载谢晖、陈金钊主编《民间法》（第8卷），山东人民出版社，2009，第309~311页。

[2] 参见《果洛藏族自治州志》编纂委员会编《果洛藏族自治州志》，民族出版社，2001，第1084~1085页。

[3] 参见淡乐蓉《藏族"赔命价"习惯法研究》，中国政法大学出版社，2014，第36~43页。

"赔命价"民间法法秩序，它既没有对抗作为国家法的刑法，也没有损害国家政治秩序法益，即没有引发也不可能引发国家法刑法所担忧之故意杀人或致人死亡随意化的政治秩序崩溃风险。若国家法刑法强行介入，在藏区或藏文化区的此类案件中，不但可能无法妥善恢复当地场域法域的场域公共秩序，而且可能激化藏区或藏文化区法文化群体对国家法刑法适用的负面情绪，进而损害国家法刑法所要保护的在藏区或藏文化区的国家政治秩序法益。有这样一个"赔命价"案例——青海"巷先加故意伤害致人死亡案"。

　　1981 年 2 月 14 日晚，巷先加（男）与被害人才合杰酒后去子哈大队先××帐房通奸，巷先加先进去，和住在先××家的女牧民力××同睡。才合杰进去后见先××的女儿英××已和他人同睡，就坐在灶火门前。片刻后才合杰压到熟睡的巷先加身上，巷惊醒发问："阿罗，谁？"才合杰未出声，巷先加便用腰带甩打了两下，才仍未动。巷先加即起身一把撕住才的衣领，才亦撕住被告衣领。力××、英××见状即起身分别将巷先加和才合杰抱住。身抱才合杰的英××发现刀子，喊了声："哎呀，刀子！"巷先加听喊声取出随身带的铁概子，挣脱力的手，朝才合杰头部猛砸下去，致才头部当即流血，双方停止殴斗。事后，才合杰回家谎称骑马摔伤。7 天后由于疼痛加剧，才说了实话，并请民间医生做了治疗。81 天后伤情严重，送医院抢救无效，于 5 月 6 日死亡。经审理，贵南县人民法院认为：被害人才合杰的死亡既与被告巷先加的伤害有重要关系，又有延误治疗的因素，故对被告人的伤害罪应从轻量刑。但是，被告巷先加在羁押期间又犯脱逃罪、盗窃罪，应从重处罚，决定判处被告有期徒刑 7 年。被告人巷先加被捕后，寺院活佛出面主持调解，做出决定：（1）被告人全家迁出塔秀公社，另寻住处；（2）被告人家赔偿被害人一方马 1 匹、牛 18 头、羊 15 只，现金 500 元；（3）出现金 2500 元购买经卷送给寺院。调解完毕后，以为事已解决，同村群众多人到司法机关请求免予追究被告的刑事责任。①

从该案例文本来看，显然，作为国家法的刑法不介入该案都没有关系，"赔命价"民间法的处理会让该案所暂时破坏的场域公共秩序得到恢复，实现"赔命价"民间法文化群体想要的效果和目的，一切都会归于平静。该案表明，"赔命价"民间法不会将该案中的致人死亡事实上升到政治秩序的高度来进行处理，而且潜意识地认为用国家法的方式进行处理没有必要，是"杀鸡用牛刀"。这一刑事个案表明，"赔命价"民间法旨在维护藏区或藏文化区的场域公共秩序法益。

在刑事领域如此，在民事领域亦如此。有这样一个案例——江苏"离婚析产执行案"。

2004 年某月，江苏泰州市姜堰区人民法院在执行一起离婚析产案件时，仅仅为执行一件生活用品马桶，竟然遭到当地近百名村民的强烈阻挠，执行人员在执行时被这些村民围困达两个小时之久。我们知道，一只马桶一般在市场上售价仅为 100 多元，为什么在对它进行财产执行时会遭遇这么大的阻力呢？原来，姜堰区人民法院的判决和执行没有顾及当地老百姓的风俗习惯民间法，触动了当地人的一个习俗。这个习俗的基本内涵是，当地人女儿出嫁，总要陪上"三圆一响"。这"三圆"中有"一圆"叫"子孙桶"，其实就是常见的生活用品马桶。这只马桶的寓意很重要，意味着所嫁的人家会子子孙孙繁衍生息、人丁兴旺。在当地农村，这样一种风俗习惯一直延续至今，即便是离婚，谁要是想从男方家中一并拿走作为"子孙桶"的马桶，

---

① 参见张济民主编《青海藏区部落习惯法资料集》，青海人民出版社，1993，第 209~210 页；类似案例亦可参见淡乐蓉《藏族"赔命价"习惯法研究》，中国政法大学出版社，2014，第 169~170 页。

就是意味着女方在诅咒男方家要"断子绝孙"。因此，在充分考虑当地民情风俗民间法的情况下，姜堰区人民法院法官最终没有对这个"子孙桶"马桶予以严格执行。①

在该离婚财产执行案中，"子孙桶"民间法旨在确保当地的风俗习惯不被破坏，维护当地的场域公共秩序，并且，这一风俗习惯谨恪守其使命，没有其他过分诉求，并未诉求除"子孙桶"以外的财产。但是，若作为国家法的民法强行介入社会纠纷的每一个角落，则不仅超出了作为国家法之民法应有的效力适用范围或领域即民事意义上的政治秩序范畴，而且难以真正实现其欲保护之国家政治秩序这一法益目标。

从国家层面之特定民间法的具体内容来看，民间法亦主要是维护国家范围内不同区域或领域亦即各种场域法域的场域公共秩序。下面以较具普遍性的规约——《汶川县龙溪乡垮坡村村规民约》② 为例。

> 为加强法制建设，以法治村，维护本村社会秩序，打击各种破坏生产和公共设施行为，保护本村生产生活正常进行，除按国家法律法规执行外，特制定以下村规民约。经全体村民讨论通过，望互相监督，共同遵守。
>
> ……
>
> 第二条，提倡晚婚晚育，少生优生，自觉履行计划生育义务，凡强行超生第一胎者，除按政策规定处罚外，另给予下列处理：（1）不批宅基地；（2）不批自用木材指标；（3）不给困难

---

① 参见张赫《民间法进入司法的意义及方式》，载谢晖等主编《民间法》（第7卷），山东人民出版社，2008，第165页；类似案例亦可参见王彬《民间法如何走进司法判决：兼论"顶盆继承案"中的法律方法》，载谢晖等主编《民间法》（第7卷），山东人民出版社，2008，第51~52页。

② 参见《汶川县龙溪乡垮坡村村规民约》，载龙大轩《乡土秩序与民间法律：羌族习惯法探析》，中国政法大学出版社，2010，第339~341页。

补贴；（4）不安排土地。

凡强行超生第二胎者，除按以上处理外，再给予下列处罚：（1）收回上等承包地1至2亩；（2）不能享受国家和村上的一切福利待遇。

……

第四条，所有村民应珍惜每一寸土地，凡乱占耕地修房造屋，指东占西，超面积建房，除按政策规定处理外，村上另在国家罚款的基础上再增加百分之十的罚款，并限期补办手续。

第五条，所有村民有对公路的保护、保养义务。除公路沿线的责任地外，杜绝在公路上下线开荒种地，违约者给予下列处理：（1）凡在公路沿线开荒种地者，给予一百元—二百元处理；（2）在公路沿线乱倒石渣、废弃物者，给予五十元—一百元处理。

凡违反以上两条者，同时义务清理和保养公路一年。

第六条，本村村民应按村委规定，积极参加义务投工投劳，每享受一份责任地，投义务工十个，特殊基建另行安排，少投一个义务工，扣四元，超投一个义务工，奖三元。

第七条，发扬平等、团结友爱、互助的新型社会主义关系，做到家庭团结、邻里和睦，村户团结，尊老爱幼，不偷盗扒窃，不打架斗殴，不准私拉乱接电源，不准损坏公私财物，如有违约，视其情况，给予下列处罚：（1）虐待老人和儿童，除按法律规定追究刑事责任外，按家庭人口计算，人平多投义务工十个，并限期改正虐待行为；（2）乱拉乱接电源者，村上给予五十元至一百元的处理；（3）偷盗扒窃、打架斗殴者，除按治安室依法处理外，村上再根据治安室的处理结果加倍处理。

……

垮坡村全体村民

一九九一年十月二十六日

从该规约或未提及的大量规约①的具体内容来看，作为民间法的村规民约，其存在的核心目的是维护特定区域或领域如垮坡村这类村或基层社区场域法域的场域公共秩序，即尽可能地避免特定区域或领域这类场域法域中"邻里纠纷"的出现。

以上分析主要是从特定种类民间法的主要诉求来看国家层面民间法的核心或基石法益，此为一方面。另一方面，亦可从民间法适用的范围来审视其所要保护的核心或基石法益。国家层面之民间法多是在国家范围内不同区域或领域即各种场域法域中适用，或适用于村、乡镇、县（市区）、地市、省（市区）或跨行政区域，或适用于特定的领域如政治领域、经济领域、文化领域、社会领域、生态领域等。因此，民间法亦被称为一种"地方性知识"，也就是特定区域或领域的习俗规范。② 民间法适用的地域性或领域性，可参

---

① 类似规约亦可参见《理县蒲溪乡乡规民约》，载龙大轩《乡土秩序与民间法律：羌族习惯法探析》，中国政法大学出版社，2010，第333～339页；《汶川县龙溪乡俄布村村规民约》，载龙大轩《乡土秩序与民间法律：羌族习惯法探析》，中国政法大学出版社，2010，第341～343页；《金平县营盘乡丫口村（苗族）寨规》，载厉尽国《法治视野中的习惯法：理论与实践》，中国政法大学出版社，2010，第257～258页；《金平十里村公社亚拉寨大队村规民约》，载厉尽国《法治视野中的习惯法：理论与实践》，中国政法大学出版社，2010，第258～260页；《金平勐拉乡新勐村民委员会村规民约》，载厉尽国《法治视野中的习惯法：理论与实践》，中国政法大学出版社，2010，第260～263页；《大瑶山团结公约》，载高其才《中国习惯法论》（修订版），中国法制出版社，2008，第492～493页；《大瑶山团结公约补充规定》，载高其才《中国习惯法论》，中国法制出版社，2008，第494～495页；《罗香七村石牌》，载高其才《中国习惯法论》，中国法制出版社，2008，第490～491页；《两瑶大团石牌》，载刘黎明《中国民间习惯法则》，四川人民出版社，2009，第64～65页；赵蓬《论乡村治理视域下的民间规范》，载谢晖等主编《民间法》（第10卷），济南出版社，2011，第84页。

② 参见谢晖《大、小传统的沟通理性》，中国政法大学出版社，2011，第349页；〔美〕克利福德·格尔茨《地方知识：阐释人类学论文集》，杨德睿译，商务印书馆，2014，第4～271页；〔美〕克利福德·吉尔兹《地方性知识：事实与法律的比较透视》，邓正来译，载梁治平主编《法律的文化解释》，生活·读书·新知三联书店，1994，第73～171页。

看《民事习惯调查报告录》，该报告录中的民事习惯多是特定县域民事习惯或跨县域民事习惯，当然有些县域的民事习惯之间存在相同或类同之处。① 在此意义上，民间法的适用范围总是地域性的或特定领域性的，这在很大程度上反映了民间法的非政治性。就民间法适用之范围或领域的特性而言，有这样一个案例——江苏"不得于下午探视病人事件"②。

　　2010 年，为了加强医院管理，江苏省卫生厅印发《关于加强医院探视管理的若干规定（试行）》，明确要求探视者到医院探视病人的时间为每天的下午 3 点至晚上 9 点，每次探视不得超过 1 小时。此项规定一出，立即引起了广泛的社会争议。有的医护人员认为，该规定的施行将进一步优化病房管理秩序，部分民众也对该规定持肯定意见，表示该规定的施行将有利于保持病房内的安静环境，对病人的休息和康复都有比较大的帮助。与此同时，不少民众表达了相反的意见和观点，其中大多数民众认为，该项规定缺乏基本的人性化考量，没有对当地的民间习俗予以必要的尊重。"限时探视"意味着亲友上午到医院探视病人将被医院明确拒绝。这种规定做法，不单单是探视时间的变化问题，而且在很大程度上是对存在于当地传统乡土社会之民间规范或民间法的漠视。在我国的很多地方包括江苏省内，广泛流传并践行着这样一种民间规范或民间法，即"不得于下午探视病人"。在一般普通民众看来，上午意味着阳气旺盛，生机蓬勃，下午则是"夕阳西下"，下午探视对

① 参见《民事习惯调查报告录》，胡旭晟等点校，中国政法大学出版社，2005，第 1~856 页。

② 参见符向军《医院探视病人新规需尊重"民间法"》，http：//www.chinacourt.org/article/detail/2010/06/id/413970.shtml，2010 年 6 月 17 日；类似案例亦可参见蓝寿荣《关于土家族习惯法的社会调查与初步分析》，载谢晖、陈金钊主编《民间法》（第 3 卷），山东人民出版社，2004，第 169~170 页。

病人而言意味着不吉利。在下午的时候探视病人，对病人来说
是极不尊重的行为。不仅如此，这样的做法会加重病人的心理
负担，不利于病人的康复，这与规定探视病人时间的初衷南辕
北辙。

可见，不管不受民间规范或民间法拘束的"外人"怎么看，国
家范围内不同区域或领域亦即各种场域法域中的法文化群体，特别
如江苏省居民，内在地认同"不得于下午探视病人"民间法所构筑
之当地场域公共秩序，不会容许"不得于下午探视病人"等特定场
域法域的民间习惯被打破。在这种情况下，国家层面之民间法有力
地保护了其核心或基石法益即当地的场域公共秩序，相关国家法在
这些地区也能够基本尊重它们的适用范围或领域范围而不轻易
介入。

可以说，在国家层面上，民间法的核心或基石法益是场域公共
秩序。缘于法益法哲学思维的理论普遍性，国家层面之民间法的核
心或基石法益思想逻辑在一定程度上亦可以扩展到国际社会层面。
在国际社会层面，一如前述，国际"官方法"的核心或基石法益是
国际政治秩序。以国际"官方法"的核心或基石法益为参照，国际
"民间法"的核心或基石法益是国际场域公共秩序。国际场域公共
秩序主要指全球社会范围内不同国际区域或领域亦即各种国际场域
法域中的国际法主体成员，集体地通过以一定强制力为潜在后盾的
非强制性手段如国际"民间法"来支撑的社会主体间的相对稳定关
系体。

四 场域公共秩序法益逻辑的
理论普遍性

在阐述民间法（主要是国家层面的民间法）的核心或基石法

益时，本章主要以国家法的核心或基石法益为基本参照。不论是
国家法的核心或基石法益，还是国家层面之民间法的核心或基石
法益，本书在论证时主要撷取的是当代中国这一特定时空中的法
或广义上的法体系这一经验材料。不仅如此，本书还将国家法的
核心或基石法益思想逻辑和民间法（主要是国家层面的民间法）
的核心或基石法益思想逻辑"轻描淡写"地扩展适用至国际社会
层面。这样一种做法可能会引发读者的质疑，即质疑这种论证的
完整性或饱满性问题。本章之所以在此将该问题主动提出来，一
方面表明我们已意识到了这一问题，另一方面表明在意识到该问
题的情况下我们还这么做是有自己的理由的。其一，一般意义上
之民间法的核心或基石法益是一个非常复杂的主题，面面俱到地
进行论证会让整章既烦琐和臃肿，又难看和不清晰，有失法哲学
研究的气质或风度。其二，民间法（主要是国家层面的民间法）
的核心或基石法益是场域公共秩序的有力论证，能够大体上支撑
起一般意义上之民间法（包括国际"民间法"）的核心或基石法益
是场域公共秩序（包括国际场域公共秩序）这一论点。一般意义
上的民间法哲学的本体论主要是国家层面的，国际社会层面的阐
述是以国家层面的阐述为基础的，或者说是国家层面阐述的延伸
和扩展。并且，这样一种学术处理是也在法哲学研究的"误差"
范围内，毕竟法哲学研究不能像社会科学研究那样完全遵循实证
研究路数，而主要是一种基本论证，即或是阐释式论证，或是思
想式论证。其三，在具体阐述民间法（主要是国家层面的民间法）
的核心或基石法益是场域公共秩序时主要以当代中国这一特定时
空中之广义上的法体系为经验材料，可能是最有力的。一方面，
所要建构的民间法哲学是中国人视角下的民间法哲学，其本身具
有天然的中国印记，使用中国的法体系经验材料可以说具有天然
的契合性。国外的法哲学或法理学理论建构在相似情况下亦多类

似处理，即主要采用他们国度或文化圈的法体系经验材料。① 另一方面，任何一个国家的法或广义上之法体系基本上相同，即基本上都是由民间法和国家法这两种广义上之法体系之基本法形态构成，所不同的是国家层面或国家范围内广义上之法体系的具体表现形式有出入，比如有的国家的国家法主要是判例法体系，有的国家则是大陆法体系或法典法体系；有的国家的民间法显得比较突出，有的国家的民间法显得不太突出。在这种情况下，如果当代中国之广义上的法体系经验材料能够支撑起国家层面之民间法的核心或基石法益是场域公共秩序这一论点，那么，其他国家之广义上的法体系经验材料在很大程度上亦在遵循民间法（主要是国家层面的民间法）的核心或基石法益逻辑。如果是这样的话，我们就可以形成这样一套关于一般意义上之民间法（包括国际"民间法"）的核心或基石法益逻辑。如前所述，在国家层面，政治秩序主要指国家范围内社会成员集体通过以强制力为后盾的各种手段特别是国家法来支撑的社会主体间的超稳定关系体。国家法的核心或基石法益是国家政治秩序，以国家法的核心或基石法益为参照，国家层面之民间法的核心或基石法益是场域公共秩序，而场域公共秩序主要指国家范围内不同场域区域或领域亦即各种场域法域中人们集体通过以一定强制力为潜在后盾的非强制性手段如民间法规范来支撑的社会主体间相对稳定关系体。与此同时，缘于法益法哲学思想的穿透力，国家层面之民间法的核心或基石法益逻辑内在地具有一定程度的扩展性或理论普遍性，能够在一定程度上扩展到国际社会层面。在国际社会层面，国际

---

① 参见〔美〕布赖恩·比克斯《法理学：理论与语境》（第4版），邱昭继译，法律出版社，2008，第1~320页；〔英〕约翰·奥斯丁《法理学的范围》，刘星译，中国法制出版社，2002，第1~385页；〔美〕E. 博登海默《法理学：法律哲学与法律方法》，邓正来译，中国政法大学出版社，2017，第4~605页；〔美〕理查德·A. 波斯纳《法理学问题》，苏力译，中国政法大学出版社，2002，第1~619页；〔英〕韦恩·莫里森《法理学：从古希腊到后现代》，李桂林等译，武汉大学出版社，2003，第1~663页。

政治秩序由于主权因素限制主要是指全球社会范围内国际法主体成员集体通过以适度强制力为后盾的各种手段特别是国际"官方法"来支撑的社会主体间稳定关系体。国际"官方法"的核心或基石法益是国际政治秩序，以国际"官方法"的核心或基石法益为参照，国际"民间法"的核心或基石法益是国际场域公共秩序，而国际场域公共秩序主要指全球社会范围内不同国际区域或领域亦即各种国际场域法域中国际法主体成员集体通过以一定强制力为潜在后盾的非强制性手段如国际"民间法"来支撑的社会主体间相对稳定关系体。在此基础上，一般意义上的政治秩序主要是指国家或全球社会范围内社会主体（包括国际法主体成员）集体通过以适度强制力为后盾的各种手段特别是一般意义上的官方法（包括国家法和国际"官方法"）来支撑的社会主体间稳定关系体。一般意义上之官方法（包括国家法和国际"官方法"）的核心或基石法益是政治秩序（包括国际政治秩序），以一般意义上之官方法的核心或基石法益为参照，一般意义上之民间法（包括国家层面的民间法，以及国际"民间法"）的核心或基石法益是场域公共秩序（包括国际场域公共秩序）。一般意义上的场域公共秩序（包括国际场域公共秩序）则主要指国家或全球社会范围内不同区域或领域（包括国际区域或领域）亦即各种场域法域（包括国际场域法域）中社会主体（包括国际法主体成员）集体通过以一定强制力为潜在后盾的非强制性手段如一般意义上的民间法（包括国家层面的民间法，以及国际"民间法"）来支撑的社会主体间相对稳定关系体。

第三章 民间法的基石法理：场域
公共秩序逻辑

当前学界的民间法研究在这样一种学术氛围中毅然前行：一方面，国家法中心主义居明显的支配地位。国家法"试图建立起一个完整系统的法律规则体系和制度，包含并控制社会生活的各个方面，将社会纳入一种普遍性的秩序"。① 在这种情况下学界出现了质疑的声音，"在'国家法中心主义'理念支配之下，民间法是否还有意义"②，"默许或允许家族制度、礼俗制度、习惯等'民间法'的'合法性'地位，现代法治秩序如何才能建立起来?"③ 另一方面，"从现状来说，民间法理论还没有成功地确立能与国家法理论一较短长的理论基础，甚至让人觉得有时民间法论反倒成为妨碍深入讨论问题的障碍"。④ 这一局面让民间法研究相较于国家法研究面临着其独特使命。理论方面的使命包括重建民间法规范话语系统，从理论上论证民间法的功能地位和正当性等⑤；实践方面的使命包括探讨国

---

① 范愉：《试论民间社会规范与国家法的统一适用》，载谢晖、陈金钊主编《民间法》（第 1 卷），山东人民出版社，2002，第 114 页。

② 胡平仁、陈思：《民间法研究的使命》，载《湘潭大学学报》（哲学社会科学版）2012 年第 2 期，第 36 页。

③ 刘作翔：《具体的"民间法"：一个法律社会学视野的考察》，载《浙江社会科学》2003 年第 4 期，第 23 页。

④ 〔日〕寺田浩明：《超越民间法论》，吴博译，载谢晖、陈金钊主编《民间法》（第 3 卷），山东人民出版社，2004，第 4 页。

⑤ 参见胡平仁、陈思《民间法研究的使命》，载《湘潭大学学报》（哲学社会科学版）2012 年第 2 期，第 34 页。

家层面民间法的特性和运作机制，规制民间权威和重建社会信任系统等①。而民间法研究要想真正彻底跳出或摆脱当前中国学术舆论格局特别是中国法学舆论格局中的被动地位，民间法作为广义上之法体系的基本法形态，必须形成或构建自己的核心或基石法理逻辑，更确切地说，是一般意义上而非仅为国家层面的核心或基石法理逻辑。

一　"民间法印象"："虚幻的"或"一盘散沙"

支撑民间法或一般意义上之民间法的法理，跟支撑国家法或官方法的法理一样，既有形式方面的内容，也有实质方面的内容。形式方面的内容主要包括法或广义上之法体系的概念、法或广义上之法体系的渊源、法或广义上之法体系的要素等；实质方面的内容主要包括法或广义上之法体系的运行逻辑、法或广义上之法体系的价值等。② 当前学界特别是法学界学者对民间法（主要是国家层面的民间法）的批评虽涉及实质方面之内容的批评，但更多的是一种外部批评，即主要是对国家层面之民间法的形式方面内容的批评或"诟病"。为回应这些批评或"诟病"，揭示或型构民间法或一般意义上之民间法的基本法理，本书会尽可能地揭示其全貌。但是，考虑到揭示法之形式方面内容与实质方面内容的难易度及其内在逻辑关系，本书欲揭示和型构民间法或一般意义上之民间法的核心或基石法理这一过程，须从审视对国家层面或国家范围内民间法之外部批评这一工作开始。

当前学界特别是法学界学者对民间法（主要是国家层面的民间

---

① 胡平仁、陈思：《民间法研究的使命》，载《湘潭大学学报》（哲学社会科学版）2012 年第 2 期，第 34~35 页。

② 参见张文显主编《法理学》（第 4 版），高等教育出版社，2011，第 39~77、189~288 页；胡平仁编《法理学》，中南大学出版社，2016，第 45~76、109~128、162~183 页。

法）进行外部学术批评的基本观点为民间法是"虚幻的"或"一盘散沙"。这种批评主要有三个方面的表现形式。其一，认为"民间法"是一个并不科学、并不规范的学术概念。一方面，批评者认为民间法概念被滥用了，如"目前在法学研究中'民间法'一词颇为流行，随着这一名词被广泛使用而来的问题是：在众多林立的有关民间法研究论文、专著、论集中，读者对'民间法'所指究竟是什么，却有一种找不到'北'的感觉"①，"'民间法'，这样一个并不科学和规范的名称和概念，这些年却被众多学者挂在口上和留驻笔端"②，等等。另一方面，批评者认为民间法概念难以被精确界定。主要有这样一些基本原因，一是民间法概念的外延太杂，具有多元和模糊性的特点，对这样的概念做出明确界定不大可能；二是"民间法是不是法"仍是一个问题，在这种情况下将民间法作为一种"法"来界定在很大程度上较为勉强；三是对于民间法这个复杂概念的认识，学界特别是法学界学者由于学术旨趣不同，存在"仁者见仁，智者见智"的问题。③ 其二，认为民间法没有确定的或明确的法的渊源形式。有批评者认为，民间法"将除国家制定法之外的、只要能够对人们的行为起规范、指导、约束等作用的大多数非国家性的社会规范（政策也除外）都统统揽入自己的麾下"④。也就是说，与国家法的渊源或外延形式相比，民间法在法的渊源形式上基本上没有明确的判断标准。其三，认为民间法是边缘化对象并将逐渐消

---

① 曾宪义、马小红：《中国传统法的"一统性"与"多层次"之分析：兼论中国传统法研究中应慎重使用"民间法"一词》，载《法学家》2004 年第 1 期，第 134 页。

② 刘作翔：《具体的"民间法"：一个法律社会学视野的考察》，载《浙江社会科学》2003 年第 4 期，第 17 页。

③ 参见陈冬春《民间法研究的反思性解读》，硕士学位论文，华东政法学院，2004，第 4~5 页。

④ 刘作翔：《具体的"民间法"：一个法律社会学视野的考察》，载《浙江社会科学》2003 年第 4 期，第 17 页。

亡。在秉持现代之法理念的国家法中心主义者看来，民间法的存在只是暂时的。当前中国的法治还不发达，需要借助民间法为中国法治建设"添砖加瓦"，发挥辅助性作用。但从长远来看，民间法注定消亡，即"民间法被边缘化进而趋于消亡的命运乃是现代性及其意识形态的理性主义的必然结论"①。

上述文字对民间法（主要是国家层面的民间法）的外部性批评"似是而非"，言语间充塞着"偏见""情绪化""意气用事"等。关于民间法概念科学与否的问题，本章可以初步回应。一个学术概念包括法学概念（如民间法概念）的科学与否，不能单从概念本身去评判。任何日常化概念在理论上都存在被学术化或被理论化的可能性，应当从这个概念的解释力去评判，而且不能急于评判。一个日常化概念最终成长为一个学术概念有一个学术化或被理论化的过程，如布尔迪厄教授的"场域"概念为学界或国际学界特别是国际社会学学界所接受就经历了一个漫长过程，甚至在被学界特别是国际社会学学界许多学者接受后仍面临着大量质疑或学术批评。② 类似情况在学界或国内学界亦"比比皆是"。关于民间法的法的渊源形式问题，本章亦可以初步回应。对民间法的法的渊源或外延③进行审视，不能因为民间法的外延繁杂就认为民间法是"一盘散沙"。当前民间法的外延"繁杂"不是民间法的错，反而是民间法研究大有可为的基础性条件。国家法之所以显得"井井有条"，一方面是制定国家法的主体

---

① 魏治勋：《"民间法消亡论"的内在逻辑及其批判》，载《山东大学学报》（哲学社会科学版）2011 年第 2 期，第 59 页。

② 参见〔美〕戴维·斯沃茨《文化与权力：布尔迪厄的社会学》，陶东风译，上海译文出版社，2006，第 141~142 页。

③ 参见彭中礼《法律渊源论》，方志出版社，2014，第 1~364 页；彭中礼《法律渊源词义考》，载《法学研究》2012 年第 6 期，第 49~67 页；彭中礼《论法律形式与法律渊源的界分》，载《北方法学》2013 年第 1 期，第 102~110 页；彭中礼《论习惯的法律渊源地位》，载《甘肃政法学院学报》2012 年第 1 期，第 38~45 页。

只有一个即国家及其特定机构体系，并且，一个国家从宏观层面规制社会关系只有或只需要那么多种类或类型的法律；另一方面是因为当前法学研究的主力或主体主要是研究和宣传国家法，人们对国家法比较有印象，进而国家法的法的渊源形式显得有条理。不过，这只是审视国家法的法的渊源形式问题的正向视角。与此同时，还存在审视国家法的法的渊源形式问题的消极视角。若从国际社会的层面来审视国家法或官方法的法的渊源形式问题，世界上的国家法或官方法实际上比国家层面的民间法还要繁杂，只是一般人囿于视野、活动范围局限不了解而已。从全球社会范围内来看各国国家法或官方法，它们甚至连共同的文化基础都没有，而国内"繁杂"的民间法却至少还有共同的中华文化基础。即便在国家层面，若单从法律实施的角度来看判例法国家的法的渊源或外延，亦不见得比其国家层面之民间法的外延清晰。

当然，学界特别是法学界学者对民间法的各种批评（主要表现为外部性批评）在推进一般意义上的民间法理论研究方面仍具有重要意义。"民间法消亡论"就会迫使我们审视和反观这种论调的学术逻辑前设，进而意识到该论调所赖以为基之法理上的"瑕疵"。"在民间法研究热潮中，质疑民间法及其研究之生命力的'民间法消亡论'，实则蕴含着一个合理的内核，即它明确承认民间法被边缘化进而趋于消亡的命运乃是现代性及其意识形态的理性主义的必然结论，因此，'民间法消亡论'的内在逻辑就是现代性及其理性主义的霸权逻辑。其错误在于无视民间法同样是具有自立性的事物并因此构成了实在法的基础，从而以'取消论'替代了'关系论'。"① 与此同时，在对当前国家层面之民间法研究的反思中，亦有研究者的以下洞见。"纵观民间法研究的历程，我们会发现，许多学者都涉及了收集和整理民间法规范的工作，这些工作引起了学界和相关领域的学

---

① 魏治勋：《"民间法消亡论"的内在逻辑及其批判》，载《山东大学学报》（哲学社会科学版）2011 年第 2 期，第 59 页。

者们对于民间规范的关注和重视。但是，这些研究大都只聚焦于某个小范围的民间规则，如某个地区、某个民族抑或是某个村落的民间规则，而缺乏一种将收集到的民间规则嵌入到一个民间法规范系统中的宏大视角与整体观念"①。这类严肃的学术批评或学术批判亦会促使秉持民间法价值的研究者们深入探究一般意义上之民间法的基础理论问题，如民间法的核心或基石法理问题。

可以说，对于学界特别是法学界学者对民间法（主要是国家层面的民间法）的批评，不论是直观的外部批评或"诟病"，还是严肃的学术批评或学术批判，秉持民间法价值的研究者们，不仅要包容这些批评或"诟病"，而且要鼓励和欢迎这些批评或"诟病"。即便是对民间法（主要是国家层面的民间法）的外部批评或"诟病"，亦蕴含着与上述严肃学术批评或学术批判所提出之问题相近的一般意义上之民间法基础理论问题，即民间法的核心或基石法理问题。民间法作为或成为一种与国家法并立之广义上法体系中的基本法形态，必须要有一套与国家法理论并立的广义上之法理论或民间法哲学，特别是要有其核心或基石法理。也就是说，对民间法是"虚幻的"或"一盘散沙"这类问题或观点的回应，我们不仅要做形式上的回应，更要做实质性的回应，即真正揭示和型构出一般意义上之民间法的核心或基石法理即场域公共秩序逻辑（包括国际场域公共秩序逻辑）。其实，关于民间法（主要是国家层面的民间法）是"虚幻的"或"一盘散沙"这种问题放在国际社会层面，亦同样需要引起注意。对民间法（主要是国际"民间法"）在国际社会层面是"虚幻的"或"一盘散沙"这种问题或观点的回应，我们亦不仅要做形式上的回应，更要做实质性的回应，即真正揭示和型构出国际"民间法"的核心或基石法理即国际场域公共秩序逻辑。

---

① 胡平仁、陈思：《民间法研究的使命》，载《湘潭大学学报》（哲学社会科学版）2012 年第 2 期，第 35 页。

二　国家法的基石法理：政治秩序逻辑——一种法哲学视角

民间法或一般意义上的民间法是社会规范体系或广义上之法体系的一种基本法形态，要揭示其独特的法理基础，需要有一个基本的参照。缘于"民间法"特别是国家层面之民间法主要是针对"国家法"所型构出来的法学概念，[①] 在揭示民间法或一般意义上之民间法的核心或基石法理时主要以国家法的核心或基石法理为基本参照，便是颇为自然的事。在这种情况下，本书须首先揭示和型构出国家法的核心或基石法理。

直观来看，国家法的法理是一个内涵极为繁复的主题，一方面，只能有选择地探讨国家法的核心或基石法理。另一方面，缘于所探讨之主题的性质不得不选取一种较为宏观的视角或采用一种法哲学视角。就后一方面具体来讲，其一，在对国家法的核心或基石法理进行法哲学思考的过程中，本章在一定程度上采用了约翰·罗尔斯于《正义论》中的"反思性平衡"的理论建构方法[②]或策略。即当构思民间法或一般意义上之民间法的核心或基石法理时，笔者在脑海里大致勾勒出了国家法之核心或基石法理的概貌，而在实际揭示和型构国家法的核心或基石法理时亦潜在地以朦胧的民间法或一般意义上民间法的核心或基石法理概貌为参照，并主观且逻辑自洽地确定了国家法之核心或基石法理的基本内涵。关于这样一种法哲学视角，要澄清的是，本书中的法哲学视角不是一种被扭曲的法哲学观念即法哲学视角一定要用西方意义上的法哲学专业概念体系，而是从事

---

① 参见谢晖《大、小传统的沟通理性》，中国政法大学出版社，2011，第343~350页。

② Cf. John Rawls, *A Theory of Justice* (Cambridge, Mass.: Belknap Press of Harvard University Press, 1972), pp. 1-456.

情本身①来理解法哲学或法哲学视角，即主要运用一种法哲学思维，秉持一种法哲学精神，一种开创性的、主要抓根本问题的思维，② 即将其置于广义上之法体系中基本法形态的层面上来审视国家法的基本特质。基于这样一种整体性的"反思性平衡"思维，国家法的核心或基石法理是一种政治秩序逻辑。其二，这里的"政治秩序"或政治秩序逻辑中的"政治秩序"，与通常意义上的政治秩序概念的内涵不同。通常意义上的政治秩序主要是与经济秩序、社会公共秩序等并列的秩序类型③，而政治秩序逻辑中的"政治秩序"不仅包含通常意义上的政治秩序内涵，而且包括以之为核心所延展开来的一种政治秩序状态。也就是说，经济秩序、社会公共秩序等秩序形态也可以是政治秩序逻辑中的政治秩序，是政治秩序意义上的经济秩序、社会公共秩序等。这亦是我们采用法哲学视角的另一种缘由，即只有采用一种法哲学视角，才能赋予我们自主地论说问题的合法性。本书依据事实本身在相对独立地思考问题、论述问题，而不是主要地依据现有理论及其逻辑论述问题。国家法遵循政治秩序逻辑主要表现为以下几个基本方面。

其一，国家法规范社会主要关系或重要关系。作为社会主要关系或重要关系的基本关系要由国家法来规制。国家法维护社会基本关系秩序，这里以作为典型国家法的《宪法》《刑法》《民法总则》等为例。《中华人民共和国宪法》（以下简称《宪法》）维护国家的基本政治秩序，第一条第二款规定："社会主义制度是中华人民共和

---

① 参见姚选民《"事情本身"与"物质"：黑格尔和马克思看待世界方式的差异》，载《武陵学刊》2013 年第 2 期，第 33~39 页。

② 参见姚选民《中国共产党与中华民族伟大复兴：中国崛起的政治哲学解释》，九州出版社，2016，第 299~301 页。

③ 参见姚选民《罗尔斯政治秩序观问题：建构与批判》，中共中央党校出版社，2014，第 232~235 页；姚选民《罗尔斯政治秩序观研究：一种论纲》（上），载《社会科学论坛》2014 年第 5 期，第 43~45 页。

国的根本制度……禁止任何组织或者个人破坏社会主义制度。"①《宪法》这一条款表明，我国根本制度是社会主义制度，即是说，我国政治秩序之核心或根本表征是社会主义制度。《宪法》严禁任何人破坏社会主义制度，旨在维护我国国家基本政治秩序。《宪法》维护国家的基本经济秩序，第十五条第三款规定："国家依法禁止任何组织或者个人扰乱社会经济秩序。"②《宪法》亦保护整个国家范围内的基本社会秩序，第二十八条明确规定："国家维护社会秩序，镇压叛国和其他危害国家安全的犯罪活动，制裁危害社会治安、破坏社会主义经济和其他犯罪的活动，惩办和改造犯罪分子。"③《中华人民共和国刑法》（以下简称《刑法》）主要是具体地维护国家的基本政治秩序、基本经济秩序和基本社会秩序。《刑法》第二条明确规定："中华人民共和国刑法的任务，是用刑罚同一切犯罪行为作斗争，以保卫国家安全，保卫人民民主专政的政权和社会主义制度，保护国有财产和劳动群众集体所有的财产，保护公民私人所有的财产，保护公民的人身权利、民主权利和其他权利，维护社会秩序、经济秩序，保障社会主义建设事业的顺利进行。"④ 《刑法》第十三条以规定"何为犯罪"或"犯罪是什么"的方式表明刑法的使命和目的："一切危害国家主权、领土完整和安全，分裂国家、颠覆人民民主专政的政权和推翻社会主义制度，破坏社会秩序和经济秩序，侵犯国有财产或者劳动群众集体所有的财产，侵犯公民私人所有的财产，侵犯公民的人身权利、民主权利和其他权利，以及其他危害社会的行为，依照法律应当受刑罚处罚的，都是犯罪"。⑤ 我国刑法典旨在保护国家和人民的核心利益，保护所有国民都置于其间的社会

---

① 《中华人民共和国宪法：含宣誓誓词》，法律出版社，2018，第60页。
② 《中华人民共和国宪法：含宣誓誓词》，法律出版社，2018，第63页。
③ 《中华人民共和国宪法：含宣誓誓词》，法律出版社，2018，第65页。
④ 《中华人民共和国刑法》，中国法制出版社，2015，第20页。
⑤ 《中华人民共和国刑法》，中国法制出版社，2015，第22页。

主义生产方式，保障我国当前社会主义现代化进程的通畅。更确切地说，我国刑法典的使命和目的主要包括四方面的基本内涵：（1）保护我国国体安全即人民民主专政的国家秩序安全；（2）保护我国国家经济基础即社会主义经济安全；（3）保护全体公民的基本权利，如财产、人身、民主等权利；（4）维护我国社会主义社会公共秩序的基本稳定。① 《中华人民共和国民法总则》（以下简称《民法总则》）旨在具体地维护国家的基本民事秩序，基本经济秩序等。《民法总则》第一条规定表明，民法旨在"保护民事主体的合法权益，调整民事关系，维护社会和经济秩序，适应中国特色社会主义发展要求，弘扬社会主义核心价值观"②。第二条规定："民法调整平等主体的自然人、法人和非法人组织之间的人身关系和财产关系。"③ 第八条规定："民事主体从事民事活动，不得违反法律，不得违背公序良俗。"④ 民法典常常有"市民社会的百科全书"和"市场经济的基本法"之称。这些民法典征引条文表明，我国民法在《宪法》的指引下具体地维护基本的社会经济秩序和社会民事秩序，主要以民事的方式维护宪法所规范的基本经济秩序和社会秩序。具体来讲，一方面，通过调整公民的人身关系和财产关系，直接影响社会的基本经济秩序，包括广大人民群众的切身经济利益和社会的基本生产生活秩序；另一方面，民法作为政治上层建筑，经由弘扬社会主义核心价值观，具体地影响整个社会的基本民事秩序。⑤

---

① 参见高铭暄、马克昌主编《刑法学》（第 7 版），北京大学出版社，2016，第 18~20 页。

② 人民法院出版社法规编辑中心编《中华人民共和国民法总则》，人民法院出版社，2017，第 4 页。

③ 人民法院出版社法规编辑中心编《中华人民共和国民法总则》，人民法院出版社，2017，第 4 页。

④ 人民法院出版社法规编辑中心编《中华人民共和国民法总则》，人民法院出版社，2017，第 5 页。

⑤ 参见王利明主编《中华人民共和国民法总则详解》（上册），中国法制出版社，2017，第 3~5 页。

其二，国家法的效力及于整个国家范围。国家法对整个国家范围或国家领土范围都具有拘束力或法律效力。《宪法》第一条第一款规定："中华人民共和国是工人阶级领导的、以工农联盟为基础的人民民主专政的社会主义国家。"① 第三十二条第一款规定："中华人民共和国保护在中国境内的外国人的合法权利和利益，在中国境内的外国人必须遵守中华人民共和国的法律。"② 从这些宪法典征引条文来看，《宪法》不仅能够规定我国的国家性质即"社会主义国家"，而且能够规定国家对境内的外国人实施保护并规定境内的外国人遵守中国法律。《宪法》的效力范围及于全国，对整个国家领土范围都具有法律拘束力。《刑法》的效力及于整个国家领土范围。《刑法》第六条规定："凡在中华人民共和国领域内犯罪的，除法律有特别规定的以外，都适用本法。凡在中华人民共和国船舶或者航空器内犯罪的，也适用本法。犯罪的行为或者结果有一项发生在中华人民共和国领域内的，就认为是在中华人民共和国领域内犯罪。"③ 我国刑法典特别规定民族自治地方变通适用刑法，从侧面反映我国刑法对于全国范围的法律效力。第九十条规定："民族自治地方不能全部适用本法规定的，可以由自治区或者省的人民代表大会根据当地民族的政治、经济、文化的特点和本法规定的基本原则，制定变通或者补充的规定，报请全国人民代表大会常务委员会批准施行。"④《民法总则》的效力及于整个国家领域范围。《民法总则》第十二条规定："中华人民共和国领域内的民事活动，适用中华人民共和国法律。法律另有规定的，依照其规定。"⑤ 我国刑法典、民法典的这些相关条文表明，我国法律效力范围是中华人民共和国整个领土。具体来讲，

① 《中华人民共和国宪法：含宣誓誓词》，法律出版社，2018，第60页。
② 《中华人民共和国宪法：含宣誓誓词》，法律出版社，2018，第66页。
③ 《中华人民共和国刑法》，中国法制出版社，2015，第20页。
④ 《中华人民共和国刑法》，中国法制出版社，2015，第38页。
⑤ 人民法院出版社法规编辑中心编《中华人民共和国民法总则》，人民法院出版社，2017，第5页。

一是领陆。一般指国家边境线内的广大陆地，其中也包括地下层。二是领水。一般指国家领陆上的内水和国家领海，其中包括国家领海的地下层。三是领空。一般指国家领陆的上空，以及国家领水的上空。①《中华人民共和国立法法》（以下简称《立法法》）第五十八条第二款规定："法律签署公布后，及时在全国人民代表大会常务委员会公报和中国人大网以及在全国范围内发行的报纸上刊载。"② 第七十一条第一款规定："行政法规签署公布后，及时在国务院公报和中国政府法制信息网以及在全国范围内发行的报纸上刊载。"③ 我国《立法法》的这些条文表明，国家法律法规制定后要在全国层面的媒体上公开发布，亦是我国法律效力及于国家管辖全部领域的又一重要表征。

其三，国家法效力及于全体公民。国家法对国家全体公民适用，在国家法面前没有特殊法律主体，尤其没有特殊公民。《宪法》对全体公民都有管辖效力的表述是含蓄的。一方面，它通过规定公民资格获得的方式来体现，《宪法》第三十三条第一款规定："凡具有中华人民共和国国籍的人都是中华人民共和国公民。"④ 另一方面主要通过禁止性规定来体现。《宪法》第五条第四、第五款规定："一切国家机关和武装力量、各政党和各社会团体、各企业事业组织都必须遵守宪法和法律。"⑤ "任何组织或者个人都不得有超越宪法和法律的特权。"⑥《刑法》的效力不仅及于国家领域内的全体公民，而且及于国家领域范围外的中国公民。就前一方面，《刑法》第四条规定：

---

① 参见高铭暄、马克昌主编《刑法学》（第7版），北京大学出版社，2016，第34页。
② 《中华人民共和国立法法：含修正案草案说明》，法律出版社，2015，第32页。
③ 《中华人民共和国立法法：含修正案草案说明》，法律出版社，2015，第35页。
④ 《中华人民共和国宪法：含宣誓誓词》，法律出版社，2018，第66页。
⑤ 《中华人民共和国宪法：含宣誓誓词》，法律出版社，2018，第61页。
⑥ 《中华人民共和国宪法：含宣誓誓词》，法律出版社，2018，第61页。

"对任何人犯罪,在适用法律上一律平等。不允许任何人有超越法律的特权。"① 就后一方面,《刑法》第七条规定:"中华人民共和国公民在中华人民共和国领域外犯本法规定之罪的,适用本法……中华人民共和国国家工作人员和军人在中华人民共和国领域外犯本法规定之罪的,适用本法。"②《民法总则》对于全体公民的法律效力,既有明确的规定,亦有间接含蓄的规定。就前一方面,《民法总则》第二条规定:"民法调整平等主体的自然人、法人和非法人组织之间的人身关系和财产关系。"③ 该条文规定中的"自然人"明显包括中国全体公民。就后一方面,《民法总则》第八条规定:"民事主体从事民事活动,不得违反法律,不得违背公序良俗。"④ 这一禁止作为的间接性规定亦在一定程度上表明我国民法的法律效力及于中国全体公民。

其四,国家法精神于国内一以贯之。国家法精神在全国范围内基本一以贯之。国家法中各个位阶的法(包括宪法、法律、行政法规、地方性法规、自治条例和单行条例等⑤)之间是一个价值相一致、逻辑相协调的严密法律体系。以我国法律体系为例,《宪法》是国家根本大法,处于我们国家法律金字塔体系最顶端,是我国一切法律、法规和其他规范性文件的合法性依据,亦是刑法、民法、立法法等基本法律的制定依据。⑥《刑法》第一条规定:"为了惩罚犯罪,保护人民,根据宪法,结合我国同犯罪斗争的具体经验及实际情况,

---

① 《中华人民共和国刑法》,中国法制出版社,2015,第20页。
② 《中华人民共和国刑法》,中国法制出版社,2015,第21页。
③ 人民法院出版社法规编辑中心编《中华人民共和国民法总则》,人民法院出版社,2017,第4页。
④ 人民法院出版社法规编辑中心编《中华人民共和国民法总则》,人民法院出版社,2017,第5页。
⑤ 参见《中华人民共和国立法法:含修正案草案说明》,法律出版社,2015,第18页。
⑥ 参见王利明主编《中华人民共和国民法总则详解》(上册),中国法制出版社,2017,第5~6页。

制定本法。"① 在我国宪法典中，有关政治、经济、文化、社会、生态等方面国家基本制度的规定，有关各级机关组织活动原则的规定，有关全体公民基本权利和义务的规定，以及第二十八条的有关规定，等等，其中的原则或精神，都是在制定和修订《刑法》的过程中要严格恪守的。刑法作为子法必须贯彻母法宪法的基本要求，为保障母法的实施服务。《刑法》要以我国宪法典作为它的立法（包括制定、修订等）指南，在刑事领域不折不扣地践履和体现宪法典中的宪法精神，通过具体的刑法规范及其适用来保障《宪法》原则规范的落地。② 《民法总则》第一条规定："为了保护民事主体的合法权益，调整民事关系，维护社会和经济秩序，适应中国特色社会主义发展要求，弘扬社会主义核心价值观，根据宪法，制定本法。"③ 我国民法典的立法依据是《宪法》。制定民法典，努力实现民事领域法律秩序的完善和健全，充分保障所有民事主体的合法权益，切实保护好广大人民群众的现实利益，就是保障公民的人身权利和财产权利之宪法精神和原则在民事基本法律中的体现和落实。④ 《立法法》第一条规定："为了规范立法活动，健全国家立法制度，提高立法质量，完善中国特色社会主义法律体系，发挥立法的引领和推动作用，保障和发展社会主义民主，全面推进依法治国，建设社会主义法治国家，根据宪法，制定本法。"⑤ 《立法法》不仅依据《宪法》制定，而且有力地确保了国家法制的统一，特别是确保《宪法》的精神和

---

① 《中华人民共和国刑法》，中国法制出版社，2015，第20页。

② 参见高铭暄、马克昌主编《刑法学》（第7版），北京大学出版社，2016，第17页。

③ 人民法院出版社法规编辑中心编《中华人民共和国民法总则》，人民法院出版社，2017，第4页。

④ 参见王利明主编《中华人民共和国民法总则详解》（上册），中国法制出版社，2017，第5~6页。

⑤ 《中华人民共和国立法法：含修正案草案说明》，法律出版社，2015，第18页。

原则在全国范围内得到完整贯彻和落地。《宪法》第五条第三款规定："一切法律、行政法规和地方性法规都不得同宪法相抵触。"① 经由《立法法》,《宪法》这一条款的精神落到了实处。一方面,《立法法》在法律法规的成文阶段或制定阶段就确保了宪法精神的落实。《立法法》第二条规定："法律、行政法规、地方性法规、自治条例和单行条例的制定、修改和废止,适用本法。国务院部门规章和地方政府规章的制定、修改和废止,依照本法的有关规定执行。"② 这一条文意味着,立法主体在制定规范(法律、法规、条例等)的过程中要清楚自己所制定之法的位阶及其所应需之立法权限的范围。第三条规定："立法应当遵循宪法的基本原则,以经济建设为中心,坚持社会主义道路、坚持人民民主专政、坚持中国共产党的领导、坚持马克思列宁主义毛泽东思想邓小平理论,坚持改革开放。"③ 即是说,法律、行政法规、地方性法规、自治条例和单行条例在制定过程中必须坚持和贯彻《宪法》的精神和原则。另一方面,《立法法》在规定法之位阶效力的过程中确保了国家法精神在全国范围内的一以贯之。《立法法》第八十七条规定："宪法具有最高的法律效力,一切法律、行政法规、地方性法规、自治条例和单行条例、规章都不得同宪法相抵触。"④ 第八十八条规定:"法律的效力高于行政法规、地方性法规、规章。行政法规的效力高于地方性法规、规章。"⑤ 第八十九条规定:"地方性法规的效力高于本级和下级地方政府规章。省、自治

① 《中华人民共和国宪法:含宣誓誓词》,法律出版社,2018,第 61 页。
② 《中华人民共和国立法法:含修正案草案说明》,法律出版社,2015,第 18 页。
③ 《中华人民共和国立法法:含修正案草案说明》,法律出版社,2015,第 18 页。
④ 《中华人民共和国立法法:含修正案草案说明》,法律出版社,2015,第 41 页。
⑤ 《中华人民共和国立法法:含修正案草案说明》,法律出版社,2015,第 41~ 42 页。

区的人民政府制定的规章的效力高于本行政区域内的设区的市、自治州的人民政府制定的规章。"① 可以说，国家法中各位阶的法，如法律、行政法规、地方性法规、自治条例和单行条例等，就是在《立法法》的指引下形成了以《宪法》为塔顶的金字塔形的法的位阶效力体系。

以上分析表明，在国家层面，国家法的核心或基石法理是政治秩序逻辑，国家法遵循着政治秩序逻辑。缘于国际法在一定程度上是国家法意志在国际社会中的某种表现，在国际社会层面，与国家层面之国家法相对应的国际"官方法"亦遵循类似的法理逻辑，即国际政治秩序逻辑。具言之，跟国家层面之国家法的核心或基石法理相似，国际"官方法"的核心或基石法理是国际政治秩序逻辑。国际"官方法"遵循国际政治秩序逻辑的基本表现主要包括国际"官方法"规范全球社会范围内国际法主体成员之间的主要国际关系或重要国际关系，效力及于全球社会范围，效力及于全球社会内所有国际法主体成员，国际"官方法"精神（如国际法基本原则）在全球社会范围之国际法体系中一以贯之，等等。

三 民间法的法理型构思维：一种场域逻辑

国家法之核心或基石法理的型构为民间法或一般意义上之民间法的核心或基石法理的揭示或型构提供了一个基本参照，虽然如此，对民间法或一般意义上的民间法之核心或基石法理的型构还面临着法理型构的理论分析工具选择问题，即用一种什么样的理论分析工具来型构或揭示民间法或一般意义上之民间法的核心或基石法理。由于国家层面之民间法本身的显著特点，现有场域理论所承载的场域逻辑是型构民间法或一般意义上之民间法的核心或基石法理的有

---

① 《中华人民共和国立法法：含修正案草案说明》，法律出版社，2015，第42页。

效理论分析工具。也就是说，布尔迪厄场域理论所承载的场域逻辑
与国家层面之民间法甚或一般意义上之民间法的基本特征有某种程
度的内在契合。著名的民间法学家田成有先生在《乡土社会中的民
间法》①和《法律社会学的学理与运用》②等著作中系统地揭示和阐
述了国家层面之民间法的基本特征。本章主要以田先生对国家层面
之民间法基本特征的阐述为重要范例③，来揭示场域逻辑与民间法或
一般意义上之民间法之间的紧密勾连。

其一，场域逻辑与民间法之"乡土性"相契合。在田有成先生
看来，国家层面民间法的"乡土性"特征主要有两方面基本表现。
一方面，国家层面的民间法是相对固定生活在特定区域或领域中的
人们经由长时间相互调适而形成的、彼此都熟知的本土化知识。国
家层面民间法的内容常常紧紧围绕着生产生活中的婚丧嫁娶、节日
喜庆、人情往来等日常事务进行，多偏重对基层社区或农村之财产、
婚姻、家庭和生产资料等内容的保护，这些内容规范大多是具体性
的。④另一方面，国家层面的民间法大多数是不成文的或非文字化
的。国家层面的民间法主要以朴实、简洁、方便、合理、易操作的行
为模式在引导国家范围内不同区域或领域的社会成员"做什么"和
"如何做"，其实体内容和程序内容常常混杂。国家范围内特定区域
中的人们在处理当地纠纷时，没有文字上"千篇一律"的固定模式，
一切都要考虑特定纠纷产生的实际情况。当地民间权威基于其自身
经验，"一把钥匙开一把锁"式地解决纠纷。这种处理纠纷的方法和

---

① 参见田成有《乡土社会中的民间法》，法律出版社，2005，第1~273页。
② 参见田成有《法律社会学的学理与运用》，中国检察出版社，2002，第99~
100页。
③ 其他范例请参见谢晖《大、小传统的沟通理性》，中国政法大学出版社，
2011，第1~371页；于语和主编《民间法》，复旦大学出版社，2008，第1~
319页；马珺《清末民初民事习惯法对社会的控制》，法律出版社，2013，第
204~210页。
④ 参见田成有《乡土社会中的民间法》，法律出版社，2005，第27页。

手段有一定规律可循，比如，解决办法在程序上要先行得到纠纷双方认可，调停人本身要有一定权威，民间权威在调停过程中既不能完全"实事求是"亦不能明显偏袒等。① "在有些地方，即便用文字表达出来的民间法也只是'书面'化而已，这些'格式化'了的民间法与其说是给村民看的，还不如说是应付政府或给上面看的。"② 场域逻辑中的惯习元素与民间法的"乡土性"特征存在某种契合性。就前述本土化知识特征而言，场域逻辑中的惯习或惯习元素是长期生活在国家范围内不同区域或领域亦即各种场域法域中的人们，通过无数次摩擦或调试而逐渐发展起来的、彼此都熟知的地方性知识或特定领域知识。"所谓惯习，就是知觉、评价和行动的分类图式构成的系统，它具有一定的稳定性，又可以置换，它来自社会制度，又寄居在身体之中（或者说生物性的个体里）"③，"场域形塑着惯习，惯习成了某个场域（或一系列彼此交织的场域，它们彼此交隔或歧异的程度，正是惯习的内在分离甚至是土崩瓦解的根源）固有的必然属性体现在身体上的产物。"④ 在布尔迪厄教授看来，不存在理论化的惯习，只存在国家范围内不同区域或领域亦即各种场域法域中不同行为人互动之间的惯习。就前述非文字化特征而言，场域逻辑中的惯习也往往是不成文的或非文字化的，或者说，主要是实践性的⑤。"惯习，作为一种处于形塑过程的结构，同时，作为一种已经被形塑了的结构，将实践的感知图式融合进了实践活动和思维活动之中。这些图式，来源于社会结构通过社会化，即通过个体生成过

---

① 参见田成有《乡土社会中的民间法》，法律出版社，2005，第 27 页。
② 田成有：《乡土社会中的民间法》，法律出版社，2005，第 27 页。
③ 〔法〕布尔迪厄、〔美〕华康德：《反思社会学导引》，李猛、李康译，商务印书馆，2015，第 158 页。
④ 〔法〕布尔迪厄、〔美〕华康德：《反思社会学导引》，李猛、李康译，商务印书馆，2015，第 158 页。
⑤ 参见〔法〕皮埃尔·布尔迪厄《实践感》，蒋梓骅译，译林出版社，2012，第 1~416 页。

程，在身体上的体现，而社会结构本身，又来源于一代代人的历史努力，即系统生成。"① 在布尔迪厄教授看来，惯习是国家范围内不同区域或领域亦即各种场域法域中人们不自觉的行为，"有规律"但不可名状。亦可以说，"人类的行动不是对直接刺激的即时反应。某个个人对他人哪怕是最细微的'反应'，也是这些人及其关系的全部历史孕育出来的产物"。②

其二，场域逻辑与民间法之"地域性"相契合。在田成有先生看来，国家层面民间法的"地域性"特征主要有两方面基本表现。一方面，与国家法相比，国家层面民间法发挥作用的区域或领域一般是局部性的。这局部性的区域或领域主要是经济和文化等方面相对落后的区域或领域，不过，在经济和文化等比较发达的区域或领域同样也有民间法。③ 民间法的适用区域或领域没有固定空间标准，其中有只对特定村镇有效的村镇民间法，有只对一个县或几县有效的县域民间法，有在特定省份或几个省份内有效的省级民间法或省际民间法，等等。"民间法所覆盖的区域，事实上代表了一个相对独立的生活共同体，只对该地区的全体成员有效，作用范围仅局限于这个区域，超出这个区域的边界，作用就会减弱，或者根本不为他人所承认。"④ 长时间生活在国家范围内不同区域或领域亦即各种场域法域中的社会成员已经习得的民间法，已融入他们的血液当中，成为他们生命体中不可分割的有机组成部分。他们不仅对这套民间法

---

① 〔法〕布尔迪厄、〔美〕华康德：《反思社会学导引》，李猛、李康译，商务印书馆，2015，第 170 页。

② 〔法〕布尔迪厄、〔美〕华康德：《反思社会学导引》，李猛、李康译，商务印书馆，2015，第 154 页。

③ 参见田成有《乡土社会中的民间法》，法律出版社，2005，第 27~28 页；姜福东、刘吉涛《民间规范何以进入司法判决：基于"婚礼撞丧"案的分析》，载谢晖、陈金钊主编《民间法》（第 8 卷），山东人民出版社，2009，第 69 页。

④ 田成有：《乡土社会中的民间法》，法律出版社，2005，第 28 页。

知识"出口成章"，而且在很大程度上已将这些知识奉为信仰，谁敢违反或不这么做，就跟谁急。① 另一方面，国家层面民间法的"地域性"特征表现为稳定性。国家层面的民间法一般已成为国家范围内不同区域或领域亦即各种场域法域中人们的生活方式。只要这个区域或领域不发生大的变化如行政区划上的变化，或者当地人这个文化群体持续存在，民间法就能够得到持续传承或具有较强稳定性。② 国家法则存在很大不同，在很大程度上要顾及不断变化的社会政治形势，随着社会各方面基本条件的变化，它会发生较大变化，朝代更迭和政权变更等，都会导致国家法的"蜕变"。③ 场域逻辑中的场域空间跟民间法的"地域性"存在几分相似性。就前述局部性特征而言，在国家范围内不同区域或领域亦即各种场域法域中，场域的效力也一般局限于一定的范围或领域。在布尔迪厄教授看来，整个社会由一个个场域小世界构成，而每个小世界都有其独特的行动逻辑。"在高度分化的社会里，社会世界是由大量具有相对自主性的社会小世界构成的，这些社会小世界就是具有自身逻辑和必然性的客观关系的空间，而这些小世界自身特有的逻辑和必然性也不可化约成支配其他场域运作的那些逻辑和必然性。"④ 在教育、经济、艺术等领域的具体场域中，这些特定场域的运行都有自己历史形成的一套做法，可以说是各不相同。以艺术这个具体场域为例，在艺术这个场域中的成员无法接受市场经济中的利益至上"规矩"，以前无法接受，现在仍然如此。在经济这一具体场域中的成员则主要奉行"生意就是生意"的生意经，即经济利益至上，而"爱情""友谊"等在艺术场域或文学场域中颇受推崇，在经济场域中基本没有市场，受到场

---

① 参见于语和主编《民间法》，复旦大学出版社，2008，第38~40页。
② 参见于语和主编《民间法》，复旦大学出版社，2008，第40~41页。
③ 参见田成有《乡土社会中的民间法》，法律出版社，2005，第28页。
④ 〔法〕布尔迪厄、〔美〕华康德：《反思社会学导引》，李猛、李康译，商务印书馆，2015，第123页。

域成员彻底排斥。① 就前述稳定性特征而言，场域逻辑中的场域利益或幻象维持着场域的稳定性，只要场域利益或幻象存在或不发生实质性改变，特定的场域就会保持其原貌或原有性质。"每一个场域都拥有各自特定的利益形式和特定的幻象，场域创造并维持着它们。而这些利益形式和幻象，也就是人们对游戏中彼此争夺的目标的价值心照不宣的认可，以及对游戏规则的实际把握。再进一步说，对于参与游戏的每一个人来说，这一特定利益是不言而喻的。"② 不过，我们在更深层次上意识到，在国家范围内不同区域或领域亦即各种场域法域中，所有成员在场域"游戏"中所占据的具体位置是不同的，比如有的场域成员居于支配地位，有的场域成员处于被支配地位，有的场域成员具有正统身份，而另外一些成员则被标上了"异端"身份。在这种情况下，每一位场域成员的利益可以说"千差万别"。③ 即便如此，特定场域中场域利益的客观存在，以及场域利益形式或场域幻象的稳定性，确保着场域本身及其间之惯习的传承稳定性。

其三，场域逻辑与民间法之"自发性"相契合。在田成有先生看来，国家层面民间法的"自发性"特征主要有两方面基本表现。一方面，国家层面的民间法一般是在没有任何外部力量干预的情况下逐渐地自然形成的。"从产生的方式上讲，民间法……是在人们长期的社会生活中逐渐自然形成的，有些是通过共同议定和约定而成的，没有什么外部力量的干预和敦促，它的产生更多的是源于人们的社会需要"④。在大多数情况下，国家层面的民间法是在一种"自生自发"的外部环境中产生的，是在没有什么外部力量有意识干预

① 参见〔法〕布尔迪厄、〔美〕华康德《反思社会学导引》，李猛、李康译，商务印书馆，2015，第123页。
② 〔法〕布尔迪厄、〔美〕华康德：《反思社会学导引》，李猛、李康译，商务印书馆，2015，第146页。
③ 参见〔法〕布尔迪厄、〔美〕华康德《反思社会学导引》，李猛、李康译，商务印书馆，2015，第146页。
④ 田成有：《乡土社会中的民间法》，法律出版社，2005，第28页。

的情况下逐渐产生的。另一方面，国家层面的民间法主要是靠口头运用、行为实践和心理养成等方式传承。国家层面的民间法因其产生的历史现实条件，没有制定书面程序，其呈现形式，不仅多数没有明确文字记载，而且在很大程度上是碎片化和口耳相传的。这与国家法那种极为严格的制定程序、严谨的文字表现形成极大反差。① 与此同时，国家层面民间法的"自发性"或"自生自发"也不是完全凭空产生的，而是产生于一定历史现实条件。这些历史现实条件的存在让特定民间法的产生具有某种"自觉"色彩或必然性。民间法产生的这些基本条件至少包括三个方面。第一个方面是存在一个相对稳定的群体生活空间，如村镇和县市等地域，地域文化风俗和民族习惯等领域，等等；第二个方面是一些规则得到了特定空间群体的普遍遵守，并且不遵守的后果是直观的；第三个方面是人们认为所遵守之规则中的价值理念是对的，是毋庸置疑的。② 而场域逻辑中场域及其惯习的产生和形成与民间法的"自发性"有一定程度的契合。就民间法之"自发性"特征的前一方面表现而言，场域逻辑中的场域也常常是在没有外部力量有意识地干预的情况下逐渐自发生成的，甚至一度被布尔迪厄教授说成是"一个没有创造者的游戏"③。"一个既定场域的产物可能是系统性的，但并非一个系统的产物，更不是一个以共有功能、内在统合和自我调控为特征的系统的产物"④。在布尔迪厄教授看来，场域往往是变动不居的。具言之，所有国家范围内的不同区域或领域亦即各种场域法域的效力范围缘于它们相互之间的竞争性，是时常变化的。这种效力范围的变化不仅仅是置于其间之场域成员的进入或退出问题，而且可能是成员之场域身份的

---

① 参见于语和主编《民间法》，复旦大学出版社，2008，第40~41页。
② 参见田成有《乡土社会中的民间法》，法律出版社，2005，第29页。
③ 〔法〕布尔迪厄、〔美〕华康德：《反思社会学导引》，李猛、李康译，商务印书馆，2015，第130页。
④ 〔法〕布尔迪厄、〔美〕华康德：《反思社会学导引》，李猛、李康译，商务印书馆，2015，第130页。

多样化问题。特定场域中的成员同时可能是其他场域中成员，或者说，特定场域中的成员同时可能是该场域之次级场域中的成员。他们忠诚于哪一个场域或在什么程度上忠诚都随时会发生变化。从宏观上看，作为一个场域的特定场域，经细致观察后甚至都没有组成部分和要素，因为这一特定场域可能不过是一群子场域，比如，宏观上的文学场域这一特定场域，实际是一群子场域，包括小说、戏剧等特定的子场域。① 就民间法之"自发性"特征的后一方面表现而言，场域逻辑中的惯习跟国家层面的民间法一样，也没有成文的、完整的、明确的条文体系，其传承主要靠先进入场域者的"传、帮、带"习得。"为了使场域能够有效运作，在场域中活动的行动者必须具有适当的习性以便使他们能够并愿意在特定场域中投资。新来者必须为初次入场付费，包括认识游戏的价值以及获得如何游戏的实践知识。"② 在布尔迪厄教授看来，国家范围内不同区域或领域亦即各种场域法域中之成员惯习的获得，主要依靠特定区域或领域中社会建构的性情倾向系统。国家范围内不同区域或领域亦即各种场域法域中成员所习得的"这些性情倾向在实践中获得，又持续不断地旨在发挥各种实践作用；不断地被结构形塑而成，又不断地处在结构生成过程之中"。③

其四，场域逻辑与民间法之"内控性"相契合。在田成有先生看来，国家层面民间法的"内控性"主要有两方面基本表现。一方面，国家层面民间法的实施主要"靠的是一种情感、良心的心理认同和价值利益取向的共同性以及社会舆论"④。对于违反民间法的行为，在民间法适用区域或领域内，人们主要利用舆论、道德批判、名

---

① 参见〔法〕布尔迪厄、〔美〕华康德《反思社会学导引》，李猛、李康译，商务印书馆，2015，第 130 页。
② 〔美〕戴维·斯沃茨：《文化与权力：布尔迪厄的社会学》，陶东风译，上海译文出版社，2006，第 146 页。
③ 〔法〕布尔迪厄、〔美〕华康德：《反思社会学导引》，李猛、李康译，商务印书馆，2015，第 151 页。
④ 田成有：《乡土社会中的民间法》，法律出版社，2005，第 29 页。

誉谴责、取消个人应得机会等"其貌不扬"但实际管用的方式处罚。处罚的具体样式主要包括批评教育、认错、罚款赔偿、罚公映电影和请全村人吃饭等。国家层面或国家范围内民间法之"内控性"方面的表现可能会引发两种社会效果。一种是国家层面民间法因其"软"性，可能会对其中一部分人"无效"。国家层面民间法背后的约束机制不仅不如国家法强大，如舆论、道德等民间法约束机制都比较"软"，而且一般很模糊，自由裁量空间大，会对一部分人无效。另一种是国家层面民间法因其地域性，执行后会深刻影响"违法"行为人的后续社会生活。就国家层面民间法的一般实践而言，"违反了民间法，往往不是简单地就事论事地进行严格的一对一的规范性的处理，而是被允许扩散到违规者的其他权益上去，比如要刨根挖底地评说他的历史、数落他的人品，甚至他家祖宗八代都得受影响"①。在这种行事逻辑的支配下，国家层面民间法的效力又是非常强的，其制裁后果可能比国家法的制裁还要严厉，比国家法的处罚力度还要重。② 另一方面，国家层面的民间法倾向于内部解决纠纷，排斥外力特别是国家法介入。国家层面民间法的"内控性"倾向于将当地人之间的纠纷消灭在"萌芽"状态，遵循某种"家丑不可外扬"的文化心理逻辑。"在村民眼中，直接交到国家'送官法办'往往意味着纠纷已经发展到了一定程度，已无法在村内通过调解解决，意味着纠纷就要公事公办，意味着求情疏通轻办的机会没了"③。场域逻辑中的惯习思维与民间法的"内控性"具有一定程度的相似性。就民间法之"内控性"的前一方面表现而言，场域逻辑中的惯习思维倾向于依靠人们对场域内在惯习的认同或习得来解决场域内部的斗争问题。在戴维·斯沃茨教授看来，国家范围内不同区域或领域亦即各种场域法域中的成员，不论在场域法域中的地位如何，都倾向

---

①　田成有：《乡土社会中的民间法》，法律出版社，2005，第30页。
②　参见田成有《乡土社会中的民间法》，法律出版社，2005，第29~30页。
③　田成有：《乡土社会中的民间法》，法律出版社，2005，第30页。

于维护所在场域中的场域基本规则或"游戏"法则，潜在地认为遵循所在场域的基本法则是"有盼头"的，不会想着去颠覆或推翻整个场域秩序。① 用斯沃茨教授的话来讲，"布尔迪厄把场域的这个深层结构看作基本信念，因为它代表倡导异端的人与维护正统的人之间的一种心照不宣的、对斗争利益的相互认可……当代宗教实践的各种类型与流派发生了争论，但是各方——包括世俗化的倡导者——首先都假定宗教是值得谈论的。进入一个场域，这要求心照不宣地接受游戏规则，它意味着特定的斗争形式是合法的、而别的形式则被排除。"② 即是说，一旦人们进入了特定场域特别是专业场域如物理学场域，就要按场域中成员们尊重的运行规则来办事，把斗争限于特定场域中被认为是"合法"的程式范围内，而把如"人身攻击"和"身体暴力"等不合法斗争形式排除在外。就民间法之"内控性"的后一方面表现而言，场域逻辑中的惯习思维亦倾向于排斥外力介入场域内部的斗争或争夺。"在一个自主程度较高的场域，比如说今日的数学场域里，情况则截然相反。一个顶尖的数学家要想胜过他的竞争对手，就不得不受场域力量的制约，通过精研数学来达到这一目的，否则就会被逐出场域。"③ 即是说，国家范围内的不同区域或领域亦即各种场域法域的自主性高低不同，而长期生活在特定场域中的人们都倾向于不借助外部力量来进行场域内部的斗争或争夺，特别是在自主性比较高的场域或专业性场域如数学场域，借助外力来进行场域争夺会有被赶出场域或逐出场域的危险。

除了上述四大方面，场域逻辑与国家层面民间法契合的方面还有很多。场域逻辑与国家层面民间法之基本特征的内在契合表明，

① 参见〔美〕戴维·斯沃茨《文化与权力：布尔迪厄的社会学》，陶东风译，上海译文出版社，2006，第146页。
② 〔美〕戴维·斯沃茨：《文化与权力：布尔迪厄的社会学》，陶东风译，上海译文出版社，2006，第146~147页。
③ 〔法〕布尔迪厄、〔美〕华康德：《反思社会学导引》，李猛、李康译，商务印书馆，2015，第217页。

布尔迪厄教授的场域理论可以借鉴来型构民间法的核心或基石法理，更确切地说，布尔迪厄教授的场域理论可以借鉴来型构国家层面民间法的核心或基石法理。其实，缘于场域理论逻辑的理论张力或理论普遍性，以及国家层面民间法与国际"民间法"之间的内在相似性，场域理论亦可以扩展至整个国际社会层面，即所谓国际场域逻辑。就像国家层面或国家范围内场域逻辑与民间法（主要是国家层面的民间法）之间存在内在契合性，在国际社会层面，国际场域逻辑与国际"民间法"之间亦存在相似的内在契合性。在这种情况下，国际场域逻辑亦可以借鉴来型构国际"民间法"的核心或基石法理。

四　民间法的基石法理：场域公共秩序逻辑
——以国家法的基石法理为基本参照

如前述，国家法的核心或基石法理是政治秩序逻辑，国家层面民间法的法理型构思维是场域逻辑，那么，以国家法的核心或基石法理为参照，基于国家层面民间法的法理型构思维即场域逻辑，国家层面民间法的核心或基石法理是一种场域公共秩序逻辑。国家层面的民间法遵循着场域公共秩序逻辑，意为在国家层面，国家法与民间法在维护社会意义上之秩序的问题上存在一种自然的分工。国家法一般维护主要的、重要的社会关系，如宪法、刑法、民法等宪法性法律或法律所调整的社会基本关系，捍卫的是国家层面的政治秩序。国家层面的民间法主要维护的是国家范围内不同区域或领域亦即各种场域法域内的社会秩序，一般不产生政治秩序影响的社会公共秩序。国家层面的民间法遵循着场域公共秩序逻辑，主要有以下几个方面基本表现。

其一，国家层面的民间法在国家范围内不同区域或领域亦即各种场域法域中处理国家法所没有顾及的社会纠纷。就国家范围来说，无论是一个国家还是一个地区，都需要借助一定规范体系来维持正常运转秩序。然而，国家法难以独自承担这样一种庞大且多重层级的秩序维护任务，需要国家法之外的其他规范形态如国家层面民间法来共同维护国家范围内各种场域法域的社会秩序。① "事实上，国家法在任何社会里都不是唯一的和全部的法律，无论其作用多么重要，它们只能是整个法律秩序的一部分，在国家法之外、之下，还有各种各样其他类型的法律。"② 也就是说，一个社会或国家的规则系统存在不同于国家法的其他类型的社会行为规则。这些居于国家法范畴之外而维持社会秩序的其他行为规则一般都被归属于国家层面之民间法的范畴。③ 总体来看，现有国家层面的民间法规范大致分为三大类。第一类是文化属性比较明显的民间规范，第二类是现代商业商事活动习惯，第三类是纯粹的民间交往准则。"文化属性比较明显的民间规范"主要指国家范围内那些与特定地区、特定民族和特定亚文化等相关的习惯性规则，具体表现为地区习俗、民族风俗、宗教禁忌仪式等样式。"现代商业商事交易活动习惯"主要指国家范围内那些存在于现代社会经济活动中，用于调整和规范商业商事主体交易或商事活动的惯例。"纯粹的民间交往准则"主要指国家范围内那些一提及国家法就会想起的民间规范，是狭义上的民间法，既可能呈现为传统的民间交往习惯，也可能表现为只在国家范围内不同区域或领域亦即各种场域法域里有效的行事规则。④ 社会生活常识告诉我们，国家法在国家范围内不同区域或领域亦即各种场域法域中没有顾及的社会纠纷，基本上是由国家层面的民间法不自觉地处理和应对。"地域的广泛和文化的多样，以及国家与社会的分立，使得

---

① 参见陈光《论区域治理中民间规范的功能与转化》，载《第十二届全国民间法·民族习惯法学术研究讨论会论文集》，重庆大学，2016，第9页。
② 梁治平：《清代习惯法》，广西师范大学出版社，2015，第35页。
③ 参见赵海怡、钱锦宇《法经济学视角下国家法的限度：民间规则与国家法关系的重新定位》，载《山东大学学报》（哲学社会科学版）2010年第1期，第68页。
④ 参见陈光《论区域治理中民间规范的功能与转化》，载《第十二届全国民间法·民族习惯法学术研究讨论会论文集》，重庆大学，2016，第11~12页。

国家无法把所有的社会事务都通过国家立法予以规范，在国家法滞后甚至漏缺的领域，社会行为并非完全无章可循，相反，众多潜在的社会规则（民间规则）在规制着人们的行为。"① 国家法在国家范围内不同区域或领域亦即各种场域法域中没有顾及的社会纠纷，主要是指那些国家法有意识不介入的社会纠纷，包括两大类，其中一类是偶发性的、影响极其有限的"鸡毛蒜皮"式纠纷，另一类是业已平息、国家法应介入但反应过来后不再介入的社会纠纷。从日常生活直观来看，若单从数量上讲，国家法在国家范围内不同区域或领域亦即各种场域法域中没有顾及的社会纠纷在很大程度上是社会中人与人之间或主体之间纠纷的主体部分。国家没有顾及的社会纠纷数量多却未产生社会危害，这样一种社会纠纷处理或应对落差的存在，让人们意识到，这些纠纷常常被用来构建国家范围内各种场域法域之公共秩序的民间法"润物细无声"式地化解，似乎这些曾经的纠纷在其国家范围内不同区域或领域亦即各种场域法域之中就像没有存在过一般。国家层面之民间法对这类在国家范围内各种场域法域中国家法没有顾及之社会纠纷的处理，在很大程度上最能彰显民间法的本质和本色，亦可以说，"民间法本身就具有秩序要素，简单而又切实有效的民间秩序成了民间法的精髓"。②

其二，国家层面的民间法在国家范围内不同区域或领域亦即各种场域法域中处理那些国家法顾及起来不经济的社会纠纷。国家法在国家范围内不同区域或领域亦即各种场域法域中顾及起来不经济的社会纠纷，也多由国家层面的民间法处理。国家法在国家范围内不同区域或领域亦即各种场域法域中顾及起来不经济的社会纠纷，主要指那些国家被动不顾及的社会纠纷，也就是一些国家法想介入但没有足够精力和心力介入的社会纠纷，主要包括三种情况。第一

① 胡平仁、陈思：《民间法研究的使命》，载《湘潭大学学报》（哲学社会科学版）2012 年第 2 期，第 36 页。
② 于语和：《寻根：民间法絮言》，清华大学出版社，2012，第 121 页。

种情况是低交易成本条件下的私人自主博弈。美国著名经济学家科斯教授的交易成本理论认为，在理想的交易环境中，比如没有交易成本的条件下，人们在高度自由讨价还价之市场机制的指引下，不难发现最好的产权安排，并签订最后协议。在这种情况下人们不会需要外部规则的协助。① 然而，在现实社会中，这种理想的交易环境并不存在。"当通过自主博弈重新安排权利义务的收益大于付出的交易成本时，利害关系人仍然会选择自主安排产权，只有在交易成本足够高，以至于有效的产权安排无法通过利害关系人自主博弈来确立时，才需要政府的干预，而且前提是政府能够用低于市场交易成本的行政成本来解决问题。"② 也就是说，对于低交易成本之条件或情况下的社会纠纷，国家法一般不会主动介入。国家法的干预在这个时候或这种条件下不仅不会带来任何好处，而且极有可能引发不可预料的社会后果。这一后果就是私人自主博弈在低交易成本情况下受到不正常干扰而极有可能导致特定社会资源的扭曲分配。③ 第二种情况是高交易成本条件下利害关系人的自主博弈。国家法只应该在高交易成本阻碍了私人自主博弈时才对权利义务安排和分配进行干预这一论断，有其特定的内涵或语境条件。申言之，一方面作为官方代表之国家法的介入，在很大程度上能实现相应民间规则或民间法的生成。另一方面作为官方代表之国家法，在很大程度上能有效止损那些因为民间规则或民间法无法形成而产生的整个社会层面上的利益损失。国家法并非在高交易成本条件下直接替代民间规则来

---

① Cf. R. H. Coase, "The Problem of Social Cost", *Journal of Law and Economics*, Vol. 3（Oct., 1960）, pp. 1–44.

② 赵海怡、钱锦宇：《法经济学视角下国家法的限度：民间规则与国家法关系的重新定位》，载《山东大学学报》（哲学社会科学版）2010 年第 1 期，第 70 页。

③ 参见赵海怡、钱锦宇《法经济学视角下国家法的限度：民间规则与国家法关系的重新定位》，载《山东大学学报》（哲学社会科学版）2010 年第 1 期，第 69~70 页。

完成产权安排。可以说，这种"替代产权安排"简直是一个"神话"。实践证明这种具体安排不可行，后果很严重，而且从长远来看，亦会严重影响相应民间规则或民间法发挥作用，如严重影响利害关系人自主博弈的民间法发挥作用。① 第三种情况是国家法介入而导致公共选择代替集体选择。面对一种社会纠纷，若国家法的介入会导致代表国家的官方选择代替社会成员的私人选择，这种产权配置安排显然不正常，明显有违市场经济法则。国家法的选择应是"避免公共选择对集体选择的替代和排挤，给特定范围内、围绕特定稀缺资源的特定群体，按照他们自己的意愿，自主安排彼此间权利义务关系，通过他们自己愿意接受的民间规则调整彼此的关系，留下合理的空间和可能"。② 对于这三种情况下的社会纠纷，国家法因其自我中心主义的强势扩展惯性肯定想介入，但处理应对后的现实后果是"烫手的山芋"。这些社会纠纷交由遵循场域公共秩序逻辑的国家层面民间法来处理和应付，对国家法而言可能既省事又省力，而且效果也更好。也就是说，这种社会纠纷在国家范围各种场域法域内就能私下解决，这不仅能节省国家公共或公务资源，而且保住纠纷当事人的颜面，还能让各种社会纠纷尽快得到平息，不留下"后遗症"。

其三，国家层面的民间法在国家范围内不同区域或领域亦即各种场域法域中处理国家法所难以彻底解决的社会纠纷。国家法在国家范围内不同区域或领域亦即各种场域法域中难以彻底解决的社会纠纷，最终还得依靠国家层面的民间法来配合处理。从国家法对社会纠纷介入之态度的角度来看，这种难以彻底解决的社会纠纷是属

① 参见赵海怡、钱锦宇《法经济学视角下国家法的限度：民间规则与国家法关系的重新定位》，载《山东大学学报》（哲学社会科学版）2010 年第 1 期，第 71 页。
② 赵海怡、钱锦宇：《法经济学视角下国家法的限度：民间规则与国家法关系的重新定位》，载《山东大学学报》（哲学社会科学版）2010 年第 1 期，第 72 页。

于前两种纠纷类型之间的纠纷类型。第一类社会纠纷是国家法在国家范围内不同区域或领域亦即各种场域法域中没有想到要去介入的纠纷类型。第二类社会纠纷是国家法在国家范围内不同区域或领域亦即各种场域法域中想介入但迫于无奈不介入的纠纷类型。第三类社会纠纷是国家法在国家范围内不同区域或领域亦即各种场域法域中主动介入，亦能介入，但无法彻底解决的纠纷类型。之所以存在这类难以彻底解决的社会纠纷，是因为这种社会纠纷个案走完整个国家法介入程序仍没有得到彻底平息，还需要民间法配合来把这类个案彻底解决。具体来讲，有这样一个"故意伤害致人死亡"案例①。

　　2009 年 1 月 13 日，某甲听到自己的姐姐亲口说，自己的老婆丙跟丁有不正常的男女关系。甲听到后既难过又气愤，想即刻去教训丁，但是由于没有证据就暂时隐忍了下来。过后的某一天，甲主动与妻子一起上镇北街去购物，其间突然说自己有事要去隔壁县，第二天才能回来，让妻子先回镇上自己承包的招待所。妻子丙深信不疑，甲则有意待在镇上，第二天凌晨 3 时许回到招待所。发现妻子不在自己固定的房间后，甲就拿着头一天在镇上买的刀一间房一间房地搜查，终于在 202 房找到了妻子和丁。丁逃出房间，甲在追赶过程中戳中了丁两刀，一刀在丁的右肩膀，另一刀在左肩处，正要戳第三刀时被身边人拦住，丁得以逃出旅馆。事情发生后，甲担心丁的伤情，遂于当天凌晨 6 时许打电话给派出所要求查找丁的下落，并投案自首。2009 年 5 月 14 日，甲与丁的部落代表会集在一起，由双方各自选定的调解人员按藏族有关习俗规范严肃劝诫涉案双方，并对甲故意伤害致死 1 人之事进行调解，为免事后再"滋事"，双方达成协

---

① 参见淡乐蓉《藏族"赔命价"习惯法研究》，中国政法大学出版社，2014，第 169~170 页；周俊光、姚选民《民间规范权利的成因、特征及司法识别》，载《求索》2017 年第 6 期，第 103~109 页。

议：由加害方支付受害方抚养费 9 万元及馈赠大藏经《甘珠尔》《丹珠尔》经书各一套，受害方同意调解并诚恳表示从此以后对加害方没有任何憎恨和意见（即使加害人甲不受任何法律制裁也没有意见）。后县法院判处甲故意伤害（致人死亡）有期徒刑 9 年。

上述刑事案例初看起来可能没有什么特别，但是，若被告知这是一个发生在藏区的"赔命价"① 案例便即刻能够彰显其独特性来。从对该案件的处理情况来看，该案件显然进行了两重"司法"处理：第一重是国家法刑法处理，第二重是"赔命价"民间法处理。从国家法的角度来说，对加害人进行入罪量刑，似乎对案件的处理基本上就算完结了。但是，若只是处理到这一层，这一社会纠纷并没有得到完全平息，因为按照藏区"赔命价"民间法，受害方随时可以对业已承受国家法刑罚制裁的加害人进行报复，或索取"赔命价"。而国家法处理后的同时对该案件进行"赔命价"民间法处理，该案纠纷才可以说是完全平息了，受害方也不会再找加害人报复或算账。这一案件的双重处理在一定程度上表明，国家法所遵从的是国家政治秩序逻辑，加害人损害了国家政治秩序法益，对其进行入罪量刑基本上就可以说完事或了结了，回复了国家政治秩序，而国家层面之民间法所遵从的是场域公共秩序逻辑，旨在恢复藏区当地人对加害行为处理的公共秩序预期，对加害人的行为进行"赔命价"民间法处理才能满足受害方甚或当地人的公共秩序诉求，而当地人对加害人对国家政治秩序法益的损害则不关心（"即使加害人甲不受任何法律制裁也没有意见"②）。不过，讨论到这里，人们可能会嘀咕：

---

① 参见淡乐蓉《藏族"赔命价"习惯法研究》，中国政法大学出版社，2014，第 2~3 页。

② 淡乐蓉：《藏族"赔命价"习惯法研究》，中国政法大学出版社，2014，第 170 页。

"赔命价"不就是刑事附带民事赔偿①吗？初看起来，"赔命价"好像是刑事附带民事赔偿，但是，细看起来，它们大不相同。具言之，该案不同于普通刑事附带民事赔偿问题的关键之处在于，在普通刑事附带民事赔偿问题中，受害方肯定是会要求加害人领受刑事处罚的，而在本案中受害方明确表示没有这种意思，而且受"赔命价"民间法规制的当地人也不担心其调解行为会引发当地场域公共秩序崩溃的风险。这一情况或大量的藏区"赔命价"案例②透露出一种可普遍化或理论化的观点，即"赔命价"民间法旨在恢复命案纠纷中藏区社会场域公共秩序，也能够维护藏区社会该种情况下的场域公共秩序。

刑事案件如此，北京通州"婚礼撞丧"民事案件③亦呈现相似的法理逻辑。

> 2005年1月2日，新郎甲依照北京当地的习俗，在乙酒楼大厅举行接亲仪式。但这个时候大厅陆陆续续进来了20多个披麻戴孝的人。接亲时碰到这种情况，谁都会不高兴，新郎甲亦不例外。鉴于婚礼大局，即便接亲仪式遭遇"撞丧"，新郎甲还是强忍着"平静"地举行了婚礼仪式。婚礼结束后，强压的愤怒如火山般爆发，新郎甲大闹餐厅后"扬长而去"。事后，乙酒楼向新郎甲提出餐费和餐桌毁损赔偿时，不仅遭到拒绝，

---

① 参见侯雪《刑事损害赔偿法律制度研究》，博士学位论文，吉林大学，2010，第3~9页；陈瑞华《刑事附带民事诉讼的三种模式》，载《法学研究》2009年第1期，第92~109页。

② 参见张济民主编《青海藏区部落习惯法资料集》，青海人民出版社，1993，第177~232页；淡乐蓉《藏族"赔命价"习惯法研究》，中国政法大学出版社，2014，第159~177页。

③ 参见姜福东、刘吉涛《民间规范何以进入司法判决：基于"婚礼撞丧"案的分析》，载谢晖、陈金钊主编《民间法》（第8卷），山东人民出版社，2009，第68页。

而且被厉声呵斥。无奈，乙酒楼只能走法律程序，将新郎甲告上当地法院。新郎甲针锋相对，提出反诉，诉称"撞丧"发生后，不仅自己的精神受到很大刺激，一度住院治疗，而且自己的婚姻关系也岌岌可危，请求法院支持精神损害赔偿 20 万元。2005 年 7 月 22 日，北京通州区人民法院对该案做出一审判决：新郎甲为其所宴请宾客的餐费支付给乙酒楼 2461 元，并为其破坏的餐桌转盘赔偿乙酒楼 40 元损失费；乙酒楼因为服务不周致使甲的精神状况受到严重创伤，赔偿新郎甲 2000 元精神损失费。一审宣判后的上诉期间，乙酒楼和新郎甲均未启动上诉程序。

该案件也进行了双重处理，第一重是国家法民法处理，第二重是"婚礼撞丧"风俗的民间法处理。若只进行第一重处理，从国家法的视角来看也合法合理，但该案纠纷得不到彻底平息。在进行"婚礼撞丧"风俗的民间法处理后，双方的纠纷才算完全平息，尽管在对该案进行民间法处理的过程中运用了国家法民法的法理表述，"由于乙酒楼在提供饮食服务的过程中存在过错，违反了社会公德、社会公序良俗、风俗习惯，导致婚礼现场涌入了办丧事的人，致使甲精神受到打击，人格利益受到损害。最后根据双方举证质证的情况，法院酌定 2000 元精神损失赔偿金额"。[①] 对该案的双重处理表明，国家法民法所遵从的是政治秩序逻辑，信奉的是国家法现代民法价值理念，而"婚礼撞丧"风俗的民间法遵从的是场域公共秩序逻辑。国家范围内不同区域或领域亦即各种场域法域内的场域公共秩序必须得到尊重，否则，案件纠纷无法得到彻底平息。该案和大

---

① 姜福东、刘吉涛：《民间规范何以进入司法判决：基于"婚礼撞丧"案的分析》，载谢晖、陈金钊主编《民间法》（第 8 卷），山东人民出版社，2009，第 69 页。

量类似的案例①亦透露一种可普遍化或理论化的观点，即民间法旨在恢复风俗遭破坏情况下的场域公共秩序，亦能够维护该领域的场域公共秩序。

在国家层面，以国家法的核心或基石法理为参照，基于国家层面民间法的法理型构思维即场域逻辑，国家层面民间法的核心或基石法理是场域公共秩序逻辑。由于国家层面民间法与国际"民间法"的内在相似性，国家层面民间法的核心或基石法理逻辑似可扩展至国际社会层面。在国际社会层面，以国际"官方法"的核心或基石法理为参照，基于国际"民间法"的法理型构思维即国际场域逻辑，国际"民间法"的核心或基石法理是国际场域公共秩序逻辑。与国家层面的民间法遵循国家层面或国家范围内的场域公共秩序逻辑相似，国际"民间法"遵循国际场域公共秩序逻辑，其基本表现似包括国际"民间法"在全球社会范围内不同国际区域或领域亦即各种国际场域法域中处理国际"官方法"没有顾及的国际关系纠纷、国际"民间法"在各种国际场域法域中处理国际"官方法"顾及起来不经济的国际关系纠纷、国际"民间法"在各种国际场域法域中处理国际"官方法"难以解决彻底的国际关系纠纷等与国家层面的场域公共秩序逻辑内容相类似的基本内容。

五　场域公共秩序逻辑的理论普遍性

上述刑事个案和民事个案在一定程度上共同透露一种可普遍化或理论化的观点。在国家层面，任何一种案件纠纷（不论是刑事案

---

① 参见张赫《民间法进入司法的意义及方式》，载谢晖等主编《民间法》（第7卷），山东人民出版社，2008，第165页；王彬《民间法如何走进司法判决：兼论"顶盆继承案"中的法律方法》，载谢晖等主编《民间法》（第7卷），山东人民出版社，2008，第51~52页。

件纠纷，还是民事案件纠纷，或者其他类型的案件纠纷）不仅仅是
国家政治秩序层面的案件纠纷，亦是国家范围内不同区域或领域亦
即各种场域法域之场域公共秩序层面的案件纠纷。当该案件纠纷所
涉之场域公共秩序逻辑与国家政治秩序逻辑相近或相融时，对该案
纠纷的处理可能只需要国家法这一重处理，否则，可能会进行国家
法和民间法的双重处理。在对其进行国家法处理后，其所置于其间
的场域公共秩序也要得到尊重，并对其进行国家层面的民间法处理。
也就是说，从理论上讲，对特定案件纠纷的双重处理本是一种常态，
只因国家法过于强势，案件纠纷当事人不得不接受这种司法处理。
这在一定程度上从侧面证实了国家层面之民间法的核心或基石法理
是场域公共秩序逻辑，并且国家层面的民间法遵从着国家范围内的
场域公共秩序逻辑。政治秩序逻辑与场域公共秩序逻辑并存的情形，
不仅存在于国家层面内，也存在于国际社会层面内。在国家层面，国
家法的核心或基石法理是政治秩序逻辑，以国家法的核心或基石法
理为参照，基于国家层面之民间法的法理型构思维即国家层面场域
逻辑，国家层面之民间法的核心或基石法理是国家层面场域公共秩
序逻辑。相应地，在国际社会层面，国际"官方法"的核心或基石
法理是国际政治秩序逻辑，以国际"官方法"的核心或基石法理为
参照，基于国际"民间法"的法理型构思维即国际场域逻辑，国际
"民间法"的核心或基石法理是国际场域公共秩序逻辑。那么，一般
意义上的民间法（包括国际"民间法"）的核心或基石法理是场域
公共秩序逻辑（包括国际场域公共秩序逻辑）。

第四章 民间法的国内维度疆界：以国家法的国内维度疆界为基本参照

国家层面或国家范围内民间法的疆界问题能够成为一个独立的理论问题，主要有两方面原因。一方面，国家层面的民间法如果想拥有与国家法相对位或平等的广义上之法体系中基本法形态的法律或政治地位，如果想拥有或构建起相对独立的法哲学支撑，必须要有相对独立的疆界或者"自留地"，即拥有自己法哲学理论所支撑的疆界或"自留地"。必须在理论上阐明，国家层面民间法与国家法之间在内容上所存在之功能上的"分工"格局。① 另一方面，国家层面民间法与国家法之间存在边界模糊的情况，主要表现为两点。一是存在一些社会关系既可由国家层面的民间法来规制，也可由国家法来规制的情形。"对这类社会关系，既可以由国家法来确定和调整，也可由民间法来调整。其主要表现为在农民的生产、生活和经济交往中形成的各种民事法律关系，如伤害赔偿。"② 二是国家法与国家层面民间法在长期演进与互动的过程中彼此渗透。国家法的许多概念如典卖、当、押、找贴、回赎等，③ 都与民间习惯或民间法有着或深或浅的联系；民间法中的民间立契习惯明显受到了国家法的影响，

① 参见梁治平《清代习惯法》，广西师范大学出版社，2015，第130~131页。
② 田成有：《乡土社会中的民间法》，法律出版社，2005，第40页。
③ 参见马珺《清末民初民事习惯法对社会的控制》，法律出版社，2013，第126~157页。

如有些契约上径直写明"于条无碍""谨遵宪例"等国家法或官方法表达。① 国家层面民间法与国家法"交织"这一状况可以说更凸显了厘清国家层面或国家范围内民间法之疆界的紧迫性，特别是在构建一般意义上的民间法哲学即法律全球化背景下的民间法哲学、确立国家层面民间法与国家法相对位或平等之基本法形态地位的现实诉求语境中。鉴于民间法或一般意义上之民间法的疆界问题的繁复性，本章拟首先探讨通常情况下之民间法的疆界，亦即与通常意义上之国家法对照意义上之民间法（主要是国家层面的民间法）的疆界，主要探讨国内法意义上之民间法的疆界或民间法的国内维度疆界。

一　法的法益疆界与外延疆界：民间法之疆界分析的前提准备

探讨民间法的国内维度疆界问题甚至一般意义上之民间法的疆界问题，首先面临着哲学层面的追问，即作为一种审视对象的法（亦即广义上的法体系）是什么？什么是法？"法是什么"追问的是法的应然层面内容，即法的内在规定性或法应当是什么。② "什么是法"追问的是法的实然层面内容，即法具体包括哪些特定的渊源。③关于"法是什么"的问题，学界特别是法学界的代表性观点认为，"法是由国家制定或认可并依靠国家强制力保证实施的，反映由特定社会物质生活条件所决定的统治阶级意志，以权利和义务为内容，

---

① 参见梁治平《清代习惯法》，广西师范大学出版社，2015，第 130~131 页。
② 参见〔美〕布赖恩·比克斯《法理学：理论与语境》，邱昭继译，法律出版社，2008，第 39~120 页。
③ 参见彭中礼《法律渊源论》，方志出版社，2014，第 1~364 页；彭中礼《法律渊源词义考》，载《法学研究》2012 年第 6 期，第 49~67 页；彭中礼《论法律形式与法律渊源的界分》，载《北方法学》2013 年第 1 期，第 102~110页；彭中礼《论习惯的法律渊源地位》，载《甘肃政法学院学报》2012 年第 1 期，第 38~45 页。

以确认、保护和发展对统治阶级有利的社会关系和社会秩序为目的的行为规范系统。"① 关于"什么是法"的问题，学界特别是法学界的代表性观点认为，法的渊源主要包括两大类：一类是成文法（制定法），另一类是不成文法（非制定法）。成文法主要包括规范性法律文件和非规范性法律文件。"规范性法律文件是一种总称，专指一定的国家机关按照法定权力范围，依据法定程序制定出来的、以权利义务为主要内容的、有约束力的、要求人们普遍遵守的行为规则的总称。"② 规范性法律文件是大多数国家特别是大陆法系国家之国家法法律体系的主干部分，包括宪法、法律、法规和规章等。非规范性法律文件主要指各种具有法律约束力的法律文件的总称，一般来讲，主要包括国家立法机关通过的决议、国家行政机关的命令或行政措施、国家司法机关在适用法律时对个体案件所做的司法解释等。不成文法主要包括习惯法、判例法和惯例。习惯法是不成文法中颇为常见的一种，主要指那些被国家机关认可、具有法律效力的习惯规范总称。③ 判例法泛指那些裁决断案时可以作为先例的法院判决。惯例主要指法律上没有明文规定，但曾经施行并可继续参照办理的做法。④ 法或广义上之法体系的渊源主要包括法典、法律、法规、规章、授权法、规范性法律文件、宪法、基本法、非基本法、条例、规定、办法、决定、决议、法的规范、法的原则、法的精神、正式法、试行法等特定形式。⑤ 关于"法是什么"和"什么是法"这两个问题之哲学层面的思考和回答，表明了法或广义上之法体系的应然内容是什么，显然道德的内容不是法或广义上之法体系的应然内容，

---

① 张文显主编《法理学》，高等教育出版社，2011，第47页。
② 张文显主编《法理学》，高等教育出版社，2011，第54页。
③ 参见吴大华等《中国少数民族习惯法通论》，知识产权出版社，2014，第1~3、42~44页；马珺《清末民初民事习惯法对社会的控制》，法律出版社，2013，第204~210页。
④ 参见张文显主编《法理学》，高等教育出版社，2011，第54~55页。
⑤ 参见周旺生《立法学》，法律出版社，2009，第29页。

以及法或广义上之法体系的实然内容是什么，显然道德规范不是法或广义上之法体系的实然内容。

探讨民间法的国内维度疆界问题甚至一般意义上之民间法的疆界问题，亦会面临法哲学层面或意义上的追问，即"民间法是什么"和"什么是民间法"。关于"民间法是什么"和"什么是民间法"，人们看问题的视角不同，得出的答案也不尽相同。具体来讲，一方面，在哲学层面或法哲学层面上，成为本体的东西只能是混沌未分的大全世界，而不是已分化的大千世界。具体到法或广义上的法体系这一审视对象，从法哲学层面来看，其中法益是法或广义上之法体系未分化的本体，而权利、权力、义务和责任等是法益的分化形式，即法益是法的本体，而权利不是法益的本体。[①] 另一方面，"在人类发展历史的所有阶段，不论法律在理论上具有什么'最终目的'，它们在实践中或多或少地为所有人——哪怕是封建专制下的臣民——提供了某种安全保障，从而实现了某种'公共利益'。为了方便起见，我们把'公共利益'作为法律的目的"。[②] 虽然这两方面的表述不一样，但是展现了审视法或广义上之法体系的相同视角即法益视角。不仅如此，这两方面的表述还意味着，法益是审视法或广义上之法体系这一对象的重要视角或基本视角，甚至是一种核心且颇具穿透力的视角。并且，从法益视角来看民间法的国内维度疆界问题甚或一般意义上之民间法的疆界问题，关于"民间法是什么"和"什么是民间法"的国内维度疆界问题甚或一般意义上之民间法的疆界问题，可以更具体、更明确地替换为民间法或一般意义上之民间

---

① 参见胡平仁《宪政语境下的习惯法与地方自治："萨摩亚方式"的法社会学研究》，法律出版社，2005，第 18~20 页；胡平仁《中国法（理）学研究范式的历史变迁》，载《湖南省法学会法学理论研究会第四届换届选举大会暨21世纪法学理论范式学术研讨会论文集》，中南大学，2017，第 63~65 页；〔美〕罗斯科·庞德《通过法律的社会控制》，沈宗灵译，商务印书馆，2010，第 38~61 页。

② 张千帆主编《宪法学》，法律出版社，2015，第 9 页。

法的法益疆界与外延疆界问题。不过，缘于一种"解剖麻雀"式思维及法益视角本身的理论穿透力，法益疆界与外延疆界不仅能够成为探讨民间法的国内维度疆界问题甚或一般意义上之民间法的疆界问题的分析框架，而且也能够成为探讨特定法（不仅是一般意义上的民间法，亦可以是国家法或其部门法）之疆界问题的基本分析框架。从一般意义上讲，不论是国家法，还是民间法或一般意义上的民间法，甚或广义上之法体系的其他基本法形态，法或广义上之法体系的法益疆界主要指法或广义上之法体系中特定法的内在规定性，即特定法所维护的特定法益内容。从理论上讲，符合该内在规定性之法或广义上法体系的表现形式或外延都可以归于该特定法之范畴。法或广义上之法体系的外延疆界主要指法或广义上的法体系中之特定法的实然内容，主要包括符合特定法之内在规定性的法之诸表现形式。从理论上讲，特定法的法益疆界与外延疆界在逻辑上完全吻合，但是由于种种原因，特别是国家法的强势，在一般情况下特定法（如国家层面的民间法）之法益疆界与外延疆界在逻辑上并不完全吻合（不过基本吻合），并且往往是法或广义上的法体系中之特定法的法益疆界决定着其外延疆界。

下面以民法为例，来具体展现法或广义上之法体系中特定法的法益疆界与外延疆界。国家法的核心或基石法益是政治秩序，那么，作为国家法之民法的核心或基石法益亦是政治秩序，只是民法的具体展现维度有其民事独特性。《民法总则》第一条规定："为了保护民事主体的合法权益，调整民事关系，维护社会和经济秩序，适应中国特色社会主义发展要求，弘扬社会主义核心价值观，根据宪法，制定本法。"① 民法典依据《宪法》制定这一条文规定表明，民法旨在让作为政治大法之《宪法》所规定的政治秩序在民事关系领域落地。

① 人民法院出版社法规编辑中心编《中华人民共和国民法总则》，人民法院出版社，2017，第4页。

民法首先是上层建筑，不仅要将社会主义核心价值观融入立法全过程，弘扬中华民族的优秀传统美德，强化规则意识，增强道德约束，倡导契约精神，弘扬公序良俗，① 而且要服务经济基础，维护和巩固我国社会主义基本经济制度，同时反映改革开放和市场经济建设的客观需要。② 《民法总则》第二条规定："民法调整平等主体的自然人、法人和非法人组织之间的人身关系和财产关系。"③ 《民法总则》从民法之调整对象和任务的角度给民法的定义表明，民法主要为维护民事关系方面的政治秩序，包括基本社会秩序和基本经济秩序。民法典被称为"市民社会百科全书"和"市场经济基本法"，民法调整的人身关系和财产关系涉及社会生活方方面面，直接关系到广大人民群众的切身利益和社会的生产生活秩序，同每个民事主体密切相关。通过制定民法典完善民商事领域的基本规则，民法引领经济社会发展，更好地平衡社会利益，调节社会关系，规范社会行为，维护社会经济秩序。④ 缘于民法法益的内在规定性或法益疆界，民法有其独特的外延疆界。学界特别是法学界的代表性观点认为，民法的渊源主要包括宪法、民事法律、行政法规、司法解释、行政规章、地方性法规、自治条例和单行条例，以及不违背公序良俗的习惯等。⑤ 《宪法》中关于社会主义建设的基本方针和路线的规定，关于财产所有制和所有权的宏观规定，关于公民基本权利和基本义务的明确规定等，都是调整基本民事关系的重要原则或基本规范。民事法律是

---

① 参见王利明主编《中华人民共和国民法总则详解》（上册），中国法制出版社，2017，第5页。
② 参见王利明主编《中华人民共和国民法总则详解》（上册），中国法制出版社，2017，第4页。
③ 人民法院出版社法规编辑中心编《中华人民共和国民法总则》，人民法院出版社，2017，第4页。
④ 参见王利明主编《中华人民共和国民法总则详解》（上册），中国法制出版社，2017，第3页。
⑤ 参见王利明等《民法学》（第五版），法律出版社，2017，第13~16页。

由我国最高国家权力机关亦即全国人民代表大会以及全国人民代表大会常务委员会，按照严格的法律程序制定、颁布的民事方面法律的总称。民事法律是我国民法的主体渊源形式，其中包括民法总则、民法通则；合同法、物权法、侵权责任法、涉外民事关系法律适用法、婚姻法、收养法、继承法等民事基本法；专利法、商标法、著作权法；公司法、保险法、海商法、票据法、证券法等商事特别法。行政法规中有关民事的法规、决定和命令，是民法的重要表现形式，如2007年国务院颁布的《商业特许经营管理条例》、2011年国务院颁布的《国有土地上房屋征收与补偿条例》等。行政规章、地方性法规或者自治条例和单行条例中所包含的调整民事关系的内容，也可能成为民事判决或民事裁定的重要根据。在最高人民法院2009年签发的《关于裁判文书引用法律、法规等规范性法律文件的规定》中，第4条明文规定："民事裁判文书应当引用法律、法律解释或者司法解释。对于应当适用的行政法规、地方性法规或者自治条例和单行条例，可以直接引用。"[1] 司法解释已成为我国各级审判机关在处理案件中的裁判规则，并被当事人直接援引。这种情况表明，事实上司法解释已成为我国民法的法律渊源。与此同时，我国是一个幅员辽阔的多民族国家。在少数民族聚居的地区，生活习惯或习惯法在民法的渊源中亦具有一定意义。[2]

二　国家法的国内维度疆界：国内场域法域法益间的"最大公约数"

探究民间法的国内维度疆界，不论从实然的外延疆界来讲，还是从应然的法益疆界来讲，在当前国家法处于压倒性优势的国家法

---

[1]　转引自王利明等《民法学》（第五版），法律出版社，2017，第14页。
[2]　参见王利明等《民法学》，法律出版社，2017，第13~16页。

法律一元观及其国家法法治一元观时代，我们首先要探讨国家法的疆界，即国家法的国内维度疆界。国家法的国际社会层面疆界是显然的，即其适用范围为国家主权范围。只有首先明确国家法的国内维度疆界，才有可能进一步探讨民间法的国内维度疆界或"自留地"。

基于法或广义上之法体系的疆界基本分析框架，国家法的国内维度疆界亦包括法益疆界和外延疆界。国家法的核心或基石法益是政治秩序，这就确定了国家范围内或国家层面之国家法的法益疆界。一方面，从国家法的学理定义来理解。关于国家法的定义，学界特别是法学界代表性观点认为："国家法是由国家创设并提供外在强制力来保证实施的行为规则。"[1] 国家法 "是指由国家出面，通过一定的方式，包括君主命令方式、代议制方式或者全民公决方式等所制定的，在一个国家具有普遍效力的法律"。[2] "国家法是国家专门机关制定并由国家强制力保障实施的行为规则的总和。"[3] 这些关于国家法的学理定义在很大程度上较为直白地说明了，国家法所维护的是一个国家以国家机器或国家暴力为后盾所捍卫的、不容破坏和随意更改的政治秩序。另一方面，从立法的角度来理解。"立法是由特定主体，依据一定职权和程序，运用一定技术，制定、认可和变动法这种特定的社会规范的活动。"[4] 也就是说，国家法一般是由国家出面主动制定的法。《立法法》第三条规定："立法应当遵循宪法的基本原则，以经济建设为中心，坚持社会主义道路、坚持人民民主专政、坚持中国共产党的领导、坚持马克思列宁主义毛泽东思想邓小平理论，

---

[1] 郑永流：《法的有效性与有效的法：分析框架的建构和经验实证的描述》，载《法制与社会发展》2002年第2期，第26页。

[2] 谢晖：《大、小传统的沟通理性》，中国政法大学出版社，2011，第345~346页。

[3] 于语和主编《民间法》，复旦大学出版社，2008，第23页。

[4] 周旺生：《立法学》，法律出版社，2009，第55页。

坚持改革开放。"① 第五条规定："立法应当体现人民的意志，发扬社会主义民主，坚持立法公开，保障人民通过多种途径参与立法活动。"② 这些关于立法原则的立法法条款表明，国家法旨在捍卫《宪法》所着力倡导建立的政治秩序，努力使之成为现实生活中实实在在的政治秩序，并确保政治秩序的"人民性"的政治性质。这在很大程度上间接表明，国家法所着力保护的核心或基石法益是国家政治秩序，与道德、一般意义上的民间法等规范所保护的利益或法益③ 构成明显区分。缘于立法的层级性，地方立法主要是因地制宜地落实上层级法或高级法的精神。④ "国家法并不只是律典，而且也不尽是立法的产物，它也包括国家各级有关机构订立之规则、发布之告示和通过之判决。"⑤ 地方法作为国家法的重要一环，亦旨在维护国家政治秩序。由于国家范围内国家法的法益疆界旨在维护国家政治秩序，便不管一些"鸡毛蒜皮"的事，而是管那些解决"鸡毛蒜皮"的事所需依赖的更涉全局的事项。"中央立法产生的法，不仅一般地比地方立法产生的法更重要，而且解决的一般都是国家、社会和公民生活中带全局性的基本问题。"⑥ 也就是说，社会关系中那些基本的种类或主要的种类，要由以国家强制力为后盾的国家法来规制，比如国家法刑法所规制的社会关系种类。这类社会关系必须由国家法来统一规制，拒绝其他规范如民间法对它们的规范效力。如杀人及其他严重影响第三方利益的违法和犯罪等社会关系，国家范围内

---

① 《中华人民共和国立法法：含修正案草案说明》，法律出版社，2015，第18页。
② 《中华人民共和国立法法：含修正案草案说明》，法律出版社，2015，第18页。
③ 参见胡平仁《中国法（理）学研究范式的历史变迁》，载《湖南省法学会法学理论研究会第四届换届选举大会暨21世纪法学理论范式学术研讨会论文集》，中南大学，2017，第63~65页。
④ 参见《中华人民共和国立法法：含修正案草案说明》，法律出版社，2015，第33、37、39页。
⑤ 梁治平：《清代习惯法》，广西师范大学出版社，2015，第129页。
⑥ 周旺生：《立法学》，法律出版社，2009，第252页。

不同区域或领域亦即各种场域法域中的民间法就无权公然干预与分享，更不能公然私了或用国家层面之民间法公然规避国家法。① 可见，国家法所维护的核心或基石法益即国家政治秩序，是国家范围内不同区域或领域亦即各种场域法域所维护的场域公共秩序法益的基本前提。基于这样一种思想认识逻辑，从理论上讲，国家范围内国家法的法益疆界是国家范围内各种场域法域法益即场域公共秩序法益间的"最大公约数"。即是说，国家法的核心或基石法益即政治秩序法益是国家范围内不同区域或领域亦即各种场域法域法益即场域公共秩序法益得以存在的重要基础。

对于法或广义上之法体系中的特定法而言，有什么样的法益疆界就会有什么样的外延疆界。以中国为例，作为法或广义上之法体系中的特定法，国家法的核心或基石法益是政治秩序这一国家法的国内维度法益疆界决定了作为国家法制定之集中代表——中央立法的目的和任务。"中央立法担负直接任务，是以宪法、法律、行政法规等重要法的形式及其他规范性法律文件，为国家、社会和公民生活的各个基本方面、基本环节，提供必要的法的规范。"② 作为中央立法的衍生品，地方立法在很大程度上旨在辅助中央立法意图在地方落地。《立法法》第八条规定，中央立法制定法律的事项包括："（一）国家主权的事项；（二）各级人民代表大会、人民政府、人民法院和人民检察院的产生、组织和职权；（三）民族区域自治制度、特别行政区制度、基层群众自治制度；（四）犯罪和刑罚；（五）对公民政治权利的剥夺、限制人身自由的强制措施和处罚；（六）税种的设立、税率的确定和税收征收管理等税收基本制度；（七）对非国有财产的征收、征用；（八）民事基本制度；（九）基本经济制度以及财政、海关、金融和外贸的基本制度；（十）诉讼和仲裁制度；

---

① 参见田成有《乡土社会中的民间法》，法律出版社，2005，第38页；田成有《法律社会学的学理与运用》，中国检察出版社，2002，第105~107页。

② 周旺生：《立法学》，法律出版社，2009，第251页。

（十一）必须由全国人民代表大会及其常务委员会制定法律的其他事项。"① 第七十三条第一款规定，地方性法规可以规定的事项包括："（一）为执行法律、行政法规的规定，需要根据本行政区域的实际情况作具体规定的事项；（二）属于地方性事务需要制定地方性法规的事项。"② 这些中央立法事项和地方立法事项可以说几乎涵盖了国家政治秩序法益得以维护和捍卫的国家法之最基本的外延疆界。从法的层级来讲，国家法的外延包括宪法、法律、行政法规、自治条例和单行条例、部门规章，以及地方政府规章等。③ 从部门法形态来讲，当代中国国家法的外延是以宪法为核心、以特定制定法为主的表现形式，其正式外延主要包括宪法、各种法律（刑法、民法、行政法等）、各种行政法规、各种地方性法规等部门法形态，其非正式外延主要包括习惯、政策、判例等部门法形态。④ 国家法的非正式外延对民间法的部分外延疆界（习惯或习惯法、⑤ 惯例等民间法形式）在某种程度上的"侵蚀"表明，国家法之外延疆界的基本形态和样式，一方面为国家范围内不同区域或领域亦即各种场域法域中民间法之外延形式的生成，提供了某种基本的遵循原则。另一方面，国家法的外延疆界是国家范围内各种场域法域中民间法之国内维度外延形式的"最大公约数"。国家范围内各种场域法域中民间法之国内维度外延形式的调整或生成，会潜在地以国家法之外延疆界的基本形态和样式为参照甚或演进标准。

以下以部门法宪法和刑法为例，来具体展现国家法的国内维度

---

① 《中华人民共和国立法法：含修正案草案说明》，法律出版社，2015，第19~20页。
② 《中华人民共和国立法法：含修正案草案说明》，法律出版社，2015，第37页。
③ 参见《中华人民共和国立法法：含修正案草案说明》，法律出版社，2015，第18页。
④ 参见张文显主编《法理学》，高等教育出版社，2011，第57~58页。
⑤ 参见马珺《清末民初民事习惯法对社会的控制》，法律出版社，2013，第25页。

法益疆界及其外延疆界。据《布莱克法律词典》定义，宪法是"整体权力来自被统治者的政府宪章"①，是"民族或国家的基本组织法，用以确立其政府的特性与观念，对政府的内部动作规定其所必须服从的基本原则，组织政府并调节、分配及限制其不同部门的职能，并规定主权行使的范围与方式"②。有研究者认为："宪法，不用赘言，是深富政治意义的法律规范；其目的在于规范国家社会之政治秩序，因而，若宪法不能发挥规范政治秩序的功能，就失去其制定颁行之意义。"③ 从这些关于宪法的学理定义来看，宪法旨在以特有方式即最高政治法的方式维护一个国家的基本政治秩序，其所维护和捍卫的核心或基石法益是国家的政治秩序。《宪法》第一条规定："中华人民共和国是工人阶级领导的、以工农联盟为基础的人民民主专政的社会主义国家。社会主义制度是中华人民共和国的根本制度……禁止任何组织或者个人破坏社会主义制度。"④ 第十五条第三款规定："国家依法禁止任何组织或者个人扰乱社会经济秩序。"⑤ 第二十八条规定："国家维护社会秩序，镇压叛国和其他危害国家安全的犯罪活动，制裁危害社会治安、破坏社会主义经济和其他犯罪的活动，惩办和改造犯罪分子。"⑥《宪法》的这些具体条款进一步表明，宪法作为国家法的集中代表，其所维护的核心法益旨在捍卫国家的政治秩序。基于法或广义上法体系之法益疆界与外延疆界的内在逻辑关系，宪法的法益疆界决定了宪法的外延疆界，亦即《宪法》及历史上的诸宪法文本。⑦

① 转引自张千帆主编《宪法学》，法律出版社，2015，第 12 页。
② 转引自张千帆主编《宪法学》，法律出版社，2015，第 12 页。
③ 李鸿禧：《宪法与人权》，台湾大学法学丛书编辑委员会，1985，第 73 页。
④ 《中华人民共和国宪法：含宣誓誓词》，法律出版社，2018，第 60 页。
⑤ 《中华人民共和国宪法：含宣誓誓词》，法律出版社，2018，第 63 页。
⑥ 《中华人民共和国宪法：含宣誓誓词》，法律出版社，2018，第 65 页。
⑦ 更进一步阐述，请参见姚选民《法律全球化背景下的民间法哲学构建研究》，博士后出站报告，中南大学，2018，第 102~103 页。

　　具体到国家法的典型代表刑法，学界特别是法学界代表性观点认为："刑法是规定犯罪、刑事责任和刑罚的法律，具体些说，也就是掌握政权的阶级即统治阶级，为了维护本阶级政治上的统治和经济上的利益，根据自己的意志，规定哪些行为是犯罪和应负刑事责任，并给犯罪人以何种刑罚处罚的法律。"① 从这一学理定义来看，刑法旨在维护的核心或基石法益是一个国家的政治秩序，主要以刑罚制裁或国家暴力的方式维护刑事方面的政治秩序。《刑法》第一条规定："为了惩罚犯罪，保护人民，根据宪法，结合我国同犯罪作斗争的具体经验及实际情况，制定本法。"② 这一刑法具体条文表明，刑法依据政治大法《宪法》制定，为落实宪法精神，维护的核心法益与宪法一致，只不过以其特有的方式即刑罚制裁的方式捍卫国家的政治秩序。《刑法》第二条规定："中华人民共和国刑法的任务，是用刑罚同一切犯罪行为作斗争，以保卫国家安全、保卫人民民主专政的政权和社会主义制度，保护国有财产和劳动群众集体所有的财产，保护公民私人所有的财产，保护公民的人身权利、民主权利和其他权利，维护社会秩序、经济秩序，保障社会主义建设事业的顺利进行。"③ 第十三条规定："一切危害国家主权、领土完整和安全，分裂国家、颠覆人民民主专政的政权和推翻社会主义制度，破坏社会秩序和经济秩序，侵犯国有财产或者劳动群众集体所有的财产，侵犯公民私人所有的财产，侵犯公民的人身权利、民主权利和其他权利，以及其他危害社会的行为，依照法律应当受刑罚处罚的，都是犯罪。"④ 我国刑法典这些条文关于刑法之目的、任务和犯罪条件的规定，是维护国家的核心政治秩序，保护最广大人民群众的核心利益，捍卫国家经济基础所赖以为基的社会主义生产关系，保障我国社会

---

① 高铭暄、马克昌主编《刑法学》，北京大学出版社，2016，第 7 页。
② 《中华人民共和国刑法》，中国法制出版社，2015，第 20 页。
③ 《中华人民共和国刑法》，中国法制出版社，2015，第 20 页。
④ 《中华人民共和国刑法》，中国法制出版社，2015，第 22 页。

主义现代化事业兴旺发达。具体来讲，包括这样四方面的目的或任务。一是捍卫人民民主专政的国体安全，以及社会主义制度的政体安全；二是保卫国家经济基础的社会主义性质；三是保护全体公民的财产、人身、民主等方面的基本权利；四是维护社会秩序或社会公共秩序基本稳定。[①] 这些内容显然属于刑法法益的范畴，集中指向我们国家的核心政治秩序，这意味着我国刑法的法益疆界是政治秩序，更确切地说，是维护国家刑事方面的政治秩序。与此同时，学界特别是法学界代表性观点认为，刑法有广义和狭义之分，"广义刑法是指一切规定犯罪、刑事责任和刑罚的法律规范的总和。它不仅仅指刑法典，还包括单行刑法以及非刑事法律中的刑事责任条款（也称附属刑法）。狭义刑法即指系统规定犯罪、刑事责任和刑罚的刑法典"。[②] 缘于法或广义上法体系之法益疆界对其外延疆界的决定作用，我国刑法的外延疆界主要包括《宪法》中的有关刑事条款、单行刑法典及其系列修正案。从已有研究及对现实的局部观察来看，随着我国法治进程的不断推进和深入，我国宪法和刑法的法益疆界和外延疆界都得到了国家范围内不同区域或领域亦即各种场域法域中民间法的应有尊重。民间法没有主动突破国家法所应有的国内维度疆界。

三　民间法的国内维度疆界：基于国家法之国内维度疆界的分析

在当下国家法居绝对强势的时代，探讨民间法的国内维度疆界，必须首先探究国家法的疆界或国家法的国内维度疆界。在一个主权国家范围内，国家法的国内维度疆界之外几乎就是该国之民间法的国内维度疆界。不过，这还仅仅是一种界定民间法之国内维度疆

---

① 参见高铭暄、马克昌主编《刑法学》，北京大学出版社，2016，第 18 ~ 20 页。
② 高铭暄、马克昌主编《刑法学》，北京大学出版社，2016，第 7 页。

界的外部视角。① 一方面，国家层面的民间法并不全部是历史性的或永久定型的，在一定程度上还是变动不居的。国家层面的民间法"是民间的自发秩序，是在'国家'以外生长起来的制度"，② 作为国家层面之民间法的"本土资源并非只存在于历史中，当代人的社会实践中已经形成或正在萌芽发展的各种非正式的制度是更重要的本土资源"。③ 另一方面，国家层面的民间法在某种程度上还与国家法"难舍难分"。"习惯法具有一种看似矛盾的双重性……它又以这样那样的方式与国家法发生联系，且广泛为官府认可和倚赖，而在其规范直接为官府文告和判决吸纳的场合，习惯法与国家法之间的界线更变得模糊不清。"④ 缘于这两方面基本情况，本章有必要从正面视角或内部视角⑤来探讨民间法的国内维度疆界，即民间法的国内维度疆界究竟是什么。

具体来讲，关于民间法的国内维度疆界，学界特别是法学界一些学者已从宏观维度进行了相对模糊的探讨，其中的代表性观点认为，"属于具有强烈的'地方性知识'和民间色彩的社会关系，可以依靠民间法来处理，特别是当这类社会关系还没有诉诸国家机关，没有纳入司法的调控机制时"。⑥ "从法经济学的视角看，民间规则是通过私人自主博弈而实现的最优产权安排，只是由于存在交易成本而妨碍了利害关系人自主博弈的效果，国家立法的有限度地干预才成为必要……国家法不应介入低交易成本条件下的私人自主博弈，在高交易成本条件下不可替代利害关系人自主博弈，并应避免公共

① 参见姚选民《罗尔斯政治秩序观问题：建构与批判》，中共中央党校出版社，2014，第 154~158 页。

② 梁治平：《清代习惯法》，广西师范大学出版社，2015，第 28 页。

③ 苏力：《法治及其本土资源》，北京大学出版社，2015，第 15 页。

④ 梁治平：《清代习惯法》，广西师范大学出版社，2015，第 28 页。

⑤ 参见姚选民《罗尔斯政治秩序观问题：建构与批判》，中共中央党校出版社，2014，第 154~158 页。

⑥ 田成有：《乡土社会中的民间法》，法律出版社，2005，第 40 页。

选择对集体选择的替代和排挤。"① 这些研究为本书进一步探讨民间法的国内维度疆界提供了一定的参照或思考基础。接下来，本章拟以国家法的国内维度疆界为基本参照，从一种新的维度或角度来探讨民间法的国内维度疆界问题。

曾有研究者挑衅地打量或认识国家层面之民间法，说"关于民间法，学界尚无明确的说法，习惯上将之与活法、习惯法等而视之，也有许多人不加区别地以活法、习惯、风俗、习俗或惯例来指代民间法"，② 不过，经过近三十年来谢晖先生所极力推动的民间法研究运动，③ 这种"小觑"民间法的状况或局面已彻底改变，人们对国家层面之民间法的认识也已大为深化。作为"民间法"理念的最先倡导者之一，梁治平先生认为，习惯法广而言之为民间法，"乃这样一套地方性规范，它是在乡民长期的生活与劳作过程中逐渐形成；它被用来分配乡民之间的权利、义务，调整和解决他们之间的利益冲突，并且主要在一套关系网络中被予以实施"。④ 朱苏力先生认为，在中国农村普遍存在私下解决所有纠纷的方式。"考虑到这种方式的流行、经常和恒常，考虑到其在中国社会中实际所起到的维护社会秩序的功能，我们也许可以称那些潜在的、指导这一纠纷解决的规则为一种'民间法'——在社会中衍生的、为社会所接受的民间法。"⑤ 谢晖先生认为："民间法是国家法的对称，是国家法之外，用来进行

---

① 赵海怡、钱锦宇：《法经济学视角下国家法的限度：民间规则与国家法关系的重新定位》，载《山东大学学报》（哲学社会科学版）2010 年第 1 期，第68 页。
② 郑永流：《法的有效性与有效的法：分析框架的建构和经验实证的描述》，载《法制与社会发展》2002 年第 2 期，第 24 页。
③ 参见谢晖《论民间法研究的两种学术视野及其区别》，载《哈尔滨工业大学学报》（社会科学版）2012 年第 2 期，第 38 页；魏敦友《民间法话语的逻辑：对当代中国法学建构民间法的三种理论样式的初步探讨》，载《山东大学学报》（哲学社会科学版）2008 年第 6 期，第 2~4 页。
④ 梁治平：《清代习惯法》，广西师范大学出版社，2015，第 1 页。
⑤ 苏力：《法治及其本土资源》，北京大学出版社，2015，第 48 页。

社会控制和社会秩序构造的规范系统。"① 还有学界研究者认为："民间法是独立于国家之外的，是人们在长期的共同的生活之中形成的，根据事实和经验，依据某种社会权威和组织确立的，在一定地域内实际调整人与人之间权利和义务关系的、规范具有一定社会强制性的人们共信共行的行为规范"。② "民间法是与国家法（或曰国家制定法）相对应的法的概念。它是某一特定社区在人们长期生产、生活过程中约定俗成的，用以划分人们的权利义务和调解各类纠纷，并且具有强制性、权威性、规范性和一定约束力的行为规范。"③ 从这些关于国家层面之民间法界定的代表性观点来看，学界特别是法学界学者对国家层面之民间法的界定有一定基本共识，亦即国家层面之民间法包括一些基本构成条件，如在国家范围内不同区域或领域亦即各种场域法域中具有普遍的规范性，作为国家范围内各种场域法域中社会成员主体定纷止争的基本规范根据，具有对国家范围内各种场域法域中社会成员主体之权利义务的分配性，可以据之解决国家范围内各种场域法域中社会成员主体之间的纠纷等。④ 这些基本构成条件元素表明，国家范围内不同区域或领域亦即各种场域法域所维护的核心或基石法益，亦即民间法的国内维度法益疆界，是场域公共秩序法益，而不是国家法所维护的政治秩序法益。

就国家层面民间法的外延疆界而言，"生长于民间的法律有着各种各样的形态。宗族法和行会法主要与特定团体有关，习惯法则更多具有地域特征，由于这些和其他原因，这些不同渊源和形态的法律在成文化程度、动作方法、调节范围以及可辨识度诸方面也存在或大或小的差别……首先，它们均生成于民间，因此，相对于国家

① 谢晖：《大、小传统的沟通理性》，中国政法大学出版社，2011，第 346 页。
② 田成有：《乡土社会中的民间法》，法律出版社，2005，第 19 页。
③ 于语和主编《民间法》，复旦大学出版社，2008，第 22~23 页。
④ 参见谢晖《大、小传统的沟通理性》，中国政法大学出版社，2011，第 98 页。

法，乃所谓'民间法'；其次，在风俗、惯习以及法律所构成的连续体上，它们多少靠近于习惯的一极（尽管程度不一），因此可以被称为广义上的习惯法；在第三方面，应当指出，这些基于习惯而形成的规范已经具有这样和那样的特征，以至能够毫不含糊地被我们称为法律而有别于普通的风俗或常规等；最后，在调节范围方面，它们涉及的恰好是'户婚田土钱债'以及日常纠纷一类向为治者轻忽的细微节目"。① 缘于法或广义上法体系之法益疆界对其外延疆界的决定作用，旨在维护场域公共秩序法益的所有各种具体民间法形式，似乎都可归于国家层面民间法的外延范畴。关于国家层面之民间法的外延疆界，梁治平先生认为，"民间法具有极其多样的形态。它们可以是家族的，也可以是民族的；可能形诸文字，也可能口耳相传；它们或是人为创造，或是自然生成，相沿成习；或者有明确的规则，或更多表现为富有弹性的规范；其实施可能由特定的一些人负责，也可能依靠公众舆论和某种微妙的心理机制。民间法产生和流行于各种社会组织和社会亚团体，从宗族、行帮、民间宗教组织、秘密会社，到因为各式各样目的暂时或长期结成的大大小小的会社，它们也生长和通行于这些组织和团体之外，其效力小至一村一镇，大至一县一省。清代之民间法，依其形态、功用、产生途径及效力范围等综合因素，大体可以分为民族法、宗族法、宗教法、行会法、帮会法和习惯法几类。"② 在梁先生相关论述或研究的影响下，关于国家层面民间法之外延疆界的探讨基本定型。与其一脉相承的关于国家层面民间法的外延疆界的代表性观点有，"当代中国的民间法在外延上可以分为习惯法（特别是少数民族习惯法和乡民习惯法）、家族法、行会会规、（狭义的）乡规民约、宗教法、社团纪律、官方的非正式

---

① 梁治平：《清代习惯法》，广西师范大学出版社，2015，第15~16页。
② 梁治平：《清代习惯法》，广西师范大学出版社，2015，第36页；亦可参见梁治平《中国法律史上的民间法：兼论中国古代法律的多元格局》，载马戎等主编《田野工作与文化自觉》，群言出版社，1998，第680页。

经验等"。① "民间法……它包括在特定人群中长期生产、生活中所形成的习惯、习俗，礼节、仪式，舆论、禁忌，乡规民约，家族法规以及大至民族规约，宗教戒律，行业章程等。"② 这些关于国家层面民间法之外延的论述表明，从不同适用范围的角度综合来看，国家层面民间法的外延疆界大体包括"民族法、乡村法、行会法、帮会法、宗教法和各种习惯法（包括禁忌、习惯、惯习、礼俗等）"③。申言之，民族法，亦即民族习惯法，是国家范围内少数民族地区的社会组织约定俗成的一种民族性、区域性的行为规范。④ 乡村法，亦即"村落"民间法，是民间法的常见形态或形式，是村或基层社区委员会所主导制定之村规民约的总称，旨在维护当地公共秩序，保护当地村民或居民的各种权益，是村民自治的重要表现形式。《合村公议严禁禾状事》（清嘉庆二十一年，韩庄观音庙）、《七村公议碑》（清道光十年，柳沟村六泉庙）、《村规碑》（清咸丰元年，韩庄观音庙）、《河底村实施义务教育的村规民约》《河底大队村规民约》《柳沟村村规民约》等都是典型的乡规民约或乡村法。⑤ 行会法，是传统社会中由手工业者、商人等群体所构成的同业性组织如各种行会所制定的，用来调整同行业者之间利益纠葛的团体规章。该种团体规章已成为民间法的一种历史形态，在当代社会并不多见。⑥ 帮会法，指由传统帮派、会社等组织制定的，用来调整内部成员关系或进行内部利益分配的团体规章。该种团体规章已成为民间法的一种历史形态，至少在

---

① 谢晖：《大、小传统的沟通理性》，中国政法大学出版社，2011，第98页。
② 于语和主编《民间法》，复旦大学出版社，2008，第22~23页。
③ 于语和主编《民间法》，复旦大学出版社，2008，第76页。
④ 参见于语和主编《民间法》，复旦大学出版社，2008，第76~78页；梁治平《中国法律史上的民间法：兼论中国古代法律的多元格局》，载马戎等主编《田野工作与文化自觉》，群言出版社，1998，第680~682页。
⑤ 参见于语和主编《民间法》，复旦大学出版社，2008，第78页。
⑥ 参见于语和主编《民间法》，复旦大学出版社，2008，第78页；梁治平《中国法律史上的民间法：兼论中国古代法律的多元格局》，载马戎等主编《田野工作与文化自觉》，群言出版社，1998，第687~689页。

公开场合业已绝迹。① 宗教法在中国的规模远不如西方社会。中唐时期百丈怀海和尚制定了《百丈清规》（有《崇宁清规》《成淳清规》《至大清规》等后续版本）、江西百丈山住持汇编了自元至今的《敕修百丈清规》等。② 习惯法则是国家范围内不同区域或领域亦即各种场域法域中的人们，由于长时间稳定地生活在一起而形成的一种默契。这种默契既可能是祖上传下来的规则，如礼俗和禁忌，也可能是为生活的方便而形成的共识性规则，如惯例和习惯。这种默契被有意识违反时，便会为当地人所不容，甚至受到制裁。③

四　民间法之国内维度疆界的基本法理依据：国家层面场域公共秩序逻辑

民间法之国内维度疆界的探讨，虽然与国家法之国内维度疆界的探讨共享一个分析框架，即法或广义上法体系之法益疆界与外延疆界基本分析框架，但是，我们不能据此认为，民间法之国内维度疆界的法理依据与国家法之国内维度疆界的法理依据完全相同。在国家层面，民间法与国家法作为广义上之法体系的基本法形态，自然共享着基本法理，如法或广义上法体系之整体层面上的法益视角或法益法理学视角或法益法哲学观，④ 但是，国家层面民间法的法益疆

① 参见于语和主编《民间法》，复旦大学出版社，2008，第79页；梁治平《中国法律史上的民间法：兼论中国古代法律的多元格局》，载马戎等主编《田野工作与文化自觉》，群言出版社，1998，第689~690、692~693页。
② 参见于语和主编《民间法》，复旦大学出版社，2008，第79~80页；梁治平《中国法律史上的民间法：兼论中国古代法律的多元格局》，载马戎等主编《田野工作与文化自觉》，群言出版社，1998，第682~687页。
③ 参见于语和主编《民间法》，复旦大学出版社，2008，第80页；梁治平《中国法律史上的民间法：兼论中国古代法律的多元格局》，载马戎等主编《田野工作与文化自觉》，群言出版社，1998，第690~692页。
④ 参见胡平仁《中国法（理）学研究范式的历史变迁》，载《湖南省法学会法学理论研究会第四届换届选举大会暨21世纪法学理论范式学术研讨会论文集》，中南大学，2017，第63~65页。

界与外延疆界之具体内涵的确定却有其特定的法理依据或法哲学依据，即国家层面的场域公共秩序逻辑。国家层面的场域公共秩序逻辑的基本内涵主要包括三部分内容。一是国家层面的民间法在国家范围内不同区域或领域亦即各种场域法域中处理国家法没有顾及的社会纠纷；二是国家层面的民间法在国家范围内各种场域法域中处理国家法顾及起来不经济的社会纠纷，如低交易成本条件下的私人自主博弈，高交易成本条件下利害关系人的自主博弈，国家法介入导致公共选择代替集体选择等情形；三是国家层面的民间法在国家范围内各种场域法域中处理国家法难以彻底解决的社会纠纷。国家层面场域公共秩序逻辑的这些基本内涵表明，国家层面的民间法主要处理国家范围内不同区域或领域亦即各种场域法域中的社会纠纷，其效力范围总是有限的。如朱苏力教授所揭示的，以作为民间法之习惯惯例为例："社会中原有的一些习惯仍然起到一定的规范人们行为的作用，但由于诸多原因，这些习惯惯例效力有限。首先，习惯往往是地方性的，各地习惯不同，会产生不便和误解，一旦发生纠纷，难以确定以谁的习惯为准。其次，虽然有些地方性的习惯性规则如果假以时日可能演化成适应全国性市场经济的规则，但这需要较长时间。第三，习惯往往依赖社会舆论来保证遵守，而在全国性的跨地区的交易中，由于市场经济条件下利益不尽相同，往往不可能形成统一的舆论，甚至可能出现完全对立的舆论，这使得舆论失去其有效的制裁和规范作用。"[1] 显然，国家层面的场域公共秩序逻辑，一方面意味着国家层面之民间法维护的是国家范围内不同区域或领域亦即各种场域法域中的场域公共秩序法益，即国家层面之民间法的法益疆界是国家层面的场域公共秩序；另一方面意味着由于法或广义上之法体系之法益疆界对其外延疆界的决定作用，旨在维护场域公共秩序法益这一国家层面民间法之特定法的目的，决定着国家层

---

① 苏力：《法治及其本土资源》，北京大学出版社，2015，第10页。

面之民间法的形式，即国家层面之民间法的外延疆界。如前所述，国家层面民间法之外延疆界主要包括"民族法、乡村法、行会法、帮会法、宗教法和各种习惯法（包括禁忌、习惯、惯习、礼俗等）"①等法的渊源或形式。在此意义上，国家层面的场域公共秩序逻辑决定着国家层面之民间法的法益疆界和其外延疆界，是民间法之国内维度疆界的基本法理依据。

---

① 于语和主编《民间法》，复旦大学出版社，2008，第 76 页。

第五章 民间法的国际维度疆界：以国际"官方法"的疆界为基本参照

以国家法或国内法为参照，国际法与法律或国内法的标准相去甚远。"国际法缺乏立法机构，且在未获得其预先同意之前，国家不能被带上国际法院，更何况国际社会中没有一个中央组织以及将制裁付诸实行的系统。"① 在很大程度上，国际法几乎不具备国家法或国内法意义上之法的基本构成要素。② 与此同时，国际法在国际社会中又具有事实上的规制效力。"世界各国政府毫无例外地都承认国际法是对国家有拘束力的法律。没有一个国家政府公然宣布不受国际法的拘束……在国家之间的关系中，国际法原则、规则和制度是经常被遵守的……国际法遭到重大的破坏，例如武装侵略或侵略战争，只是少数的例外……在国际法上，对于违法行为，违反的国家不仅应负法律上的责任，而且还可能受法律的制裁。"③ 在此意义上亦可以说，很难想象，还有哪一种"法"外之规则或规范具有如此强有力的管辖效力。此为矛盾和困惑之一。矛盾和困惑之二是，一方面，从整体上来看，国际法似乎是为一定的人类社会目的或国际社会目的而形成和发展起来的。"各国为了建立、维持和发展平等互利的国

---

① 〔英〕H. L. A. 哈特：《法律的概念》，许家馨、李冠宜译，法律出版社，2006，第 4 页。

② 参见〔英〕约瑟夫·拉兹《法律体系的概念》，吴玉章译，商务印书馆，2017，第 3 页。

③ 王铁崖主编《国际法》，法律出版社，1995，第 5 页。

际关系，需要相互承认、设立外交机关、互派使节、实施外交特权与豁免的规定；为了便利各国人民之间的来往，需要形成有关外国人待遇的一般原则、实施有关本国侨民的外交保护制度；为了促进国际交通，需要有海洋、陆地和空间的各种通行制度"① 等。另一方面，从国际法史来看，"当代国际法主要脱胎于'文明国家的国际法'或'近代国际法'（指欧洲国际法），而只是到了后来，由于亚非拉等众多发展中国家纷纷独立进而打破了欧洲国家对国际法的垄断地位，才有了由世界上所有文明共同构建和具有普遍意义的'当代国际法'"。② 这两方面的征引表明，国际法的形成过程，在很大程度上其实是西方国家法律甚或美国法律全球化的过程，是非西方国家的国家法民间法化的过程。在全球社会法秩序的形成过程中，国际社会成员之主张和意志的采纳并不是平等和民主的。西方国家要起着绝对的主导作用，而非西方国家特别是发展中国家或第三世界国家更多的是脱胎于西方国家法法秩序之当前国际秩序的遵循者。③ 可以说，这样两大基本"矛盾和困惑"会令人们很自然地追问，国际法不是国家法或国内法意义上的法律，那么，作为广义上法体系之基本法形态的国际法是民间法吗？对于该问题，若回答是肯定的即国际法是民间法而不是国家法或国内法意义上的法律，那为什么全球社会法秩序在很大程度上能对世界各国形成一种有力的秩序强制？④ 对于该问题，若回答是质疑性的即国际法是一种非国内

---

① 梁西：《国际法的社会基础与法律性质》，载《武汉大学学报》（社会科学版）1992 年第 4 期，第 33 页。

② 李伯军：《非洲国际法初探》，载《西亚非洲》2006 年第 2 期，第 68 页。

③ 参见姚选民《法律全球化背景下的中国法治二元观：基于一种民间法哲学主体视角》，载谢晖等主编《民间法》（第 17 卷），厦门大学出版社，2016，第 37~50 页。

④ 参见〔英〕约瑟夫·拉兹《法律体系的概念》，吴玉章译，商务印书馆，2017，第 255~259 页。

法意义上的"法"，那作为一个相对零散或碎片化的全球社会法体系，① 其天然之法外延构成元素——国际"民间法"的界限或民间法的国际维度疆界又在哪里？要有效回应这些问题或关切，本章拟通过聚焦民间法之国际维度疆界或国际"民间法"之疆界这一问题来应对。

一 "国际法是法吗"：兼论民间法的法律性质

要弄清楚民间法的国际维度疆界，首先面临的问题是：国际法是法吗？如果回答不是基本肯定的话，那么，厘定民间法的国际维度疆界就会失去基本依凭或前提基础。"国际法属难以界定的法律领域。过去，就连它是否属于'法'都不止一次存在争议。"② "几乎从国际法学创立时开始，人们就讨论国际法是否为通常意义的法律的问题。"③ 学界特别是法学界学者的这些论断表明，关于"国际法是不是法"的问题一直存在。对该问题的回答之所以一直争论不休，主要有两方面原因或理由。一方面，是"关于'法律'是什么的不同定义，可以对于任何特定的规则的总体是否可以正当地视为'法律'的问题有不同的回答"。④ 即是说，对"国际法是法吗"这一问题的回答因学界特别是法学界学者对"法"之认识的不同⑤而有不同的回答。这是主观方面的原因。另一方面是客观方面的原因。在对国

---

① 参见王秀梅《国际法体系化机制及其进路》，载《政法论丛》2007 年第 2 期，第 78 页；黄伟《也论国际法的等级》，载《湖南社会科学》2009 年第 2 期，第 199 页。

② 〔德〕魏智通主编《国际法》，吴越、毛晓飞译，法律出版社，2012，第 2 页。

③ 《奥本海国际法》，〔英〕詹宁斯·瓦茨等修订，王铁崖等译，中国大百科全书出版社，1995，第 6 页。

④ 《奥本海国际法》，〔英〕詹宁斯·瓦茨等修订，王铁崖等译，中国大百科全书出版社，1995，第 6 页。

⑤ 参见〔美〕布赖恩·比克斯《法理学：理论与语境》，邱昭继译，法律出版社，2008，第 39~120 页。

际法这一法现象进行审视时，学界特别是法学界学者主要是以国家法或法律为判准。在一些研究者看来，国际法缺乏立法机构，在未获得预先同意之前国家不能被带上国际法院，国际社会中没有能够将制裁付诸实行的中央组织等情况使得国际法与国家法或法律这一标准事物之间存在较大偏差。国际法是不是法这一归属问题或分类问题成为一个现实问题。① "正因国际法与一般法律之间的差异非常明显，所以'国际法真的是法律吗？'这样的质疑很难被置之不理。"② 不过，这样一些否定国际法是法的理由在很大程度上是可争辩的。

就第一方面理由而言，"主要以国家的国内法为依据所作出的定义，在适用其他各种社会所拥有的规则时，可能是太狭窄了。虽然国内法的特征提供一种有效的标准，以测定某些其他社会、特别是国际社会的规则是否具有法律的性质，然而，一些规则的总体，即使可能在其发展的某些阶段不具备国内法的一切特征，仍然可以是严格意义的法律"。③ 对《奥本海国际法》的这一征引，其中的思想逻辑表明，虽不具备国家法或国内法意义上之法的一些基本构成要素，国际法仍然可以被称为法。国家法或法律本身不是法之为法的唯一判断标准和标杆，而不过是广义上之法体系的一种重要法形态。法或一般意义上的法体系应当具有更广义的基本内涵，应当是与文化、道德等类似层面事物相对位之事物。

就第二方面理由而言，"关于国际法的法律性质，我们将考虑两个引起疑惑的主要源头……第一种怀疑植根于深信法律基本上是一种以威胁为后盾的命令，并且把国际法上的规则与国内法上的规则两者加以对比。第二种怀疑则是基于一种模糊的信念，认为国家根

① 参见〔英〕H.L.A.哈特《法律的概念》，许家馨、李冠宜译，法律出版社，2006，第4页。

② 〔英〕H.L.A.哈特：《法律的概念》，许家馨、李冠宜译，法律出版社，2006，第197页。

③ 《奥本海国际法》，〔英〕詹宁斯·瓦茨等修订，王铁崖等译，中国大百科全书出版社，1995，第6页。

本不能作为法律义务的主体，并且把国际法上的主体与国内法上的主体两者加以对比"。① 也就是说，即便以国家法或法律意义上的法作为认定法之为法的标准，似乎也容易出现关于法之所以为法之认识上的偏差。就第一种怀疑而言，以威胁性制裁为主要特征的法律规则②或国家法在现实世界中并不是普遍性的，③ 一条法律规则并不完全是因为社会成员惧怕它的制裁才具有现实约束力。在此意义上，决定国际法具有约束力的不仅仅是制裁，而且是一些更内在的因素。其中，极其重要的因素是，国际法规则是各国为了他们的国家利益而为自己创立的。即便这种规则与国家法意义上的规则极不相同，即便这种规则没有类似国家机器这种强有力的强制性力量来强制实施，国际法规范所支持的特定国家要求或诉求仍具有现实约束力。④就第二种怀疑而言，该怀疑之所以站不住脚，是因为蕴含两个错误预设：一是各个国家拥有绝对主权；二是各个国家只受自我施加的义务的约束。就第一个预设而言，即便不考虑特定之政治实体类型的主权会受到很大制约，如历史上的殖民地和托管地等政治实体类型，通常意义上的国家或主权国家也不是完全独立自主的，仍要受到某种国际权威的制约。这种国际权威，在哈特教授看来，有类似于英国议会模式的世界立法机关、类似于美国国会的联邦立法机构、由被普遍接受为适用于所有领土实体之规则所组成的唯一法律控制

---

① 〔英〕H. L. A. 哈特：《法律的概念》，许家馨、李冠宜译，法律出版社，2006，第 198~199 页。

② 参见〔英〕约翰·奥斯丁《法理学的范围》，刘星译，中国法制出版社，2002，第 2、13 页；刘星《译者序：奥斯丁的"法理学的范围"》，载〔英〕约翰·奥斯丁《法理学的范围》，刘星译，中国法制出版社，2002，第 3~5 页。

③ 参见〔英〕约瑟夫·拉兹《法律体系的概念》，吴玉章译，商务印书馆，2017，第 3 页。

④ 参见古祖雪《国际法的法律性质再认识：哈特国际法学思想述评》，载《法学评论》1998 年第 1 期，第 38 页。

形式、唯一由契约来确认义务的体制等类型。① 就第二个预设而言，在主权国家自我施加的义务背后，还存在一些不易被人察觉的共同规则。这些规则不以同意为基础，却使自我施加的义务具有普遍约束力。这类共同规则在条约形成之前已经存在，被国际社会普遍所接受。实际上它们就是哈特教授所讲的"最低限度内容的自然法"，②"虽然国家可能出于道德义务感而去遵守国际法的规则，但很难看出来为什么或者就何种意义而言，它必须是国际法存在的条件。很明显，在国家的实际行为上，我们可以观察到有些规则总是照常被遵守，即使会牺牲一些代价；国家会依规则提出权利主张；违反规则将使犯规的国家受到严厉的批评，其他相关国家并得据此请求赔偿或实施报复。"③ 从这段话的内容和思想逻辑来看，这些主权国家之自我施加的义务，并不是那么有意识的，并不是那么心甘情愿的，并不是那么绝对自主的，而是要受到深层次之社会秩序或国际社会秩序机制的制约。

以上分析表明，在论理逻辑上，否定"国际法是法"的两大方面理由在很大程度上不成立。不仅如此，关于国际法的法律性质问题，国际法作为法被世界各国遵守的客观事实也给予了正面性的回答④。"关于国际法的法律性质的理论上的辩论，就其中一些力图否定国际法的法律拘束力的论点而言，越来越表现为不现实，因为在实践上国际法不断地被各国政府承认为法律，它们认为它们的行动自由在法律上是受国际法的约束的。国家不仅在无数条约中承认国际法规则具有拘束力，而且经常确认它们之间存在有法律的事实。它们还要

---

① 参见〔英〕H. L. A. 哈特《法律的概念》，许家馨、李冠宜译，法律出版社，2006，第 204~205 页。

② 参见古祖雪《国际法的法律性质再认识：哈特国际法学思想述评》，载《法学评论》1998 年第 1 期，第 39~40 页。

③ 〔英〕H. L. A. 哈特：《法律的概念》，许家馨、李冠宜译，法律出版社，2006，第 212 页。

④ 参见王铁崖主编《国际法》，法律出版社，1995，第 5 页。

求它们的官员、法院和国民遵守国际法对国家所设定的义务，从而承认国际法。"① 尽管如此，关于"国际法是法吗"的争论还会持续下去，将来有一天争论可能会结束，如哈特教授所说，"目前国际法或许仍处于朝向接受某种形式之基本规则的过渡时期，这将使它在结构上更接近国内法体系。假如这个过渡阶段完成，人们对国际法与国内法所做的形式上的类比（虽然目前仍很薄弱，甚至令人困惑）就将取得其实质，怀疑者对国际法法律性质的最后质疑，则终将止息"。②

关于"国际法是法吗"这一问题，如前所述，国际法学界学者已对其进行了有力辩驳和肯定回答。本书之所以重提该问题，并对该问题之已有回应或回答进行详尽和细致梳理，主要是因为民间法或一般意义上的民间法与国际法一样面临着类似的困境或追问：民间法或一般意义上的民间法是法吗？③ 在很大程度上，国际法学界学者回应"国际法是法吗"的论理逻辑亦可以借鉴来回答"民间法或一般意义上的民间法是法吗"这一问题，因为上述关于"国际法是法吗"这一质疑的理由或其思维逻辑也基本可用于质疑"民间法或一般意义上的民间法是法吗"这一问题。如果对"国际法是法吗"这一问题的回答是肯定的，基于"国际法是法"的论理逻辑，在很大程度上对"民间法或一般意义上的民间法是法吗"这一问题的回答亦是肯定的。

已知国际法是法，接下来要追问的便是：国际法是什么？什么是国际法？关于"国际法是什么"的问题，学界特别是法学界的不同学者都有个殊性认识。"国际法是对国家在它们彼此往来中有法律拘束力的规则的总体。"④ "国际法是规范国际法主体间的法律关系的不

---

① 《奥本海国际法》，〔英〕詹宁斯·瓦茨等修订，王铁崖等译，中国大百科全书出版社，1995，第8页。

② 〔英〕H. L. A. 哈特：《法律的概念》，许家馨、李冠宜译，法律出版社，2006，第217页。

③ 参见于语和《寻根：民间法絮言》，清华大学出版社，2012，第1~14页。

④ 《奥本海国际法》，〔英〕詹宁斯·瓦茨等修订，王铁崖等译，中国大百科全书出版社，1995，第3页。

属于国内法的法律规范的总称。"① "国际法，简言之，是国家之间的法律，或者说，主要是国家之间的法律，是以国家之间的关系为对象的法律。"② 这些论断表明，关于"国际法是什么"，学者们的认识不尽相同，但细察其阐述，国际法学界学者对"国际法是什么"的问题是有基本共识的。周全、严密地考虑，国际法主要指全球社会范围内调整不同国际法主体之间特别是不同国家之间关系，有法律拘束力的原则、规则和制度的总称。③ 关于"什么是国际法"，学界特别是法学界的不同学者亦有不同回答。从国际法的渊源视角来看，在《奥本海国际法》这一世界性的国际法学名著中，国际法的基本渊源包括作为原始渊源的国际习惯、来自国际习惯的国际条约、有地位的一般法律原则、作为补助渊源的法庭判决、学者著作、公平、国际组织决议、国际礼让和道德等。④ 布朗利教授认为，国际法渊源主要包括国际习惯、"造法"条约与其他实质渊源（包括其他条约、国际会议结论和联合国大会决议）、一般法律原则、国际法一般原则、司法判决（包括国际法庭判决、欧洲共同体法院判决、国内法院判决、临时或特别国际法庭判决等）、公法学家著述、国际法院判决和咨询意见中衡平法、人性考虑、正当利益等。⑤ 邵津等认为，国际法的基本渊源包括作为造法性公约的国际条约、得到国际社会普遍接受的国际习惯、为"文明各国所接受"的一般法律原则、《国际法院规约》第 38 条所规定的司法判例和权威国际法学家学说、应得到当事国各方同意的"公允及善良"原则、《国际法院规约》第 38 条尚未来得及认可的国际组织和国际会议决议，以及国际合作新领域不时

① 〔德〕魏智通主编《国际法》，吴越、毛晓飞译，法律出版社，2012，第12页。
② 王铁崖主编《国际法》，法律出版社，1995，第 1 页。
③ 参见邵津主编《国际法》，北京大学出版社，2014，第 1 页。
④ 参见《奥本海国际法》，〔英〕詹宁斯·瓦茨等修订，王铁崖等译，中国大百科全书出版社，1995，第 14~31 页。
⑤ 参见〔英〕伊恩·布朗利《国际公法原理》，曾令良、余敏友等译，法律出版社，2003，第 4~21 页。

出现的"准条约"和"软法"等。① 从国际法的渊源来看,学者们对"什么是国际法"的国际法之外延疆界问题的回答似有较大差异,但他们一致认为《和平解决国际争端公约》第三十八条对国际法渊源的认定最具权威性:"一、法院对于陈诉各项争端,应依国际法裁判之,裁判时应适用:(子)不论普通或特别国际协约,确立诉讼当事国明白承认之规条者。(丑)国际习惯,作为通例之证明而经接受为法律者。(寅)一般法律原则为文明各国所承认者。(卯)在第五十九条规定之下,司法判例及各国权威最高之公法学家学说,作为确定法律原则之补助资料者。二、前项规定不妨碍法院经当事国同意本'公允及善良'原则裁判案件之权。"② 对"什么是国际法"问题的回答,除了法的渊源视角,还包括国际法之部门法角度、国际法所调整之国际关系性质角度、国际法的位阶序列角度等视角。就国际法的部门法视角而言,国际法主要包括国际海洋法、国际航空法、外层空间法、国际环境法、国际条约法、国际私法等。就国际法所调整之国际关系的性质视角而言,国际法主要包括国际刑法、国际经济法等。就国际法的位阶序列视角而言,国际法主要包括国际强行法、国际任意法等。在回答"什么是国际法"的国际法之外延疆界问题时,回答国际法主要包括哪些部分是重要的,而表明哪些相近的规则规范不属于国际法范畴亦同样不可或缺。国际伦理(如援助发展中国家道义)、国际礼让(如遵守外交礼仪规则)与国际法的界限并不总是很明显。③ 以国际礼让为例,我们知道,国际法规则作为国际法,在国际社会中对国际行为有规制效力。国际礼让则不同,是国际法主体成员之间进行交往而自觉遵守的道德礼仪,旨在展现国

---

① 参见邵津主编《国际法》,北京大学出版社,2014,第12~14页。
② 《和平解决国际争端公约》,载法律出版社法规中心编《常用国际公约与国际惯例》,法律出版社,2015,第342页。
③ 参见〔德〕魏智通主编《国际法》,吴越、毛晓飞译,法律出版社,2012,第24页。

际交往行动中的仪式美感，是一种国际外交艺术。一般来讲，这种行为规则对于国际法主体没有法律拘束力，因为判断特定国际性规则条文之法与非法的关键在于国际社会是否将某种行为视为法律上的要求。虽然如此，国际伦理和国际礼让规则有时可以演变成国际法规则，具有法律拘束力，如外交官的关税豁免本来是国际礼让，但通过 1961 年《维也纳外交关系公约》则确立为了国际法规则。①

二　国际"官方法"的疆界：国际场域法域法益间的"最大公约数"

民间法的国内维度疆界，缘于国家范围内国家法的强势，往往由国家法的国内维度疆界所决定，这一现实逻辑在国际社会层面亦不例外。即是说，欲厘定民间法的国际维度疆界或国际"民间法"的疆界，首先须清楚国际"官方法"的疆界，即国际法中的"官方法"是什么，主要包括哪些部分或具体外延。当前的国际法主要呈现这样两种状态。一方面，国际法从整体上看是零散状的，不成体系的。在国际社会中不存在一个权威机构来专门负责制定国际法，因此国际法不可能成体系。往往是出现一个国际性问题或人类难题，国际法主体成员相互间就一起琢磨着制定一项国际法文件。缘于这样一种思想实践逻辑，国际法出现了许多特定领域，如国际犯罪、国际海洋和外太空等国际法分支领域，其中世界环境、世界贸易、欧洲共同体和国际人权等领域的国际法已经发展到比较完备的阶段。在国际交往中适用于各个具体分支领域的具体规则，亦时不时发生交叉或产生冲突。② 另一方面，以《联合国宪章》为典型代表的国际条

---

① 参见王铁崖主编《国际法》，法律出版社，1995，第 5~6 页。
② 参见王秀梅《国际法体系化机制及其进路》，载《政法论丛》2007 年第 2
期，第 78 页；黄伟《也论国际法的等级》，载《湖南社会科学》2009 年第 2
期，第 199 页。

约虽旨在保护国际政治秩序法益，但这些逻辑严密的条约中并非所有条文在国际社会中都受到了同等对待或获得了同等政治待遇，比如 "《联合国宪章》中是有强制法规则，但是，并不是《联合国宪章》的所有规定都是强制法规则"①。联合国建立的初衷或宗旨是"免后世再遭今代人类两度身历惨不堪言之战祸，重申基本人权，人格尊严与价值，以及男女与大小各国平等权利之信念，创造适当环境，俾克维持正义，尊重由条约与国际法其他渊源而起之义务，久而弗懈，促成大自由中之社会进步及较善之民生，并为达此目的力行容恕，彼此以善邻之道，和睦相处，集中力量，以维持国际和平及安全，接受原则，确立力法，以保证非为公共利益，不得使用武力，运用国际机构，以促成全球人民经济及社会之进展"②。其他系列国际条约③亦旨在于各自领域努力确保或实现《联合国宪章》之宗旨和原则的落地。"铭记着《联合国宪章》中有关维持国际和平与安全及促进各国间睦邻和友好关系与合作的宗旨和原则"④，"大会，重申联合国的基本宗旨，尤其是：维持国际和平与安全，发展各国间的友好关系，实现国际合作以解决经济及社会领域的国际问题，确认需要在这些领域加强国际合作，进一步重申需要加强国际合作以谋发展，声明本宪章的基本宗旨之一是在所有国家，不论其经济及社会制度

① 王铁崖主编《国际法》，法律出版社，1995，第35页。
② 《联合国宪章》，载法律出版社法规中心编《常用国际公约与国际惯例》，法律出版社，2015，第1页。
③ 参见《禁止或限制使用某些可被认为具有过分伤害力或滥杀滥伤作用的常规武器公约》，载法律出版社法规中心编《常用国际公约与国际惯例》，法律出版社，2015，第429~430页；《关于禁止发展、生产、储存和使用化学武器及销毁此种武器的公约》，载法律出版社法规中心编《常用国际公约与国际惯例》，法律出版社，2015，第436页；《不扩散核武器条约》，载法律出版社法规中心编《常用国际公约与国际惯例》，法律出版社，2015，第451页；《制止向恐怖主义提供资助的国际公约》，载法律出版社法规中心编《常用国际公约与国际惯例》，法律出版社，2015，第489~490页。
④ 《制止恐怖主义爆炸的国际公约》，载法律出版社法规中心编《常用国际公约与国际惯例》，法律出版社，2015，第494~495页。

如何，一律公平、主权平等、互相依存、共同利益和彼此合作的基础上，促进建立新的国际经济秩序"①。这些国际法规则条文表明，一方面，国际法中的"官方法"或国际"官方法"是一个理论化概念或抽象概念，意指国际法中旨在保护国际政治秩序法益的国际规则所构成的法体系；另一方面，在以《联合国宪章》为核心的国际法体系中并不存在旨在维护国际政治秩序法益的纯粹国际"官方法"外延。"如果我们与国内法的渊源功能类比的话……把条约比作制定法（成文法），把国际习惯比作国内的习惯法，一般法律原则比作国内法上的法律原则。然而，这种类比当然是过于简单了。"② 缘于这样两方面的基本情况，本章在厘清国际"官方法"的疆界时，主要以相对思辨的方式展开。

整体来看，最能彰显国际"官方法"特质的可能要数国际法中的"强行法"部分和国际刑法部分。首先，让我们来分析国际强行法。"强制法（强行法——引者注）在国际法上是一个比较新的概念，虽然在第二次世界大战以前的年代，它曾被提及，或者，它作为一个国内法的概念，可以追溯到罗马法。自从联合国国际法委员会在起草条约法公约时引进这个概念之后，这个概念引起了热烈的讨论。"③《维也纳条约法公约》第五十三条规定："与一般国际法强制规律（绝对法）（强行法——引者注）抵触之条约。条约在缔结时与一般国际法强制规律抵触者无效。就适用本公约而言，一般国际法强制规律指国家之国际社会全体接受并公认为不许损抑且仅有以后具有同等性质之一般国际法规律始得更改之规律。"④ 第六十四条规定："一般国际法新强制规律（绝对法）（强行法——引者注）之产

---

① 《各国经济权利和义务宪章》，载法律出版社法规中心编《常用国际公约与国际惯例》，法律出版社，2015，第 536 页。
② 姜世波：《习惯国际法的司法确定》，中国政法大学出版社，2010，第 2 页。
③ 王铁崖主编《国际法》，法律出版社，1995，第 34 页。
④ 《维也纳条约法公约》，载法律出版社法规中心编《常用国际公约与国际惯例》，法律出版社，2015，第 274 页。

生。遇有新一般国际法强制规律产生时，任何现有条约之与该项规律抵触者即成为无效而终止。"① 这些国际法规定的存在，一方面意味着国际强行法在正式国际法律文件上出现了，另一方面意味着国际社会特别是国际法学者对于"国际法中是否存有强行法"的问题存在一致意见，即都认为国际强行法的确存在。② 一般而论，国际强行法主要是国际社会成员或国际法主体作为整体，以国际条约或习惯的方式明示或默示地接受，并认可其绝对强制性的一系列国际法规范总称。这些规范因其"强行性"，相较于一般意义上的国际法规则具有更高位阶的法律效力。能够更改国际强行法规则的只能是同等位阶的国际法规则（亦即国际强行法），其他国际法规则如与国际强行法规则相冲突即会丧失法律效力。③ 而关于国际强行法的外延，《维也纳条约法公约》或任何其他国际法律文件都没有明文列举。就国际强行法在现实国际法体系中的基本分布而言，一方面，《联合国宪章》中一些规定可归属于国际强行法的范畴，如关于人权的相关规定、关于武力使用的相关规定、关于国家主权的相关规定等。除开这些原则规定，《联合国宪章》中其他规定在很大程度上不含强行法规则，不可归属于国际强行法范畴。另一方面，并不是所有的国际强行法规则都包含在《联合国宪章》中，比如关于海盗和奴隶制度等。④ 怀特曼（Whitenman）教授提出了一个"国际法的强行规范（强行法）的拟议表"，其中包括 20 个在国际法中为世人公认的强行法项目，这些项目宣布以下系列行为非法。

---

① 《维也纳条约法公约》，载法律出版社法规中心编《常用国际公约与国际惯例》，法律出版社，2015，第 275 页。

② 王铁崖主编《国际法》，法律出版社，1995，第 35 页。

③ 参见马德才《国际私法中的公共秩序研究》，法律出版社，2010，第 66~72 页；吴玥瑶《刍论国际法渊源之位阶序列》，硕士学位论文，山东大学（威海），2014，第 20 页。

④ 参见王铁崖主编《国际法》，法律出版社，1995，第 35~36 页。

（1）战争罪行；（2）占有外层空间或天体；（3）以武力强加的条约规定；（4）武装侵略；（5）污染空气、海洋或陆地以至有害或无用于人类；（6）散布细菌以伤害或消灭人的生命；（7）扰乱国际交通以搅乱和平；（8）破坏和平或人类安全罪行；（9）破坏和平和人道罪行；（10）奴隶制和奴隶贸易；（11）灭种；（12）空中交通劫持；（13）具有敌意地改变气候；（14）海盗；（15）对其他国家领土完整或政治独立的武力威胁或使用武力；（16）对包括侵略战果之以武力引起的情况的承认；（17）除自卫的战争；（18）包括恐怖活动的恐怖主义；（19）包括核武器在内的用于和平以外目的的所有大规模破坏方法；（20）旨在推翻世界银行体系、世界货币、世界能源供应或世界粮食供应的经济战。①

这些基本项目条款表明，国际强行法在国际秩序构造实践中的作用主要表现为两个方面。一方面，国际强行法对国际人权领域中的条约保留进行监督和评估。不符合国际强行法规范的条约保留不能被国际社会所接受，人权标准优先于主权国家的关切。在条约保留中缔约国间的保留协议要让位于国际强行法，而涉及国际强行法的原则和规范不允许适用保留制度。② 另一方面，国际强行法是对作为主权国家之国家特权的剥夺。国际强行法会限制或剥夺主权国家在承认、引渡、外国管辖豁免和大赦等方面的主权。主权国家在行使这些权力时不得与国际强行法规范相抵触，否则相应的协议或行为会丧失合法性。③ 国际强行法的这些作用或效力表明，国际强行法所调整的国际关系都是对整个国际社会具有重要意义或重要影响的国

---

① 转引自王铁崖主编《国际法》，法律出版社，1995，第35~36页。
② 参见吴玥瑶《刍论国际法渊源之位阶序列》，硕士学位论文，山东大学（威海），2014，第31~32页。
③ 参见吴玥瑶《刍论国际法渊源之位阶序列》，硕士学位论文，山东大学（威海），2014，第32页。

际关系类型,不允许当事国进行自由选择。① 不仅如此,国际强行法亦是向所有主权国家和其他国际法主体发出明确信号,即禁止性规定体现了"任何人不得背离"的人类共同价值,② 并在事实上阻止有关主权国家以某种或特定方式行事,促使他们以符合这些人类共同价值的方式实施政治行为。③ 在此意义上,国际强行法所规范的是世界秩序,保护的是全球社会的国际政治秩序法益。

其次,让我们来分析国际刑法。经过第一次和第二次世界大战,随着国际基本政治关系和基本经济关系发生巨大变化,国际刑法在国际法体系中日益占据重要地位。总体来看,国际刑法自产生以来,之所以能够得到迅速发展,主要受下述一些因素的影响或事件的推动。一是国际性武装冲突加剧,如世界大战和区域性国际武装冲突等;二是大规模杀伤性武器频繁使用,如新独立国家争取民族自决权和反对殖民主义斗争等;三是反人类罪日益猖獗,如少数国家的种族灭绝、种族歧视和种族隔离等政策,出于各种动机的空中劫持、扣留人质、侵害外交人员等国际恐怖主义活动等。④ 国际刑法主要确定国际犯罪,追究国际犯罪实施者的刑事责任,是国际公约中那些旨在维护全球社会或国际社会中各国共同利益而对国际犯罪实施者进行惩治的国际法规范总称。⑤ 国际刑法规范,既包括实体法方面的内容,如确定何种国际行为为国际犯罪和如何界定国际犯罪行为等,亦包括程序法方面的内容,如对国际罪行的调查、起诉、审判和刑罚

---

① 参见李居迁《强行法与国际法的性质》,载《研究生法学》1998 年第 2 期,第 15 页。

② 参见习近平《携手构建合作共赢新伙伴同心打造人类命运共同体——在第七十届联合国大会一般性辩论时的讲话》,载《人民日报》2015 年 9 月 29 日。

③ 参见吴玥瑶《刍论国际法渊源之位阶序列》,硕士学位论文,山东大学(威海),2014,第 31 页。

④ 参见刘筱岚《刑事国际法的产生、发展及其渊源》,载《政治与法律》1990 年第 2 期,第 37 页。

⑤ 参见朱文奇《国际刑法》,中国人民大学出版社,2014,第 3 页。

执行等。① 比较典型的国际刑法规范主要集中在一些国际法文件中，比如关于反人类罪的《防止和惩治灭绝种族罪公约》和《禁止和惩治种族隔离罪的国际公约》，针对空中劫持罪的东京、海牙和蒙特利尔三公约，以及《关于防止和惩处侵害应受国际保护人员包括外交代表的罪行的公约》和《反对劫持人质国际公约》等国际法文件。② 国际法学界或国际刑法学界有不少判定国际刑法规范的标准。③ 其中，美国学者巴西奥尼教授认为，国际法文件或国际法规则只要满足以下 10 个特征中的 1 个即可纳入国际刑法范畴。

（1）对构成国际犯罪、国际法上的犯罪或者犯罪的禁止性行为的明示或者默示认可；（2）通过设定禁止、防止、起诉、惩罚或者类似的义务，对某行为的刑事性默示认可；（3）禁止性行为的犯罪化；（4）起诉的义务或者权利；（5）惩罚禁止性行为的义务或者权利；（6）引渡的义务或者权利；（7）包含司法协助的在起诉或者惩罚方面合作的义务或权利；（8）确立刑事管辖的基础；（9）提及建立具有刑事法特征的国际刑事法院或者法庭；（10）对上级命令不允许抗辩。④

根据该种国际刑法判准或标准，当前国际刑法文件总数接近 300 件。⑤ 基于国际法学界学者对这些国际刑法文件内容的整理，违反国

① 参见卢有学《论国际刑法的渊源》，载《刑法论丛》2010 年第 2 卷，第 288 页。
② 参见刘筱岚《刑事国际法的产生、发展及其渊源》，载《政治与法律》1990 年第 2 期，第 37 页。
③ 参见〔德〕W. G. 魏智通主编《国际法》，吴越、毛晓飞译，法律出版社，2012，第 550 页。
④ 参见〔美〕M. 谢里夫·巴西奥尼《国际刑法导论》，赵秉志、王文华等译，法律出版社，2006，第 101~102 页。
⑤ 参见〔美〕M. 谢里夫·巴西奥尼《国际刑法导论》，赵秉志、王文华等译，法律出版社，2006，第 196~225 页。

际刑法导致的国际罪行达 28 种。

(1) 资助恐怖行为罪；(2) 种族灭绝罪；(3) 种族隔离罪；(4) 针对某些受到国际保护之环境因素的非法行为罪；(5) 战争罪；(6) 有组织犯罪；(7) 淫秽物品国际交易罪；(8) 伪造、变造货币罪；(9) 危害人类罪；(10) 危害联合国及其相关人员罪；(11) 危害航海安全和公海固定平台安全罪；(12) 偷盗核材料罪；(13) 损毁或者偷盗国家珍贵文物罪；(14) 使用爆炸物袭击罪；(15) 侵略罪；(16) 破坏邮政罪；(17) 奴役罪；(18) 酷刑罪；(19) 劫持平民作为人质罪；(20) 劫持航空器和危害国际航空安全罪；(21) 贿赂外国官员罪；(22) 海盗罪；(23) 非法人体实验罪；(24) 非法干扰海底电缆罪；(25) 非法贩卖毒品罪；(26) 非法持有或者使用武器罪；(27) 对受国际上保护之人使用武力或者以武力相威胁罪；(28) 充当外国雇佣军罪。①

"国际刑法并不是对所有国际罪行进行惩治，它起诉和追究的只是严重性质的国际犯罪行为。"② 基于这样一种国际法理思维逻辑，国际罪行可分为国际犯罪、国际违法行为和国际不法行为这样三种国际违法形态，③ 其中，违反国际刑法而构成的国际犯罪主要包括这样 11 种："(1) 侵略罪；(2) 种族灭绝罪；(3) 危害人类罪；(4) 战争罪；(5) 非法持有、使用或者放置武器罪；(6) 盗窃核材料罪；(7) 充当外国雇佣军罪；(8) 种族隔离罪；(9) 奴役及与奴役有关习俗的犯罪；(10) 酷刑和其他残忍、不人道或有辱人格的待遇或处

---

① 参见〔美〕M. 谢里夫·巴西奥尼《国际刑法导论》，赵秉志、王文华等译，法律出版社，2006，第 102 页。
② 朱文奇：《国际刑法》，中国人民大学出版社，2014，第 4 页。
③ 参见〔美〕M. 谢里夫·巴西奥尼《国际刑法导论》，赵秉志、王文华等译，法律出版社，2006，第 106~109 页。

罚罪；（11）非法人体实验罪。"① 关于这种归类的做法似乎可以这样来理解："国际法委员会将普适性义务纳入国家责任概念，将违背普适性义务（同样包括强行法）的行为视为国际'犯罪'。一切对国家共同体具有根本意义的国际法规范构成该义务，违背这种义务就是犯罪。而一切其它的（只具有相对影响的）义务违反则属于'侵权责任'。"② 国际刑法规范是国际普适性义务的核心法源，亦是国际强行法的核心法源。国际刑法规范的是国际社会的基本政治秩序，倡导的是整个人类的基本共同价值。违反国际刑法规范特别是其中的禁止性规范的行为，会冲击全球社会的政治秩序，会对和平和发展等人类基本共同价值③构成颠覆性消解。即便这样，一些国家及其政策仍在向国际犯罪"雷区"滑行。④ 从国际司法实践来看，国际刑法是国际公约中那些为了维护全球社会或国际社会中各国共同利益而对国际犯罪进行惩治的国际法规范。也就是说，在全球一体化趋势下，整个国际社会逐渐形成共同的利害关系和相对一致的利益追求，秉持着基本相同的道德判断标准和价值取向。在这种大环境下，一些国际罪行震撼了整个国际社会的"公众良知"，侵害了国际社会的共同利益。各国均认为它们构成了对全人类的犯罪，比如侵略罪、种族灭绝罪、反人道罪、战争罪及其他侵害人类尊严与权利的严重罪行。⑤ 国际刑法的产生及国际犯罪构成的设置要件表明，保护国际社会甚至全人类的核心共同利益，有效打击层出不穷的国际犯罪，是

---

① 〔美〕M. 谢里夫·巴西奥尼：《国际刑法导论》，赵秉志、王文华等译，法律出版社，2006，第 106~107 页。

② 〔德〕W. G. 魏智通主编《国际法》，吴越、毛晓飞译，法律出版社，2012，第 24 页。

③ 参见习近平《携手构建合作共赢新伙伴同心打造人类命运共同体——在第七十届联合国大会一般性辩论时的讲话》，载《人民日报》2015 年 9 月 29 日。

④ 参见〔美〕M. 谢里夫·巴西奥尼《国际刑法导论》，赵秉志、王文华等译，法律出版社，2006，第 106 页。

⑤ 参见朱文奇《国际刑法》，中国人民大学出版社，2014，第 3 页。

国际刑法存在的核心目的。国际刑法要在全球范围内促成一种基本国际政治秩序，保护全球社会范围内的国际政治秩序法益。

由于国际"官方法"的模糊性和不成体系性，本书与其说厘清了国际"官方法"的疆界，不如说是提供了一种找到国际"官方法"的指引，即跟国际强行法或国际刑法相类似的国际法规范都隶属于国际"官方法"的外延范畴。此外，"国际法秩序的社会根基仍然是数量相对较少的主体即国家和其它的国际法主体所构成的国际共同体。其国家性质的成员在主权平等的基础上构造彼此的关系。在法律面前，国家承认彼此间的平等性。这决定了国际法的合意与合作特征。这种秩序不是（自上而下的）强制法，而是（横向的）共存与合作的法"。[①] 这种情况及当前国际"官方法"存在的客观事实意味着，一方面由于国际"官方法"的强行性，在整个国际法体系中，"国际法仅有部分秩序对整个国际法主体有效"，[②] 对绝大部分国际法主体都有效的"部分秩序"只能是由国际"官方法"构造的。另一方面，"共同同意"是国际法作为国际层面法律体系的根据，[③] 并且，国际法与各国内部的法律秩序构成了两个不同层面的法律体系。国际法体系与国家法体系既是相对独立的，亦是彼此"重叠"的，即从理论上讲许多国家法体系特别是西方国家法体系中法秩序意志或法益的萃取构成国际法体系。[④] 基于这样一种思想认识逻辑，国际"官方法"在很大程度上是全球社会范围内不同国际区域或领域亦即各种国际场域法域法益的"最大公约数"。这全球社会范围内不

① 〔德〕魏智通主编《国际法》，吴越、毛晓飞译，法律出版社，2012，第20页。
② 〔德〕魏智通主编《国际法》，吴越、毛晓飞译，法律出版社，2012，第20页。
③ 参见《奥本海国际法》，〔英〕詹宁斯·瓦茨等修订，王铁崖等译，中国大百科全书出版社，1995，第8页。
④ 参见〔德〕魏智通主编《国际法》，吴越、毛晓飞译，法律出版社，2012，第70页。

同国际区域或领域亦即各种国际场域法域中的法体系主要包括不同主权国家的国家法、区域国际法和国际行政法等，只有这各种国际场域法域中法体系的法意或法益才极有可能上升为"国际强行法"或"国际刑法"，亦即国际"官方法"。

三　民间法的国际维度疆界：基于国际"官方法"之疆界的分析

欲厘清民间法的国际维度疆界，首先要对国际法有清晰的界定。之所以再提该话题，一方面原因是，虽然前面已对国际法进行了界定，并揭示了其基本内涵，但是，对于其内涵定性并没有说得非常明确。其实，本书主要秉持一种对国际法的广义理解，而非"国际法即国际公法式"①的狭义理解。"国际法已不是传统的国际公法，而是反映国家意志的协调、调整一切国际关系（包括但不限于国家之间的政治、军事、外交关系）的具有法律拘束力的行为规范的总和，调整的社会关系是超越国界的一切国际社会关系，国家与国家之间的关系只是其中一部分"。②基于这样一种思想认识逻辑，国际法至少是一个庞大的规范"家族"，其中狭义的国际公法、国际经济法和国际私法等似乎都可以视为这个大家族中的成员。另一方面原因是，在理论上，所谓民间法的国际维度疆界或国际"民间法"的疆界，在国际法体系中就是除去国际"官方法"的那部分。如果是这样的话，民间法的国际维度疆界或国际"民间法"的疆界在逻辑上似乎较为清晰了。不过，要意识到，本书是在国际社会的层面上来区分"官方法"和"民间法"，它们不是国家层面上的国家法与民间法，尽管国家层面和国际社会层面的区分在思维方式上有些类似。

---

① 参见邵津主编《国际法》，北京大学出版社，2014，第1页。
② 王梦遥：《论国际私法的国际法性质：基于对传统学说的梳理和批判》，载《佳木斯大学社会科学学报》2008年第3期，第20页。

整体来看，在民间法的国际维度疆界或国际"民间法"的疆界中，最具典型性的可能要算国际"软法"部分和区域国际法部分。

首先，让我们来分析国际"软法"。正式国际立法的迟缓与滞后难以适应国际社会的"风云变幻"，引发了系列新情况和新变化。在这种情况下，国际"软法"得到了迅猛发展。国际"软法"之所以具有今天这样的蓬勃生机和活力，主要是因为它的相对灵活性，即能够根据国际社会环境的变化第一时间做出反应、调整和修正。[1] "国际软法虽然不是严格意义上的法律，但对国际关系行为体所发挥的非法律性约束力及对国际法发展的意义不可低估。国际软法的指引和约束力来自自身的'内在理性'和国际治理的结构。它符合国际社会在这一时期的核心需求，迎合了国际共同体在这一时期的主导动机，反映了国际社会在这一时期的基本价值。"[2] 国际"软法"有其特有的现实发展历程。二战以后，在国际关系中出现了许多新的国际领域，国际社会需要制定新的规则来进行调整，但由于一时间难以制定出明确的、具体的且为多数国家接受的规定，不得不先行制定一些灵活性较大、约束力不强并可以被各国快速共同接受的原则。这些原则性规定构成了现在的国际"软法"。[3] 一般认为，国际"软法"主要指全球社会或国际社会中国际法主体成员，为应对超出主权国家管辖范围之国际性问题或人类问题而制定的国际性规范。这些国际性规范与一般意义上的国际法规范相比，在形式、效力等方面尚存在不小差距。[4] 国际"软法"的渊源形式，一般包括"宣言、号召、纲要、建议、指南、倡议、规程、章程、公约、标准、规

---

① 参见何志鹏、孙璐《国际软法的根源与发展》，载《国家治理的现代化与软法国际研讨会论文集》，北京大学，2014，第101页。

② 何志鹏、孙璐：《国际软法的根源与发展》，载《国家治理的现代化与软法国际研讨会论文集》，北京大学，2014，第101页。

③ 参见邵津主编《国际法》，北京大学出版社，2014，第242页。

④ 参见何志鹏、孙璐《国际软法的根源与发展》，载《国家治理的现代化与软法国际研讨会论文集》，北京大学，2014，第101页。

范、规定、决定等"①。对于这么多国际"软法"的外延形式，如何进行有效识别是一个严肃的国际法理论问题。从国际"软法"的基本含义和渊源形式来看，判断是不是国际"软法"似可以从这样四个方面着手：一是看其语言表述，比如规则或规范文字表达是不是"模棱两可"，秉持建议性表达风格；二是看"例外"情况的频率，比如规定严格义务条款时是不是"但书"频出，严重削弱约束力；三是看规范文件本身对自己的定位，比如承载严格义务性条款的文件是不是不具约束力的国际文件；四是看规范文件的主旨意图，比如规范的制定是不是只是倡导某种理念，而对施行与否主张自愿。如果某国际规范文件具有以上一项或几项特征，即可归入国际"软法"的外延范畴。② 国际环境法是国际"软法"产生的重要领域。国际环境"软法"主要采用比较柔性的方式或手段来实现全球生态维护的目的。这些柔性的方式或手段多样，比如国际生态环境标准、联合国大会的决议和国际组织产生的国际文件等。国际环境"软法"的渊源形式，一般呈现为联合国关于全球环境保护的倡议、相关国际环保组织关于全球环境保护的决议、有关国际组织关于全球环保的宣言等类型。国际环境"软法"的具体文件形式中比较典型的有《世界自然资源保护大纲》《世界自然大宪章》《人类环境宣言》《人类环境行动计划》《内罗毕宣言》《里约宣言》《关于森林问题的原则声明》《21世纪议程》等成文的国际环境法文件。③ "软法这个概念并不直接涉及国际法的效力问题。软法现象其实与法律渊源问题密不可分。软法，例如联合国大会的决议，虽然不具备法律约束力，

---

① 何志鹏、孙璐：《国际软法的根源与发展》，载《国家治理的现代化与软法国际研讨会论文集》，北京大学，2014，第105页。
② 参见何志鹏、孙璐《国际软法的根源与发展》，载《国家治理的现代化与软法国际研讨会论文集》，北京大学，2014，第102页。
③ 参见何志鹏、孙璐《国际软法的根源与发展》，载《国家治理的现代化与软法国际研讨会论文集》，北京大学，2014，第105页；邵津主编《国际法》，北京大学出版社，2014，第242页。

但是却有助于说明现行法、法律信仰以及国际法的未来发展方向。"①
从国际环境法的国际法律实践来看，国际环境"软法"主要包括应
当予以尊重、但还没有成型的国际法规范。这些规范与通常意义上
的国际法规范还有一段差距，不能算是真正意义上的国际法。换言
之，国际环境"软法"不具有通常国际法的效力，只是倡导某种环
境理念。违反这种环境理念，不能说是违反国际法，不能说是不遵守
某种国际义务，而遵守这种环境理念只能说具有某种国际合法性，
能够获得国际舆论上的支持。当然，忽视国际环境"软法"也会导
致一定后果，并且与之有关的国际环境"软法"的产生会使该事项
脱离一个国家的国内管辖。② 在此意义上讲，作为国际"民间法"的
国际环境"软法"无法完整和彻底地落实国际环境治理领域的国际
法精神，在现实实践中不得不打"大的折扣"，只能形成一种国际舆
论或国际呼吁。它们所维护的是全球社会范围内特定国际领域亦即
特定国际场域法域如国际环境领域中的国际公共秩序，保护的是国
际环境领域的国际场域公共秩序法益。

其次，让我们来分析区域国际法。"虽然国际法在本质上是普遍
性的，但不可否认，国际社会中只有一小部分是'普遍性'的国际
法规则，而另外大部分规则都是'特殊性'的国际法规则。"③ 这一
征引在一定程度上表明，区域国际法的存在有其必然性。一方面，与
国家或国内社会相比，国际社会没有一个普遍性的"最高权威"。国
际社会在总体上是一个权力分散型社会，各个国际社会成员或国际
法主体之间对彼此不具有管辖效力，他们之间是平等的。对国际法
主体成员都具有效力的国际法很难形成，绝大部分国际法的效力范
围是区域国际性的。另一方面，国际社会成员或国际法主体之间的

① 〔德〕魏智通主编《国际法》，吴越、毛晓飞译，法律出版社，2012，第23页。
② 参见宋超光《国际经济法的渊源新论》，硕士学位论文，吉林大学，2006，第41页。
③ 李伯军：《非洲国际法初探》，载《西亚非洲》2006年第2期，第68页。

差异明显且较为普遍。主权国家的规模有大有小，有的国家是超大规模型国家，如俄罗斯、美国和中国等，有的国家则是珍袖型国家，如摩洛哥和不丹等。主权国家所信奉的宗教文化也不一样，有的信奉基督宗教，有的信奉伊斯兰教，有的没有统一的宗教信仰，等等。国家之间的经济发展程度也不一样，有的属于发达国家，大多数仍是发展中国家。在这种国际环境下，普遍国际法形成的条件往往比区域国际法形成的条件更难以出现，故区域国际法常常是国际法体系中的重要形态。① 如果是这样的话，区域国际法的形成不仅不是偶然性的，而且在国际法体系中占据着不可挑战的重要位置。基于对区域国际法现象的反观，所谓区域国际法一般指国际法主体基于特定的国际问题需要，在彼此的交往关系中发展出适用于它们的原则、规章和制度总体。② 区域国际法的承载主体往往是区域性国际组织。这些区域性组织，有的是服务于特定国际空间的主权国家即为一般性区域性组织，有的是服务于整个国际社会的特定领域即为专门性区域组织，而后者包括经济性区域组织、金融性区域组织、军事性区域组织等。其中，一般性区域组织包括美洲国家组织和阿拉伯国家联盟等，经济性区域组织包括北美自由贸易区和阿拉伯石油输出国组织等，金融性区域组织主要有加勒比开发银行、中美洲经济一体化银行、泛美开发银行、亚洲开发银行、阿拉伯非洲经济开发银行、非洲开发银行和欧洲货币体系等，军事性区域组织包括西欧联盟、澳新美理事会、中央条约组织和东南亚集体防务条约组织等。③

在区域性国际组织衍生的区域国际法中最为典型的莫过于"欧盟法"，当然可能还包括非洲国际法、美洲国际法等。④ "所谓欧盟

---

① 参见李伯军《非洲国际法初探》，载《西亚非洲》2006 年第 2 期，第 68 页。
② 参见王铁崖主编《国际法》，法律出版社，1995，第 4 页。
③ 参见邵津主编《国际法》，北京大学出版社，2014，第 308 页。
④ 参见王铁崖主编《国际法》，法律出版社，1995，第 4 页；李伯军《非洲国际法初探》，载《西亚非洲》2006 年第 2 期，第 70 页。

法，指以建立欧盟、规制欧盟各国的国际条约为核心而建立起来的，包括欧盟自己为实施条约而制定的各项条例、指令、决定和判例以及欧盟各国的相关国内法，旨在调整欧盟各国对内和对外关系的国际法和国内法规范的总称，是一个将国际条约的内容逐渐发展成为国内法规范的法律体系。"① 欧盟或欧洲联盟法律体系，除国家层面或主权国家层面内容之外，大体还包括两个层面的基本内容。一个是欧洲联盟得以形成的基本国际条约，主要有欧洲联盟得以成立的国际条约、欧洲联盟之前身即欧洲共同体得以成立的国际条约，以及后面陆续修改的系列国际条约。这些国际条约，比较基础性的包括《建立欧洲煤钢共同体条约》（《巴黎条约》）、《布鲁塞尔条约》（包括罗马条约以及《合并条约》）、《单一欧洲文件》、《申根协定》、《欧洲联盟条约》（《马斯特里赫特条约》）、《阿姆斯特丹条约》、《尼斯条约》（《欧洲联盟条约》的修订版）以及《里斯本条约》等。另一个是欧洲联盟法，具体包括能在欧洲联盟成员国中适用的条例、指令和决定等法规，还有欧洲法院做出的判决。其中条例、指令和决定等法规是欧洲联盟主要机构包括欧洲议会和成员国部长理事会等以解释欧洲联盟之基本国际条约的方式订立的。② 经由欧洲联盟订立的基本国际条约以及欧洲联盟法，欧洲联盟或欧盟虽然对其成员国的主权进行了相较于其他国际区域之主权国家较为明显的限制，但欧盟各成员国仍然是相对独立的主权国家。欧盟跟一般意义上的国际组织不同，其他的国际组织相较于欧盟对其成员的主权限制弱得多，尽管如此，欧盟仍是政府间的国际组织。③ 按照欧盟得以产生之国际条约的规定，欧洲联盟或欧盟制定的法律能够适用于各成员国。

① 张晓东：《论欧盟法的性质及其对现代国际法的贡献》，载《欧洲研究》2010年第1期，第68页。
② 参见张晓东《论欧盟法的性质及其对现代国际法的贡献》，载《欧洲研究》2010年第1期，第68~69页。
③ 参见张晓东《论欧盟法的性质及其对现代国际法的贡献》，载《欧洲研究》2010年第1期，第71页。

这一情况在我们看来，不仅难以否定欧盟法的国际"民间法"性质，而且是欧盟法为国际"民间法"这一性质的典型外延表现或外在表现形式。在国际社会层面，作为政治实体的最高形态，主权国家的国内秩序永远是一种"民间"秩序。国内秩序在国际社会层面没有拘束力，就好比国家范围内的民间法对于整个社会或国家没有拘束力。主权国家如此，国际组织更是如此，更何况欧盟法还只是限制欧盟成员国的部分主权权力。在此意义上，欧盟法对欧盟成员国之主权权力的限制，主要是为了维护欧盟范围或地区的国际场域公共秩序。欧盟仍然只是国际社会的一员，所构造的欧盟社会秩序在国际社会层面只能是一种国际"民间"秩序，所保护的也只是欧盟区域这一特定国际场域法域的场域公共秩序法益，而不是一种国际社会层面的国际政治秩序法益。

国际法中国际"官方法"之外的国际法部分就是民间法的国际维度疆界或国际"民间法"的疆界。如果仅停留于这样的厘定，显然是一种"偷懒"的做法，也是不够的。在这种情况下，本书一方面要揭示民间法之国际维度疆界或国际"民间法"之疆界的大致范围，即对民间法的国际维度疆界或国际"民间法"的疆界进行定性研究；另一方面要尽可能地论述清楚在广义的国际法体系中怎么辨别国际"民间法"规范，而这种实证研究展现为对国际"软法"和区域国际法的分析。对国际"软法"和区域国际法的案例式研究旨在表明，具备国际"软法"或区域性国际法特征的国际法特定形式，都属于民间法的国际维度疆界或国际"民间法"范畴。

四　民间法之国际维度疆界的基本法理
依据：国际场域公共秩序逻辑

场域公共秩序逻辑或国家层面的场域公共秩序逻辑，脱胎于国家范围内不同区域或领域亦即各种场域法域存在的事实情况。缘于场域理论的理论普遍性或理论穿透力，与布尔迪厄场域理论的应用分析在世界各地"遍地开花"一样，国家层面的场域公共秩序逻辑似乎能够在很大程度上扩展并适用于全球社会或国际社会。此为一方面。另一方面，不仅缘于场域理论的理论普遍性和理论穿透力而存在国际场域公共秩序逻辑，而且全球社会范围内不同国际区域或领域亦即各种国际场域法域中存在的事实情况本身也意味着国际场域公共秩序逻辑的存在。也就是说，国际社会层面也存在一种类似国家层面场域公共秩序逻辑的国际场域公共秩序逻辑。① 国家层面的场域公共秩序逻辑也能够适用于全球社会这一表述并不意味着本书坚持国际法与国家法之间关系的"一元论"。② "一元论"对于构建完美的场域公共秩序逻辑或一般意义上的场域公共秩序逻辑具有理论上的诱惑力，从长远来看确实可能如此，正如哈特教授所说："目前国际法或许仍处于朝向接受某种形式之基本规则的过渡时期，这将使它在结构上更接近国内法体系。假如这个过渡阶段完成，人们对国际法与国内法所做的形式上的类比（虽然目前仍很薄弱，甚至令人困惑）就将取得其实质。"③ 但是，就目前来看，国际法与国家法之间似乎还有难以跨越的鸿沟，即便是国际法离国家法最近的典型——欧盟法④，亦无法取消其成员国的国家法，反而随时可能被其成员国如英国所抛弃。可以说，国际法与国家法之间的关系问题，不是我们坚持不坚持"二元论"的问题，而是其本身就是"二元论"。

---

① 参见姚选民《"和谐社会"主题下的法学研究现象之分析：基于布尔迪厄的"场域"逻辑视角》，硕士学位论文，厦门大学，2009，第25~35页。
② 参见古祖雪《国际法的法律性质再认识：哈特国际法学思想述评》，载《法学评论》1998年第1期，第41页。
③ 〔英〕H. L. A. 哈特：《法律的概念》，许家馨、李冠宜译，法律出版社，2006，第217页。
④ 参见闻银玲《对欧洲联盟法的渊源及原则的认识》，载《桂林电子工业学院学报》1999年第2期，第73~75页。

在审视全球社会法体系的过程中，在厘清民间法的国际维度疆界或国际"民间法"的疆界时，各个国家法体系被视为一个个基本单位，不再是审视或研究的具体对象。在这种情况下，本书运用布尔迪厄教授的场域理论视角，将全球社会范围内或国际社会层面的国际场域结构总体上展现为区域性国际组织和以联合国为代表的全球社会这两个基本层级。就区域性国际组织层级而言，如前所述，区域性国际组织不仅包括一般性区域组织，而且包括专门性区域组织。而专门性区域组织包括经济性区域组织、金融性区域组织和军事性区域组织等，这些组织比较典型的有非洲统一组织、东南亚国家联盟、拉美自由贸易联盟、亚太经济合作组织、亚洲开发银行、阿拉伯非洲经济开发银行、北大西洋公约组织和华沙条约组织等国际组织。① 在区域性国际组织这一区域或领域层面，这些区域性国际组织所形成的决议或国际"民间法"，缘于国际法的主权平等原则，主要对区域性国际组织具有规制效力，维护区域性国际组织这一特定国际场域法域的国际场域公共秩序，保护区域性国际组织这一特定国际场域法域的国际场域公共秩序法益。在以联合国为标志的全球社会或国际社会层面，如果联合国形成的决议是"软法"性的（其中的国际强行法包括国际刑法，在国际"民间法"的疆界之外），缘于国际法的国家主权原则，这种"软法"决议或国际"民间法"所维护的也只能是全球社会范围内不同国际领域亦即各种国际场域法域如国际政治领域、国际经济领域、国际文化领域、国际社会领域和国际生态领域等领域的国际场域公共秩序，而不可能是类似国内政治秩序之国际社会层面的国际政治秩序，保护的也只能是全球社会范围内不同国际领域亦即各种国际场域法域如国际政治领域、国际经济领域、国际文化领域、国际社会领域、国际生态领域等领域的国际场域公共秩序法益。可以说，在国际社会层面，基于国际"民间法"的法

① 参见邵津主编《国际法》，北京大学出版社，2014，第308页。

理型构思维即国际场域逻辑，国际"民间法"的核心或基石法理是国际场域公共秩序逻辑。就像国家层面的民间法遵循着国家层面或国家范围内的场域公共秩序逻辑，国际"民间法"遵循着国际场域公共秩序逻辑，其基本表现亦包括国际"民间法"在全球社会范围内不同国际区域或领域亦即各种国际场域法域中处理国际"官方法"没有顾及的国际关系纠纷、国际"民间法"在各种国际场域法域中处理国际"官方法"顾及起来不经济的国际关系纠纷、国际"民间法"在各种国际场域法域中处理国际"官方法"难以彻底解决的国际关系纠纷等与国家层面场域公共秩序逻辑内容相类似的基本内容。基于这样一种思想认识逻辑，国际社会层面的国际场域公共秩序逻辑意味着国际"民间法"有特有的法益疆界和外延疆界，而国际场域公共秩序逻辑是民间法之国际维度疆界或国际"民间法"之疆界的基本法理依据。

第六章　民间法的"法治中国"担当：
兼对通常法治一元观的批判

以习惯或习惯法、民族习惯法、社会惯例等为典型代表的国家层面民间法，成为法或广义上之法体系的非正式渊源，这几乎已经成为国内外法学界的基本共识。① 与此同时，以国家制定法和地方法等为典型代表的国家法，却远远难以满足现实司法实践的需要或需求。② 国家层面特定民间法如习惯或习惯法、民族习惯法、社会惯例等亦一直是现实司法的重要指引或裁决依据。③ "由国家确立的实在法制度必然是不完整的、支零破碎的，而且它的规则也充满着含义不清的现象。有些理念、原则和标准同正式的法律渊源相比，可能更加不明确，但是不管怎样，它们还是给法院裁决提供了某种程度的规范性指导，而只有诉诸这些理念、原则和标准才能克服实在法制

---

① 参见张文显主编《法理学》，高等教育出版社，2011，第 54~58 页；胡平仁编著《法理学》，中南大学出版社，2016，第 57~63 页；〔美〕E. 博登海默《法理学：法律哲学与法律方法》，邓正来译，中国政法大学出版社，2017，第 463~500 页；〔美〕罗斯科·庞德《法理学》（第 3 卷），廖德宇译，法律出版社，2007，第 287~316 页。

② 参见田成有《国家法在乡土社会中取得成功的条件与保证》，载《江苏行政学院学报》2001 年第 3 期，第 100 页。

③ 参见张济民主编《渊源流近：藏族部落习惯法法规及案例辑录》，青海人民出版社，2002，第 1~238 页；海乃拉莫、曲木约质、刘尧汉主编《凉山彝族习惯法案例集成》，云南人民出版社，1998，第 7~199 页；张邦铺《彝族习惯法及调解机制研究》，法律出版社，2016，第 1~259 页；淡乐蓉《藏族"赔命价"习惯法研究》，中国政法大学出版社，2014，第 1~268 页。

度所存在的那些缺点。如果没有法律非正式渊源的理论，那么在确定的实在法规定的范围以外，除了法官个人的独断专行以外，就什么也不存在了。"① 这两方面的现实基本情况表明，一方面，国家层面的民间法仍属于法或广义上之法体系的范畴。更进一步讲，包括国家层面民间法在内的一般意义上的民间法，是相对于社会道德或社会文化意义上的法，与国际法（包括国际"民间法"和国际"官方法"）分居于法或广义上的法体系这一连续光谱区间的两端，而国家法则占据着法或广义上的法体系这一连续光谱区间的中心位置。另一方面，在"民间法是法"的逻辑前提下，国家层面民间法与国家法一样也有着与国家法相同性质的使命和担当。这种使命和担当当然不可能与国家法的使命和担当完全一样，但是，既然国家法的使命和担当当然包括其"法治"之使命和担当②，那么，国家层面民间法的使命和担当也当包括"法治"这一使命和担当。③ 在此意义上，基于民间法这一法律现象的民间法法学思维，不但不会妨碍"法治"这一使命和担当，而且会在整体意义上推进中国的法治实践进程。④

---

① 〔美〕E. 博登海默：《法理学：法律哲学与法律方法》，邓正来译，中国政法大学出版社，2017，第462~463页。

② 在当代中国的官方语境中，所谓"法治"秩序在很大程度上指"依法治国"秩序。不过，不论是西方意义上的"法治"秩序，还是当代中国语境中的"依法治国"秩序或"法治"秩序，其实质内涵是关于现代社会秩序之善治秩序的至善秩序状态。如果是这样，从法文化传统的角度严格来讲，西方世界之社会秩序的至善秩序状态可以用其一脉相承之"法治"秩序状态来指代或表示。而当代中国所追求之社会秩序的善治秩序状态，其至善秩序状态，与其说是"依法治国"秩序或"法治"秩序状态，不如说是一种内含"天下平"的"国治"秩序状态，其内容包括已现代化的"身修"和"家齐"等基本意涵。该问题内容繁复，需要专文另行阐述，于此按下不表。

③ 参见谢晖《法治讲演录》，广西师范大学出版社，2005，第263~326页。

④ 参见中共中央宣传部编《习近平新时代中国特色社会主义思想三十讲》，学习出版社，2018，第189~191页。

一 "民间法之殇"：民间法危害法治？

在当前中国，国家层面民间法的法治使命和担当问题或"民间法法学思维是否有碍法治"问题会成为一个理论问题，主要是以"民间法危害法治"论调为其思想背景的。也就是说，若"民间法危害法治"这一论调得不到及时、有效清理，[①] 在当代中国语境中，这一问题就会一直存在。"民间法危害法治"论调在当前学界主要呈现为两个方面，抑或说主要有两个方面的基本论据支撑。

第一，民间法危害法治，缘于民间法存在固有"缺陷"。在不少人看来，国家层面的民间法跟国家法相比不可"同日而语"，不仅"粗糙""简陋"，而且存在许多明显不足。[②] 首先，民间法的效力空间很受局限。国家层面的民间法一般产生于特定的社会区域，只对该地区的社会全体成员有效，其作用的物理空间范围常常有限。比如，对特定村镇或县域具有规制效力的民间法，对其他的村镇或县域的人可能就没有引导行为的规制效力了。此外，国家层面民间法适用的领域范围也有局限。国家层面的民间法并不能适用于全领域或所有领域，不仅如此，国家层面的民间法对其适用领域还存在某种偏好。国家层面的民间法在人情领域似乎更显神通，在亲戚圈和熟人圈等领域见到民间法身影的概率就比其他领域高得多。超出了这些领域范围，民间法似乎会自然失效。也就是说，国家层面的民间法在相对稳定的熟人社会空间里或者在相对熟悉的社会人际关系领域中常常非常管用和有效。"民间法的这种缺陷是与国家法的统一性、普适性是相矛盾的，它不适应现代市场经济的发展需要和人与

---

① 参见谢晖《民间法的视野》，法律出版社，2016，第144~147页。

② 参见田成有《乡土社会中的国家法与民间法》，载谢晖、陈金钊主编《民间法》（第1卷），山东人民出版社，2002，第25~26页。

人交往复杂、频繁的现实，无疑是上不了大台面的，是见不了大世面的。"①

其次，民间法的"非正规军"气质比较严重。"绝大多数民间法产生是在长期的生产、生活中逐渐自然形成的，有些则是通过共同议定和约定而成的，它没有什么外部力量的干预和敦促，其产生后，主要通过口头、行为、心理进行传播和继承，它的实施也主要靠情感、良心的心理认同和价值利益取向的共同性以及社会舆论的保障。"② 与国家法不同，国家层面的民间法一般没有规范的制定程序和严谨的文字表现形式，其"非正式性"特性容易产生较大弊端。申言之，国家层面的民间法缘于其"非正式性"而具有不确定性，给"外人"的感觉或印象似乎是"道常无为，而无不为"，让人捉摸不透。此外，同样缘于其"非正式性"特性，国家层面的民间法实施缺乏必要监督，也没有强制力，实施过程的自由裁量空间常常比较大。

最后，民间法施行常不按"套路"出牌。"民间法往往是围绕着特定地区、特定人员的生产、生活的日常事务、婚嫁丧娶、节日喜庆、人情往来进行规定，而且这些约定很多都是偏重于对财产、婚姻家庭及本社区的生产资料的保护，在内容上以朴实、简洁、方便、合理、易操作见长，告诉人们做什么、如何做，实体内容和程序内容混杂，甚至没有严格的程序手段可供遵循。"③ 国家层面之民间法施行的"不规范"特性源于其"非正式性"。这些特性在不少人看来，与其说彰显了国家层面民间法施行的优长，如实施成本低或"讲效

① 田成有：《乡土社会中的国家法与民间法》，载谢晖、陈金钊主编《民间法》（第1卷），山东人民出版社，2002，第25页。

② 田成有：《乡土社会中的国家法与民间法》，载谢晖、陈金钊主编《民间法》（第1卷），山东人民出版社，2002，第25页。

③ 田成有：《乡土社会中的国家法与民间法》，载谢晖、陈金钊主编《民间法》（第1卷），山东人民出版社，2002，第26页。

率"、推崇实体正义等，不如说暴露了国家层面民间法施行本身存在的严重不足，如"不讲是否"或缺失正义标准、无视程序正义等。

缘于国家层面之民间法这三方面的主要特性，国家范围内不同区域或场域亦即各种场域法域中一部分人极有可能轻松逃避民间法制裁，或者民间规范或民间法可能对他们无效。这不仅在一定程度上伤害国家层面民间法的权威性，而且难以修复被破坏的特定社会关系，造成"守法者无利，不守者受益"之困境。长此以往，不遵守民间法的个别情况会发展成通行现象，以致国家范围内不同区域或领域亦即各种场域法域的社会秩序遭到彻底或实质性破坏。①

第二，民间法危害法治，缘于民间法与国家法所表征之法的演进趋势相悖。"在现代性条件下，受理性主义支配的法治建设，必然以代表着旧的非正式传统的民间法作为自己的对立面来强化其合法性论证；理性主义通过自身以确立自身的信念也使得现代法律秩序不再把非正式传统的知识体系作为自己的基础。"② 受这种现代理性主义思维或思想逻辑的支配，一些人甚至不少研究者可能会觉得，若站在国家层面民间法的立场上来思考问题，即从落后的价值观出发，让国家法"屈从"于民间法的话，国家法在构建国家社会法秩序过程中的主导身份就会被削弱甚至丧失。不仅如此，追逐"落后的利益"的要求会盛行，其后果是彰显现代法之精神价值的国家法在很大程度上成为现实社会生活的"尾巴"，无法对农村或基层社区中的民间法产生引导效力。③ 这种思想逻辑在当前盛行，必然会得出这样的结论："由于民间法属于自生自发的秩序，它在价值理念上更多关注的是自由，追求的是人与人之间的和谐相处与否；注意伦理

---

① 参见马得华《民间法及其当代命运》，载谢晖、陈金钊主编《民间法》（第 2 卷），山东人民出版社，2003，第 98~99 页。

② 魏治勋：《民间法思维》，中国政法大学出版社，2010，第 28 页。

③ 参见田成有《乡土社会中的国家法与民间法》，载谢晖、陈金钊主编《民间法》（第 1 卷），山东人民出版社，2002，第 27 页。

与道德，讲究人与人之间的等级观念；在法律适用上追求的是对国家法的变通适用，所以从一定意义上讲，它是破坏法治的。"① 当这样一种思想逻辑进一步演化为一种有影响力的法理逻辑时，我国的法治建设或推进策略必然是坚持立法中心主义。一方面，几十年来大量的国家法或法律被制定出来，已建成中国特色社会主义法律体系②；另一方面也导致在法治规范资源选取上的国家法一元主义或国家法法律一元主义，即是说，只有国家法才是法治之法，③ 而国家层面的民间法"不配"称为"法"，甚至被视为推进中国法治进程的主要阻滞因素，是被大力革新或取缔的关键对象。④

其实，不论是从宏观层面还是从微观层面来看，"民间法危害法治"论调都是可以争辩的。就微观层面而言，国家法跟民间法一样，亦有固有缺陷，甚至可能有过之而无不及。国家法就好像一张"大网"，似乎网罗住现代社会生活的方方面面。但是，反观人类现实生活或者周边社会生活，不难发现，现实生活中有许多"小鱼"可以从"渔网"中漏掉。这种现象表明，法律之网其实网不住现代社会生活的全部，所网住的部分甚至只是现代社会生活的极小一部分。在这种情况下，现代国家法之网事实上变成了法律之"漏"。⑤ 在推进法治建设的过程中，如果我们完全为国家法法治一元论亦即通常的"现代法治一元论"所支配，⑥ 无视民间法法秩序这一社会法秩序结构之重要成员的存在现实，那么，国家政府所提供的法治公共产品难以

① 李秀群：《民间法与国家法的冲突与融合：一个比较的视角》，载谢晖、陈金钊主编《民间法》（第2卷），山东人民出版社，2003，第81页。

② 参见《中共中央关于全面推进依法治国若干重大问题的决定》，人民出版社，2014，第8~15页。

③ 参见田成有《法律社会学的学理与运用》，中国检察出版社，2002，第211~215页。

④ 参见魏小强《民间法复兴论纲》，载谢晖、陈金钊主编《民间法》（第12卷），厦门大学出版社，2013，第43页。

⑤ 参见彭中礼《不成文法是法律渊源吗：以民间习惯为例》，载谢晖、陈金钊主编《民间法》（第12卷），厦门大学出版社，2013，第176页。

⑥ 参见蒋传光等《新中国法治简史》，人民出版社，2011，第1~340页。

满足整个社会中人们对法治秩序的需求，而且在现实生活中人们还会有意拒斥国家层面民间法为整个社会提供的法治公共产品。结果，一方面国家法法治精神难以在农村或基层社区"落地"，另一方面农村或基层社区成为一个缺少"合法"法治供给的薄弱地带。通常的法治一元观不仅不能为农村或基层社区提供有效的法治公共产品，而且在很大程度上会妨碍国家层面民间法为农村或基层社区提供法治公共产品，造成农村或基层社区社会公共秩序的某种不稳定性甚或"真空"地带。[①]"最后，因为这种法律不是他们所真正关心的实际生活本身，有可能更加激发国家法与民间法的冲突，从而使国家法无法实施，其结果可能是暴虐而不是保护。"[②] 就宏观层面而言，从法或广义上之法体系的演进历史来看，国家法或国家法律是从习惯和惯例等民间法演进而来，摒弃或不尊重国家层面的民间法最终会让现代国家法成为"无源之水""无本之木"。"在社会发展的某个很早的阶段，产生了这样一种需要：把每天重复着的产品生产、分配和交换用一个共同规则约束起来，借以使个人服从生产和交换的共同条件。这个规则首先表现为习惯，不久便成了法律。"[③] 甚至到现代中国，在谢晖先生看来，"国家法之坐大独霸，实赖民间法之辅佐充实。是以 19 世纪中叶特别 20 世纪以降，社会实证观念后来居上，冲击规范实证法学之壁垒，修补国家法律调整之不足。在吾国，其影响所及，终至于国家立法之走向。民国时期，当局立法（民法）之一重大举措即深入民间，调查民、商事习惯，终成中华民、商事习惯之盛典巨录，亦成就了迄今为止中华历史上最重大之民、商事立法"。[④] 强势

---

① 参见田成有《乡土社会中的国家法与民间法》，载谢晖、陈金钊主编《民间法》（第 1 卷），山东人民出版社，2002，第 27 页。

② 田成有：《乡土社会中的国家法与民间法》，载谢晖、陈金钊主编《民间法》（第 1 卷），山东人民出版社，2002，第 27~28 页。

③ 《马克思恩格斯选集》（第 3 卷），人民出版社，2012，第 260 页。

④ 谢晖：《〈民间法〉年刊总序》，载谢晖、陈金钊主编《民间法》（第 1 卷），山东人民出版社，2002，第 2 页。

的国家法观念甚或国家法法律一元观所彰显的，不仅仅是对国家层面的民间法作为法或广义上之法体系中基本法形态的歧视，而且是对历史长河特别是现当代世界中法制事实的集体有意识盲视。

以上分析表明，"民间法危害法治"论调在很大程度上是站不住脚的。这一论调在当前学界特别是法学界还"具有一定市场"，经由一种"反思性平衡"之思维方式，其得以存续的根本原因在于，当前学界学者特别是法学研究者对"法治"的理解①缘于西方法治思想的支配性影响，存在致命局限或缺陷。

二 法治的场域层次性：兼对通常法治一元观的批判

近年来，破坏社会秩序的事件时不时发生，人们的秩序感和安全感似乎迅速下降。作为法治的主要载体，国家法的有效性受到了极大质疑或挑战。② 如朱苏力先生所指出的，"在当下中国的流行话语和实践中，法治往往仅仅被理解为立法数量的增加，执法力度的加大；往往被视为或侧重于对一个既定目标（现代化）的追求，对一个已定方案（并非法治的细节，而是原则）的贯彻，对一种社会治理模式的靠拢。在这一简单化思维定式的引导下，尽管近年来中国的经济发展迅速、社会日益开放、立法数量激增、执法力度加大，人们却感到，社会仍然混乱，甚至有愈演愈烈的感觉"。③ 此外，不少民众在现实生活中对法治实践呈现出冷漠态度，如"法治半径"过小，对国家法的抵制和规避等情形比较明显。在当前中国的法治进程中，主导和代表现代法治的国家法在一定意义上难以最大限度地满足地方民众的利益诉求，主要表现为国家法没有能够及时提供广大民众

---

① 参见谢晖《法治讲演录》，广西师范大学出版社，2005，第79~89页。
② 参见郑永流《法治四章：英德渊源、国际标准和中国问题》，中国政法大学出版社，2002，第222~223页。
③ 苏力：《道路通向城市：转型中国的法治》，法律出版社，2004，第5页。

所需要的一些规则或规范，而它提供的许多规则规范似乎又不是民众所需要或想要的。① 在不少民众看来，以这种面貌所呈现的国家法既不简便易行，亦难以满足他们的迫切现实需要。② 上述现象和“民间法危害法治”论调叠加出现的根源，在于当前的国家法理论及其实践对法治或一般意义上的法治及其法治秩序的认识存在较大偏差，亟须对当前所盛行的法治理论或西方法治理论③进行反思和批判④。

何谓“法治”？或者说，法治或一般意义上之法治的核心要义是什么？当前学界特别是法学界学者对这一问题的回答，在某种程度上似乎达成了基本共识。⑤ 其中的代表性观点认为，法治之内涵包括“（1）国家需要制定出以宪法为基础的完备的法律，而这些法律必须充分体现现代宪政的精神；（2）任何国家机关、政党和领袖人物都必须严格依法办事，没有凌驾于宪法和法律之上的特权；（3）宪法和法律应按照民主程序制定和实施，这种宪法和法律也能充分保障民主制度与人权；（4）法律面前人人平等，法律的保护与惩罚对任何人都是一样的；（5）实现司法独立，以保证法律的公正与权威”。⑥

① 参见田成有《国家法在乡土社会中取得成功的条件与保证》，载《江苏行政学院学报》2001年第3期，第100页。
② 参见陈冬春《法治的资源：国家法与民间法的对立和融合》，载谢晖、陈金钊主编《民间法》（第4卷），山东人民出版社，2005，第397页。
③ 参见张中秋《中西法律文化比较研究》，中国政法大学出版社，2006，第331~347页。
④ 参见谢晖《制度修辞论》，法律出版社，2017，第68~88页。
⑤ 参见胡平仁编著《法理学》，中南大学出版社，2016，第302页；苏力《道路通向城市：转型中国的法治》，法律出版社，2004，第18页；王人博、程燎原《法治论》，广西师范大学出版社，2014，第104~105页；郑永流《法治四章：英德渊源、国际标准和中国问题》，中国政法大学出版社，2002，第161~162页；徐显明《论“法治”构成要件：兼及法治的某些原则及观念》，载《法学研究》1996年第3期，第40~44页；姜明安《再论法治、法治思维与法律手段》，载《湖南社会科学》2012年第4期，第76页；沈宗灵所撰“法治和人治（rule of law and rule of man）”条目，载《中国大百科全书：政治学》，中国大百科全书出版社，1992，第84页。
⑥ 李步云：《走向法治》，湖南人民出版社，1998，第10~11页。

"综采诸说而损益之，我们可以把法治的要件或要素表述为以下十个方面，这十个要素也是养成法治品德所必须牢记和依循的基本规诫"，① 主要包括，其一，存在能够适用于整个国家范围的法律；其二，社会公众知道适用于其之法律的存在；其三，社会公众知道法律适用的可能结果；其四，法律中的规定不是模棱两可的；其五，法律中的内容不是前后矛盾的；其六，对于法律所规定的内容社会公众事实上能够做得到；其七，法律不是朝令夕改的；其八，政府在法律之下；其九，司法在全社会中具有权威性；其十，司法是公正的。② 这些关于法治之基本内涵的代表性观点表明，一方面，国内学界特别是法学界学者对法治或一般意义上之法治的理解，深受西方法治思想③的影响，甚至受到了西方法治理论的思维钳制；④ 另一方面，对"中国法治是什么"的思考还没有真正提上议事日程。"现代西方法治理论的发展主要有两条路径：一条是自戴雪以来的形式主义法治理论的发展路径，其当代代表人物是英国法学家拉兹；

---

① 夏勇：《法治是什么：渊源、规诫与价值》，载《中国社会科学》1999 年第 4 期，第 127 页。

② 参见夏勇《法治是什么：渊源、规诫与价值》，载《中国社会科学》1999 年第 4 期，第 127~134 页。

③ 参见〔古希腊〕亚里士多德《政治学》，颜一、秦典华译，载苗力田主编《亚里士多德全集》（第 9 卷），中国人民大学出版社，1994，第 135 页（1294^{a5-9}）。〔英〕戴雪《英宪精义》，雷宾南译，中国法制出版社，2001，第 244~245 页；〔英〕弗里德里希·奥古斯特·冯·哈耶克《通往奴役之路》，王明毅等译，中国社会科学出版社，1997，第 74 页；〔英〕柯林·穆恩罗《法治（Rule of law）》，载〔英〕韦农·波格丹诺主编《布莱克维尔政治制度百科全书》，邓正来主编，邓正来等译，中国政法大学出版社，2011，第 586~587 页；Lon L. Fuller, *The Morality of Law* (New Haven, Connecticut: Yale University Press, 1969), pp. 46-94; John Finnis, *Natural Law and Natural Rights* (Oxford: Clarendon Press, 1980), p. 270; Joseph Raz, *The Authority of Law: Essays on Law and Morality* (Oxford: Clarendon Press, 1979), pp. 214-218。

④ 参见张中秋《中西法律文化比较研究》，中国政法大学出版社，2006，第 308~311 页；蒋传光等《新中国法治简史》，人民出版社，2011，第 193~198 页。

另一条是试图修补形式主义法治缺陷的实质主义法治理论路径，其典型代表是罗尔斯、德沃金等新自然法学派。"[1] 缘于实质主义法治思想传统较为理论化和基本构成要件不够明晰等情况，本章拟以秉持形式主义法治[2]思想传统的拉兹教授对法治或一般意义上之法治的理解为例，作为讨论"中国法治是什么"甚或"法治是什么"这一元问题的学术起点。在拉兹教授看来，法治或一般意义上的法治当包括以下基本构成要件。

> （1）法律是可预期、公开、明确的；（2）法律是相对稳定的；（3）在公开、稳定、明确、一般之规则的指导下制定特定法律命令或行政指令；（4）保障司法独立；（5）遵守像公平审判、不偏不倚等自然正义原则；（6）法院有权审查政府部门行为以判定其是否合乎法律；（7）到法院打官司是容易的；（8）不容许执法机构自由裁量权歪曲法律。[3]

西方法治实践在很大程度上可以说是整个人类的文明成果，理当成为中国推进法治进程的借鉴对象。但是在借鉴的过程中，我们亦当深刻认识中国法治的"地方性知识"面相，[4] 而不能"囫囵吞枣""全盘移植"。[5] 反观和审视西方法治理论的重要代表——"法治八原则"，[6] 拉兹教授有着较为明显的前提预设：其一，法治之法

---

① 胡平仁编著《法理学》，中南大学出版社，2016，第303页。

② 参见陈金钊《法治及其意义》，法律出版社，2017，第217～245页。

③ Cf. Joseph Raz, *The Authority of Law*: *Essays on Law and Morality*（Oxford: Clarendon Press, 1979）, pp.214-218.

④ 参见〔美〕克利福德·格尔茨《地方知识：阐释人类学论文集》，杨德睿译，商务印书馆，2014，第4～271页。

⑤ 参见姚选民《司法独立再审视：一种民间法哲学思考》，载谢晖等主编《民间法》（第15卷），厦门大学出版社，2015，第217～227页。

⑥ 参见〔英〕约瑟夫·拉兹《法律的权威：法律与道德论文集》，朱峰译，法律出版社，2005，第187～190页。

应当是法律或国家法；其二，"法治八原则"主要是对西方法治实践经验的总结或升华，如"司法独立"和合宪审查等法治基本构成要件的西方法律文化特色比较浓厚。当然，这些前提预设在拉兹教授所生活的法律环境甚或整个西方法律环境中没有问题，① 但是，如果将这种法治观不加反思地或只是"小修小补"后就径直引入中国法律环境并作为推进中国法治进程的"指南"，② 则不仅难以达致推崇者的预期目的，③ 还极有可能在中国的法治实践中引发南辕北辙式的实践后果。

就前一方面而言，在西方法律环境中，将法治之法或一般意义上的法治之法限定为法律或国家法是没有问题的。西方社会法律环境中有两种情况：要么实行判例法制度，即作为非国家法的民间法能够通过法官群体被及时吸收进新判例，进而转化为法律或国家法；要么是遵循大陆法系、法典盛行的国家，国土物理空间比较小。就后者大陆法系国家来说，作为非国家法的民间法不仅量少而且容易转化成国家法，并且在"大陆法系"深受影响之自然法精神的影响下，作为非国家法的民间法及其精神亦比较容易得到尊重和吸纳。也就是说，在西方社会法律环境中，法治之法或一般意义上的法治之法是国家法，这在很大程度上是一种假象。在作为非国家法的民间法很容易转化成为国家法的情况和条件下，西方意义上的法治之法在很大程度上或实际上就是法或广义上的法体系，而非仅仅是国家法。它还包括民间法或国家层面的民间法，以及国际法如国际"民间法"和国际"官方法"。但是，在中国法律环境中，如果我们"依葫芦画瓢"，亦将法治之法或一般意义上的法治之法限定为法律或国家法，

① 参见〔英〕约翰·菲尼斯《自然法与自然权利》，董娇娇等译，中国政法大学出版社，2005，第216~218页。

② 参见田成有《国家法在乡土社会中取得成功的条件与保证》，载《江苏行政学院学报》2001年第3期，第98~99页。

③ 参见姚选民《司法独立再审视：一种民间法哲学思考》，载谢晖等主编《民间法》（第15卷），厦门大学出版社，2015，第217~227页。

那么，处理或应对社会中绝大部分纠纷的国家层面民间法就会被排除在外。中国的"法治半径"显然就会太小，要想用这么小的"法治半径"去涵盖体量如此庞大的中国法治对象，其后果必然是"心有余而力不足"。

就后一方面而言，我们且不说将西方法治模式照搬到中国实践的现实可能性，[①] 单就从理论演绎上也说不过去。有研究表明，西方意义上的法治在西方社会法律环境中也还是一种难以企及的道德理想。[②] "在研究中，尤其在对法治的研究中，不可避免的，也是必然地要引进大量近现代西方法学家的观点。但问题是，直到现在，理论界所研究的重点仍然是：法治（当然主要是西方法治）应该是什么或法治应该具有怎样的模式与特征……理论界所说的法治，不必说在中国，就是在实行法治已二三百年的西方也不过只是一种理想的境界"[③]。如果西方法治思想不仅是对西方国家法法治实践经验的理论总结，在很大程度上还是一种关于法治或一般意义上之法治的"理想境界"或理想图景，[④] 那么，中国法治实践在借鉴西方法治理论思想时就更需要进行严肃审视，并尤其要杜绝这样一种情况，"许多人将西方的法治理想视为西方的法制现实，法的作用被神化了"[⑤]。

主要借鉴源自西方社会法律生活经验的法治精神，考虑到中国法律实践[⑥]的现实情况，法治或一般意义上之法治的朦胧印象或理想图景似乎是这样的："法治，表达了一种深刻的渴求，渴求社会生活

① 参见姚选民《司法独立再审视：一种民间法哲学思考》，载谢晖等主编《民间法》（第15卷），厦门大学出版社，2015，第217~227页。

② 参见郑永流《法治四章：英德渊源、国际标准和中国问题》，中国政法大学出版社，2002，第162页。

③ 马小红：《法治的历史考察与思考》，载《法学研究》1999年第2期，第29页。

④ 参见邓正来《中国法学向何处去：建构"中国法律理想图景"时代的论纲》，商务印书馆，2011，第1~275页。

⑤ 马小红：《法治的历史考察与思考》，载《法学研究》1999年第2期，第30页。

⑥ 参见中共中央宣传部编《习近平新时代中国特色社会主义思想三十讲》，学习出版社，2018，第183~185页。

的规则有序，而法律就是'使人类行为服从规则治理的事业'。尽管法学家对法治的定义有所不同，但诸多定义都从不同的方面强调了规则性的统治……只有在有序和规则的环境中，人们才可能对未来有一个大致确定的判断，才可能有自觉的、有意义的生活，也才有可能在社会生活中运用个人的知识采取有效的行动、做出种种安排，其努力才是有意义的；这意味着同他人进行广义上的合作，其中既包括诸如合作生产、组织家庭等，也包括不侵犯他人这样的合作。"①更明确地说，甚或更进一步地说，抛开种种特殊考量或各方面特殊因素，法治或一般意义上之法治的基本状态，应当是让能够被称为"法"的规则或规范都具有其应有的"法"之地位。法治或一般意义上的法治之法，理论上在一般状态下应当是法或广义上的法体系，②尽管其现实实践状态可能存在特殊情况，如西方意义上的法治之法就有一定特殊性。这样一种思想逻辑表明，关于法治或一般意义上的法治之法的合法性问题，我们不能拘泥于唯一的狭义标准即国家法标准，尽管国家法在法或广义上之法体系的基本法形态中最具典范性，亦在当前各方面情况下最具权威性。不可否认，对于国家法产生的合意标准即反映民意之立法机关的立法标准，法治或一般意义上的法治自然要给以应有的尊重。但是，法或广义上之法体系产生的历史性标准，也是法治或一般意义上的法治应当给予足够尊重的标准。在很大程度上，法或广义上之法体系的历史性标准也是一种变相的合意标准，因为辖下大部分社会成员都不同意的规则或规范不可能会成为法或广义上之法体系的一部分，只是这种"同意"不是那么的标准或国家化。基于这样一些前提性思考，以当前种种关于法治或一般意义上之法治的思考和实践经验为参照，并且撇开西方法治思想的特殊因素，法治或一般意义上之法治的核心内涵就呼

---

① 苏力：《道路通向城市：转型中国的法治》，法律出版社，2004，第3~4页。

② 参见彭中礼《法治之法是什么：法源理论视野的重新探索》，载《北京航空航天大学学报》（社会科学版）2013年第1期，第53~59页。

之欲出了。何谓法治？我们的基本回答是，法治或一般意义上之法治的核心要义主要包括两个层面：其一，存在合意产生的法；其二，这些法能够普遍为其所拘束之社会成员所遵守。其中，"合意产生的法"即法治之法或一般意义上的法治之法，一般指法或广义上的法体系，其外延不仅包括国家法（包括落实国家法的地方法），而且包括作为非国家法的民间法或国家层面的民间法，还包括国际法，如国际"官方法"（包括国际强行法和国际刑法等）和国际"民间法"（国际"软法"和区域国际法等）。而"能够普遍为其所拘束之社会成员所遵守"这一表达的基本内涵有两层意思。一方面，法对信守其效力的社会成员具有拘束力。这部分的法是事实上有效力的法，如民间法或国家层面的民间法和国际"民间法"（包括国际"软法"、区域国际法等）等。另一方面，法对其强制适用之社会成员具有拘束力。这部分的法是制度上有效力的法，如国家法和国际"官方法"（包括国际强行法和国际刑法等）等。从法治或一般意义上之法治的朦胧印象或整体效果来看，法治或一般意义上之法治的其他形式要件如施行程序和制定程序等相较于其核心要义来看都是形式，都不是决定一个国家或社会存不存在法治的关键，都是可有可无的东西，甚至还可能是让一个国家或社会之法治实践产生异化的外在因素。

　　基于这样一种法治观或一般意义上的法治观，法治秩序或一般意义上的法治秩序的外延，在国家层面上主要指国家法法治秩序和民间法法治秩序，而在国际社会层面上则指国际法法治秩序，[①] 包括国际"官方法"法治秩序和国际"民间法"法治秩序。其中，国家层面的民间法法治秩序，不仅包括区域法治秩序[②]如民族区域和行政建制区域等场域法域法治秩序，还包括领域法治秩序如民俗场域和

---

① 参见郑永流《法治四章：英德渊源、国际标准和中国问题》，中国政法大学出版社，2002，第 161~162 页。

② 参见梁海燕《民族地区习惯法与区域法治构建探析》，载谢晖等主编《民间法》（第 15 卷），厦门大学出版社，2015，第 62 页。

文化场域等场域法域法治秩序。法治秩序或一般意义上之法治秩序的这些外在形态表明，法治状态或一般意义上的法治状态具有明显的场域层次性。关于这一场域层次性问题，学界特别是法学界不少学者已注意到了这一制度事实，如"国家法与民间法，实乃互动之存在……两者作为各自自治的事物，自表面看，分理社会秩序之某一方面；但深究其实质，则共筑人间安全之坚固堤坝。即两者之共同旨趣，在构织人类交往行动之秩序"① "当代中国实际上存在两种秩序运行的调整机制：一是由国家确认和维护其价值的国家法机制；二是由村落、乡民或其他团体确认或维护其价值的民间法机制。国家法机制具有规范性强、条理清楚、适用面广、国家强制保障等特点，带有'公'的性质，属于调整机制的浅层范围，采用压制型方式。民间法机制更多地则靠相关主体对该规范普遍认可和遵守（当然也不排除强制），带有'私'的性质，属于调整机制的深层范围，采用经常性、自治型的补救方式"② 等。由于种种原因，这些洞见没能及时进行理论化提升，却是本章思考法治或一般意义上的法治之场域层次性命题的宝贵思想理论资源。

当然，法治状态或一般意义上之法治状态的场域层次性不仅有其理论逻辑支撑，还有其实践经验支撑，有大量现实生活案例作为其实践经验基础③。

案例一：青海多杰仁增故意杀人案。1984 年 4 月 27 日 10 时许，多杰仁增与多杰太在牧羊的过程中为琐事发生口角引发了

① 谢晖：《〈民间法〉年刊总序》，载谢晖、陈金钊主编《民间法》（第 1 卷），山东人民出版社，2002，第 2 页。
② 王青林：《民间法若干问题初探》，载谢晖、陈金钊主编《民间法》（第 3 卷），山东人民出版社，2004，第 79 页。
③ 参见张济民主编《渊源流近：藏族部落习惯法法规及案例辑录》，青海人民出版社，2002，第 151~238 页；海乃拉莫、曲木约质、刘尧汉主编《凉山彝族习惯法案例集成》，云南人民出版社，1998，第 39~199 页。

殴斗。在相互撕打的过程中，多杰仁增用随身携带的刀具连刺多杰太 26 刀，致其重伤。这个时候，多杰太的儿子羊吉加赶到了现场，加入了殴斗之中。羊吉加先用石头砸了多杰仁增的右臂，继用木棍打了其头部左侧，多杰仁增十分恼火，还击的时候连刺四刀，致使羊吉加当场死亡。事后，犯罪嫌疑人多杰仁增到当地沙沟公社主动投案自首。当地自治州检察院对犯罪嫌疑人多杰仁增提起了公诉，当地自治州中级人民法院公开审理后判处犯罪嫌疑人多杰仁增死缓，并剥夺其政治权利终身。多杰仁增被定罪量刑后，为免此案再起事端，一方面，罪犯多杰仁增的亲属主动赔偿被害人羊吉加的亲属 3000 元现金，并按当地习俗给当地寺院买了经卷；另一方面，当地政府、司法机关亦积极主动做了被害人羊吉加亲属的思想工作。不过，案件审结后，被害人羊吉加的亲属还是没能完全放下心中的仇怨，不时纠缠、到处追打罪犯多杰仁增的妻子儿女，使他们长期不得安宁，迁往他乡。①

案例二："秋菊打官司"。这是西北农村中的一个纠纷处置事例。为并不是很紧要的事，当地的一位农民同村长吵了起来，骂村长"断子绝孙"。受中国传统儒家伦理文化的深刻影响，这种话在农村中是非常伤人的。的确只生了四个女儿的村长愤怒地动了手，向这位村民的"下身"踢了几脚，村民受了伤。知道情况后，这位村民的妻子——秋菊非常窝火，认为村长可以打她的丈夫，亦可以踢她的丈夫，但是，就是"不能往那个地方踢"。为此，她要"讨个说法"，意思是在村长不愿道歉、承认错误的情况下，要请求上级领导批评教育村长，让村长对这件事"认个错"。然而，我们知道，这种"纠纷"在农村中并不少见，而且"伤害"也不是很重，"不谙世事"的年轻乡间司法助理员就没当回事，没有

---

① 参见张济民主编《渊源流近：藏族部落习惯法法规及案例辑录》，青海人民出版社，2002，第 158～159 页。

"严肃"处理"德高望重"的村长，而只是象征性地调解了一下。这种心态下的调解自然不会令一直在气头上的秋菊满意，认"死理"的她就继续到县城、省城"讨说法"。折腾好一阵子后，最后在一位好心律师的协助下，上面来了公安人员对该纠纷案件进行调查，体检发现这位村民受了轻伤，不过，所踢的"下身"并没有受伤，按规定仍要给予村长治安处罚。结果，村长被公安人员带走，处以15天的行政拘留处罚。但是，在知道这一上级的决定、村长被带走之际，秋菊却说："怎么就把人给抓了，我只是要个说法。"跑到村外的公路边，"五味杂陈"的秋菊看着尘土飞扬中慢慢消逝的警车，满脸的迷惑不解：她不知道为什么法律是这样处理的。①

从文本案例或事例所呈现的信息可以看出，案例一中的案件经过了两重司法处理。第一重是国家法处理。在处理后，当事人和代表国家的检察机关后面都没有提出异议，这一事实情况表明，司法机关所做的国家法处理在国家法的层面上是妥当的、不存在争议的。第二重是当地"赔命价"民间法处理。"案件虽经审结，被害人亲属还是没完没了地纠缠，把被告人家里多年积累起来的烧柴及柴房放火焚毁，还处处追打被告人的妻子儿女。为了躲避被害人亲属的打骂，被告人的妻子儿女有家难归，迁往他乡，当年的庄稼也无法收割，受到很大损失。"②被害人亲属事后对多杰仁增妻子儿女的"骚扰"表明，民间法处理这一重没有抚平死者亲属所受到的伤害，或者说民间法处理这一重在死者亲属看来对他们是不公平的，也就是说，在很大程度上讲，第二重民间法处理是不成功的。该案例中案件的这种处理情况表明：一方面，法治或一般意义上的法治状态是有

① 参见苏力《法治及其本土资源》，北京大学出版社，2015，第25~26页。
② 张济民主编《渊源流近：藏族部落习惯法法规及案例辑录》，青海人民出版社，2002，第159页。

场域层次性的，至少包括国家法层面的法治秩序，其所保护的是国家层面的政治秩序法益，以及民间法层面的法治秩序，其所保护的是国家范围内不同区域或领域亦即各种场域法域层面的场域公共秩序法益；另一方面，过度重视国家法层面的法治秩序状态或者只重视国家法层面的法治秩序状态是难以真正实现"案结事了"之法治状态或一般意义上之法治状态这一终极目标的。也就是说，在案例一中，无论国家司法机关人民法院的审判程序落实得多么到位、司法判决做得多么精致，无论事后怎么做双方当事人特别是受害人家属的思想工作，不实现"赔命价"民间法的法治秩序，国家社会法治秩序的实现总是有缺失的。

关于案例二中案件的处理，其问题的关键是，本是特定区域或特定场域法域即一个普通行政村中的"案件"，被村民秋菊一"搅和"却意想不到地进入了国家法的法治视野，启动了国家法实施程序。在很大程度上讲，"秋菊打官司"的悲剧是国家法没有守住自己的疆界，侵犯了民间法的"领地"。这从侧面反映了法治或一般意义上之法治状态的场域层次性特征。国家法"自视甚高"，但在法或广义上之法体系的视野中不过是法的一种基本法形态，有其独特使命和担当即保护国家政治秩序法益，始终要有基于其使命和担当的法边疆或界限意识，否则就会出现适得其反的后果，比如国家法强行适用对秋菊所在村庄场域公共秩序的颠覆。显然，这里提到的案例，甚或尚未提及的许许多多被国家法处理不彻底甚或不当的案件①，不能轻描淡写地用"司法没有注重社会效果"的结论来搪塞。国家法无法彻底实现"案结事了"之法治状态或一般意义上之法治状态的普遍现象，从根本上反映了当前法治蓝图中存在的问题，即国家的整体法治布局没有尊重国家层面的民间法，没有国家层面

---

① 参见张济民主编《渊源流近：藏族部落习惯法法规及案例辑录》，青海人民出版社，2002，第151~238页；海乃拉莫、曲木约质、刘尧汉主编《凉山彝族习惯法案例集成》，云南人民出版社，1998，第39~199页。

之民间法的法治布局，没有民间法法治秩序的政治空间和政治地位。① 从法或广义上之法体系的意义或视角来看，国家社会的整体法治布局中的国家法法治布局只能够实现基本的国家法法治秩序目标，却忽略了民间法法治秩序目标，而要实现饱满的法治理想图景②则必须有民间法法治布局。从我们国家法的司法实践来看，人民司法的调解前置程序在一定意义上是一种间接承认民间法法治布局的"默会知识"，③ 也即说，这种调解前置程序尚是一种人们都熟知且知其效用的，但没有很好的法理支撑或法治理论解释的司法法律制度设计。

三 民间法的"法治中国"担当：
基于国家层面场域公共秩序逻辑的分析

构建法治理论或一般意义上的法治理论，其理论意义定然是多方面的。但是，从构建一般意义上的民间法哲学即法律全球化背景下的民间法哲学角度来看，构建法治理论或一般意义上的法治理论旨在阐述国家层面之民间法的"法治中国"担当。此为一方面。另一方面，阐述民间法的"法治中国"担当主题之法治理论或一般意义上法治理论的构建，深受一般意义上的民间法哲学即法律全球化背景下的民间法哲学的影响。也就是说，法治理论或一般意义上之法治理论的形成与对西方法治理论或通常法治一元观的批判，有坚实之一般意义上的民间法哲学即全球化背景下的民间法哲学基础作为理论支撑。

法治状态或一般意义上之法治状态的场域层次性表明，从理论上来看，国家层面的民间法与国家法一样有其独特的法治使命和担

---

① 参见陈金钊《法治及其意义》，法律出版社，2017，第1~20页。
② 参见邓正来《中国法学向何处去：建构"中国法律理想图景"时代的论纲》，商务印书馆，2011，第1~275页。
③ 参见邓正来《社会秩序规则二元观：哈耶克法律理论的研究》，载《北大法律评论》1999年第2辑，第429~439页。

当。当然，民间法有法治使命和担当，不仅仅是一种理论逻辑的推论，而且有强有力的理论支援或支撑。具体来讲，"仅凭一元国家法的单方强行当然不能产生法秩序，并且仅仅依靠一元的理论的确无法把握现实中所发生的全部事情"。① 也就是说，假如人们能够确定关于建立现代法治的知识是完全的，如假定外国尤其是西方国家的法治经验已穷尽人类有关法治的所有知识，或者假定一般意义上之法治运作所需要的所有具体信息都可以一定方式全部汇合到某个大脑或某个中央权威机构，如果这些情形能够成立或者能够出现的话，那么，所有人都肯定会说建立现代法治并非难事，只需要"按图索骥"就可以了。② "然而，所有这些假定都不能成立。就如同计划不可能穷尽一个社会中经济活动的一切信息或知识，不能获得关于人们偏好的一切知识一样，任何法治建设的规划也不可能穷尽关于一个社会中法律活动的全部信息或知识，无法对社会中变动不居的现象做出有效的反应。我们不可能仅仅依据我们心目中的理想模式或现有的理论，来规划建立出一个能有效运作的现代法治。"③ 在此意义上，在进行现代社会法治建构的过程中，我们绝不能否认中国法治来源于中国社会这一特定时空，来源于中国现实生活世界的交往结构和内在规则。在构建法治秩序或一般意义上之法治秩序、发挥人类理性作用的同时，我们不能忽略社会中大部分成员的经验知识，应对法治秩序得以产生的社会根基给予充分重视。④ "民间法论所致力的研究，无疑是正视事实的，它可在理论上弥补一元法论

---

① 〔日〕寺田浩明：《超越民间法论》，吴博译，载谢晖、陈金钊主编《民间法》（第3卷），山东人民出版社，2004，第4页。
② 参见苏力《法治及其本土资源》，北京大学出版社，2015，第19页。
③ 苏力：《法治及其本土资源》，北京大学出版社，2015，第19~20页。
④ 参见谢晖《法意与表达》，法律出版社，2014，第83~86页；龚卫东《西部少数民族传统习惯法治化的功能辨析》，载谢晖、陈金钊主编《民间法》（第12卷），厦门大学出版社，2013，第191页。

的不足"①，而我们对国家范围内民间法法治布局予以承认和尊重，才可能构建出一幅完整和"接地气"的中国法治理想图景。②

国家层面民间法的法治使命和担当不仅有其理论层面的正当性，而且一直在实践中得到践履。我们知道，国家法的核心或基石法理是国家政治秩序逻辑，即保护国家层面的政治秩序法益。以国家法的核心或基石法理为参照，国家层面民间法的核心或基石法理是场域公共秩序逻辑，即保护国家范围内不同区域或领域亦即各种场域法域的场域公共秩序法益。国家层面的民间法遵循着国家层面的场域公共秩序逻辑，意思是说，在国家层面，国家法与国家层面的民间法在维护社会秩序的问题上存在一种自然的分工。国家法一般维护主要的、重要的社会关系，如宪法、刑法和民法等所调整的社会基本关系，捍卫国家层面的政治秩序，而民间法主要维护国家范围内不同区域或领域亦即各种场域法域的社会秩序，即一般不产生政治秩序影响的社会公共秩序。基于这样一种法理逻辑，国家层面的民间法遵循国家层面的场域公共秩序逻辑主要有三个方面的基本表现。

其一，国家层面的民间法在国家范围内不同区域或领域亦即各种场域法域中处理国家法没有顾及的社会纠纷。这些社会纠纷主要指那些国家法有意识不介入的社会纠纷，主要包括两大类：一类是偶发性的、影响极其有限的"鸡毛蒜皮"式纠纷；另一类是已平息、国家法反应过来后不再插手的社会纠纷。

其二，国家层面的民间法在国家范围内不同区域或领域亦即各种场域法域中处理国家法顾及起来不经济的社会纠纷。这些社会纠纷主要是那些国家法被动不顾及的社会纠纷，也就是一些国家法想介入但没有足够精力和心力介入的社会纠纷，主要包括三种情况：

① 〔日〕寺田浩明：《超越民间法论》，吴博译，载谢晖、陈金钊主编《民间法》（第3卷），山东人民出版社，2004，第4页。
② 参见邓正来《中国法学向何处去：建构"中国法律理想图景"时代的论纲》，商务印书馆，2011，第1~275页。

第一种情况是低交易成本条件下的私人自主博弈；第二种情况是高交易成本条件下利害关系人的自主博弈；第三种情况是国家法介入导致公共选择会代替集体选择这一情形。①

其三，国家层面的民间法在国家范围内不同区域或领域亦即各种场域法域中处理国家法难以解决彻底的社会纠纷。这种社会纠纷从国家法对社会纠纷介入态度的角度来看，是属于前面两种纠纷类型之间的类型。第一类社会纠纷是国家法没有想到要去介入的纠纷类型，第二类社会纠纷是国家法想介入但迫于无奈不介入的纠纷类型，第三类社会纠纷是国家法主动介入，亦能介入，但无法彻底解决的纠纷类型。第三类社会纠纷是因为走完整个国家法介入程序时，仍然没有得到彻底平息，还需要民间法配合来把这类社会纠纷个案予以彻底解决。

在国家层面民间法所遵循之国家层面场域公共秩序逻辑的指引下，国家层面的民间法于现实司法实践中的法治使命和担当也就较为具体和明显了。基于该国家层面的场域公共秩序逻辑，国家层面民间法的法治使命和担当在国家法之法治使命和担当的参照下，主要展现为两个方面内容。一方面，"治未病"，在国家法还没开始"操心"之前解决现实生活纠纷，回复社会法秩序。另一方面，配合国家法，实现法秩序回复的完整性。在国家法回复国家层面的政治秩序的时候，国家层面的民间法回复国家范围内不同区域或领域亦即各种场域法域的场域公共秩序。就前一方面而言，以四川沙马拉铁"投毒"案为例：

> 1989 年 6 月，凉山彝族自治州尔且村沙马拉铁家的玉米苗被邻居家的猪吃了不少。因大家的猪都放养在外面，地里的庄

---

① 参见赵海怡、钱锦宇《法经济学视角下国家法的限度：民间规则与国家法关系的重新定位》，载《山东大学学报》（哲学社会科学版）2010 年第 1 期，第 69~72 页。

稼苗常被猪吃，虽然地的主人多次向猪的主人打招呼，但是都不管用。在这种情况下，沙马拉铁便把灭鼠药沾在荞粑粑上，扔在玉米地里。邻居勒格瓦庭家的小孩，拾了沾灭鼠药的荞粑粑吃，一会儿后吐泻不止倒在地里哭叫。勒格瓦庭立即找药给儿子吃，过了一天就康复了。案发后，两家人找德古吉克作哈来调解。德古吉克作哈说，双方往日无冤，近日无仇，投毒者本意不是对小孩下毒，而小孩鬼使神差捡吃了毒药，这是不吉祥的污秽物在作祟，是鬼怪带来的后果，如今应验在小孩的身上，也就免去了两家的大灾大难，所以被告不用对原告做过多赔偿。最后德古吉克作哈判决，沙马拉铁家出一只山羊给勒格瓦庭家，让他家为小孩驱邪送鬼神，并买五斤酒给勒格瓦庭，作为"洗脸"赔礼。①

据文本案例介绍，该案在国家法介入之前就得到了彻底平息。如果没有彝族习惯法这一民间法的处理，该案则需要国家法介入，"这种小纠纷，一般都要及时调解，这样也就容易调解成功。如置之不理，发展到后来，如原告或受害人有灾有病，死人失财，这时，他就不管后来的灾祸是否与原纠纷有关，一定会找被告算账，那时就会发生大的案子。而一经调解成功，被告也就无后顾之忧了"。② 也就是说，如果没有彝族习惯法这一民间法的及时处理，现实生活中的"小纠纷"或"鸡毛蒜皮"极有可能引发大案。彝族习惯法这一民间法的处理便消除了这种风险。该案处理方式彰显了彝族习惯法的独特法理逻辑，如彝谚所云："为了一天不与他人发生纠纷，宁愿无偿地送一匹马给别人骑；一天不闹事，有百年的福气；一夜睡不

---

① 海乃拉莫、曲木约质、刘尧汉主编《凉山彝族习惯法案例集成》，云南人民出版社，1998，第182页。

② 海乃拉莫、曲木约质、刘尧汉主编《凉山彝族习惯法案例集成》，云南人民出版社，1998，第182页。

好，重铺三次毡子。朋友多为上，仇人少为妙。"① 彝族习惯法这一民间法对该案的效力及妥善处理表明，一方面，彝族人对习惯法的重视及以习惯法调解社会纠纷的习俗，有广泛的社会群众基础②；另一方面，在彝族人看来，法治或一般意义上的法治状态不是"天花乱坠"的东西，也不是国家法所描绘的法治理想图景③，而是原有的生活秩序在破坏之后能够快速地平复这样一种朴实状态④。

就后一方面而言，以青海"才夫旦故意杀人案"为例。

> 1982年农历正月中旬的一个晚上，青海牧民才夫旦受邀到尕毛吉（女）那里吃包子，事后想进一步与她发生男女关系，被拒。这件事发生后，尕毛吉不上心地将其当作笑料传播了出去，不久就传到才夫旦的耳中。他气不打一处来，暗下决心要教训教训一下尕毛吉。同年的4月4日上午10时许，"冤家路窄"，正在放牧的才夫旦与尕毛吉不期而遇，这时尕毛吉以嘲讽的口吻向才夫旦喊"吃包子"，才夫旦顿时火冒三丈，追打尕毛吉，而尕毛吉则向才夫旦甩石头，没有打上。才夫旦上前撕住尕毛吉，欲夺其手中的捻线杆而未夺下，反被尕毛吉用捻线杆打了两下，后双方撕住衣领。在撕打中才夫旦从地上拾起一块石头，向尕毛吉左手背、面部、左太阳穴及后胸等处用力连砸，当尕毛吉面部出血昏倒后，被告人又连续在其头部砸了两下，后用石头朝尕毛吉脸上一掷，便离开现场。尕毛吉当即死亡。当地自治

---

① 海乃拉莫、曲木约质、刘尧汉主编《凉山彝族习惯法案例集成》，云南人民出版社，1998，第182页。
② 参见海乃拉莫、曲木约质、刘尧汉主编《凉山彝族习惯法案例集成》，云南人民出版社，1998，第182~183页。
③ 参见邓正来《中国法学向何处去：建构"中国法律理想图景"时代的论纲》，商务印书馆，2011，第1~275页。
④ 参见谢晖《中国古典法律解释的哲学向度》，中国政法大学出版社，2005，第256~263页。

州人民检察院审查后，以被告人才夫旦犯故意杀人罪，向当地
自治州中级人民法院提起公诉，法院以故意杀人罪从轻判处被
告人才夫旦有期徒刑 10 年。①

鉴于该案发生的特定藏文化环境，若该案只进行国家法层面的
一重处理，则不仅可能会影响当事人双方各自所在部落之间的和睦，
而且极有可能会引发他们所在部落之间的仇杀。"认识到部落和睦平
安的需要，被害人家的愿望以及部落内众人的心愿，请求宽大处理、
释放才夫旦。"② "经长辈及亲友的开导，认识到今天及后代人之间需
要和睦团结，友爱安定……请求释放才夫旦还家。"③ 受害人尕毛吉
家属之所以会如此尽心善意地联名投信为加害人才夫旦开护，藏族
"赔命价"民间法在其中起到了至为关键的作用："经村里的老人调
解，被告人才夫旦家中先后赔偿牛 39 头、马 3 匹，当时折价人民币
5000 元。"④ 在经藏族"赔命价"民间法处理后，该地区这一特定区
域或场域法域的场域公共秩序得到了有效回复，该案也算彻底完结
了："按照风俗习惯处理，赔偿了命价，就消除了矛盾，今后不会世
代结冤"⑤。该案所引发之法治事件及其所搅乱之文化区法秩序的真
正彻底回复，高度彰显了以藏族"赔命价"习惯法为代表之民间法
的法治或一般意义上法治的使命和担当。

以个案形式对国家层面民间法之法治使命和担当的呈现有些

---

① 参见张济民主编《渊源流近：藏族部落习惯法法规及案例辑录》，青海人民
出版社，2002，第 152~153 页。
② 张济民主编《渊源流近：藏族部落习惯法法规及案例辑录》，青海人民出版
社，2002，第 153 页。
③ 张济民主编《渊源流近：藏族部落习惯法法规及案例辑录》，青海人民出版
社，2002，第 153 页。
④ 张济民主编《渊源流近：藏族部落习惯法法规及案例辑录》，青海人民出版
社，2002，第 153 页。
⑤ 张济民主编《渊源流近：藏族部落习惯法法规及案例辑录》，青海人民出版
社，2002，第 153 页。

"单薄"，但是，这样一种论证方式更多是一种呈现指引，或者说是一种思维定向式论证。① 典型性地举两个例子跟堆砌成百上千个案例，其论证方式没有根本的或本质上的差异，但其论证美感会"大打折扣"。虽然如此，也不能无视这样一种事实，即国家层面民间法之法治使命和担当就是由这些已提及的案例以及千千万万尚未提及之案例中案件的妥善处理所构成和充实的。② 国家层面民间法之法治或一般意义上法治的使命和担当，不是由像国家法之法治使命和担当那种耀眼的"大案"和"要案"构成，而是由无数"下里巴人"式小案或"鸡毛蒜皮"式案件构成的。在这种情况下，国家层面民间法的法治使命和担当，就不能以国家法之法治使命和担当为判准，而应当以法治或一般意义上之法治的核心要义为判准。基于这样一种法理逻辑，国家层面民间法之法治使命和担当可能就像臭豆腐一样，"闻起来臭，吃起来香"。当然，这也是那些奉行国家法法律一元主义及其国家法法治一元主义的民间法批判者们所看不到的或难以理解的。

四　中国民间法的未来与展望：一种一般意义上之法治的视角

"在现代法治社会，在国家法将民间法置于边缘性地位的情势下，民间法欲要确立自身，就必须证明其本身有着独立的内在的生成逻辑，从而表明民间法与国家法一样，都是基于现实社会土壤内在生成与发展的独立事物。"③ 从法治或一般意义上之法治状态的场

---

① Cf. John Rawls, *Justice as Fairness*: *A Restatement* (Cambridge, Massachusetts: Harvard University Press, 2001), p. 3.

② 参见张济民主编《渊源流近：藏族部落习惯法法规及案例辑录》，青海人民出版社，2002，第151~238页；海乃拉莫、曲木约质、刘尧汉主编《凉山彝族习惯法案例集成》，云南人民出版社，1998，第39~199页。

③ 魏治勋：《民间法思维》，中国政法大学出版社，2010，第283页。

域层次性来看，国家层面的民间法显然有其独立存在的内在生成逻辑，与国家法法治共同构成完整的中国国家整体法治格局。不仅如此，国家层面的民间法对于现代中国法治建构还具有不可缺乏的价值，否则，法治或一般意义上的法治不但会失去存在和发展的基础，甚至会走向中国法治追求的反面。① 一方面，习惯或习惯法、民族习惯法和社会惯例等民间法在应对海量社会纠纷上一直起着非常重要的作用，是完整、彻底实现一个社会或国家的法治秩序不可或缺的组成部分。"一个社会中的现代法治的形成及其运作需要大量的、近乎无限的知识，包括具体、地方性的知识，因此，如果试图以个别人或少数人的有限理性来规划构造这样一个法治体系，可以说是完全不可能的。"② 在一定程度上，许多国家的国家法或法律作为法治之法的典型形式，是在习惯或习惯法和民族习惯法等民间法的基础上提升和完善而成的。③ 另一方面，现实地来看，国家层面的民间法有其存活的"市场"，在很大程度上讲，以为国家法可以完全替代民间法发挥功能这一观点是不现实的。④ "非正式的民间法之所以能在农村存在，其根本点是以民间法能有效地应付社会生活为前提的，人们之所以尊奉这些长期存在的民间法，是因为它们具有根植于社区生活的合理性，能为社区成员带来的好处多于其害处。"⑤ 可以说，中国民间法的未来不仅有强有力的学理支撑，即国家层面的民间法有美好未来的必然性，而且有现实政策为重要支撑。习近平总书记说："'立善法于天下，则天下治；立善法于一国，则一国治。'要坚持立法先行，坚持立改废释并举，加快完善法律、行政规章、地方性

① 参见魏治勋《民间法思维》，中国政法大学出版社，2010，第283页。
② 苏力：《法治及其本土资源》，北京大学出版社，2015，第20~21页。
③ 参见苏力《法治及其本土资源》，北京大学出版社，2015，第10页。
④ 参见田成有《乡土社会中的国家法与民间法》，载谢晖、陈金钊主编《民间法》（第1卷），山东人民出版社，2002，第26~27页。
⑤ 田成有：《乡土社会中的国家法与民间法》，载谢晖、陈金钊主编《民间法》（第1卷），山东人民出版社，2002，第26页。

法规体系，完善包括市民公约、乡规民约、行业规章、团体章程在内的社会规范体系，为全面推进依法治国提供基本遵循。"① 显然，习近平总书记所说之"市民公约、乡规民约、行业规章、团体章程在内的社会规范体系"② 属于国家层面民间法的外延范畴，甚或在很大程度上是国家层面民间法的同义语，如果国家层面的民间法或其重要构成部分能够成为全面推进依法治国的基本遵循，那么，中国民间法的未来或命运还会差吗？中国民间法所一直践履之法治或一般意义上法治的使命和担当还会得不到理论界和实务界应有之承认吗？

① 习近平：《习近平谈治国理政》（第 2 卷），外文出版社，2017，第 119 页。
② 习近平：《习近平谈治国理政》（第 2 卷），外文出版社，2017，第 119 页。

余论：再返民间法与国家法之间的关系

构建一般意义上的民间法哲学即法律全球化背景下的民间法哲学，其核心意旨在于为国家层面的民间法特别是中国民间法，确立起与国家法相对位或平等的主体地位或独立存在的基本法形态地位，提供一种基本的理论基础或理论支撑。经由该种理论建构，本书想要达至这样一种理论诉求，即国家层面的民间法特别是中国民间法不是一种"暂存"的法形态或法现象，而是法或广义上之法体系中的一种基本法形态，与国家法和国际法（包括国际"民间法"和国际"官方法"）等共同构成法或广义上的法体系。从一般意义上的民间法哲学即法律全球化背景下的民间法哲学来看，法或广义上之法体系的诸构成部分或基本构成形态如民间法、国家法和国际法等，客观结构性地分布于法或广义上的法体系这一连续光谱中的各个光谱区间。它们彼此之间谁也不是谁的存在基础和前提，尽管各基本构成形态在现实法律实践中会呈现为一定的内在逻辑关系，尽管各基本构成形态在特定条件如法律全球化背景下会相互之间转化为其他的基本构成形态，如民间法、国家法和国际法等的相互转化。缘于民间法特别是国家层面的民间法主要以国家法为存在参照，[①] 随着新的理论分析工具即一般意义上的民间法哲学或法律全球化背景下的民间法哲学的出场，民间法（主要是国家层面的民间法）与国家法的关系甚或一般意义上的民间法与官方法（包括国家法）之间的关

---

① 参见谢晖《大、小传统的沟通理性》，中国政法大学出版社，2011，第343~350页。

系，被重新审视或探讨就有了新的学术条件。在构建一般意义上的民间法哲学即法律全球化背景下的民间法哲学后涉及的延伸问题，就包括民间法或一般意义上的民间法与官方法（包括国家法）之间的关系这一话题。

对于这一话题，学界特别是法学界学者已进行了大量且较为深入的学术探讨。① 国家层面民间法与国家法之间关系的具体表现，如国家范围内民间法现象与国家法现象之间的关系一样，直观来看是繁复的。但是，整体来看，当前学界特别是法学界学者对国家层面民间法与国家法之间关系问题的回应有基本共识。其基本观点是国家层面的民间法不是一种独立存在，与国家法的"并存"现象是"暂时"的，它将被国家法逐渐改造并最终取代。反观学界特别是法学界学者相关研究，该基本观点的论证主要以下两种方式展开。

其一，相关研究将该基本观点视为无须证明的逻辑前提并对其进行阐释。许多研究文献首先直接认定"国家层面的民间法是国家法的补充"这一论断，在对这一逻辑前提不加反思的情况下，详细阐述"国家层面的民间法是如何有效补充国家法的"。如，"民间法

---

① 参见谢晖《大、小传统的沟通理性》，中国政法大学出版社，2011，第17~18页；谢晖《〈民间法〉年刊总序》，载谢晖、陈金钊主编《民间法》（第1卷），山东人民出版社，2002，第2页；于语和主编《民间法》，复旦大学出版社，2008，第59~60、134~143页；田成有《乡土社会中的民间法》，法律出版社，2005，第164、171~178、180~194、198~199、212~218页；黄金兰、周赟《初论民间法及其与国家法的关系》，载谢晖、陈金钊主编《民间法》（第1卷），山东人民出版社，2002，第76~77页；王青林《民间法若干问题初探》，载谢晖、陈金钊主编《民间法》（第3卷），山东人民出版社，2004，第79~80页；樊鹏、刘超《民间法范式的反思与国家法之于民间法的正效应初探：从对民间法在一个经典法律文本中适用的检讨生发》，载谢晖、陈金钊主编《民间法》（第5卷），山东人民出版社，2006，第100页；张建《以民间法为方法》，载谢晖等主编《民间法》（第18卷），厦门大学出版社，2017，第142页；刘旺洪《论民间法及其与国家法的关系》，载《江海学刊》2007年第4期，第129~132页；张学亮、王学栋《中国乡村社会法治秩序的建构：从国家法和民间法的关系考察》，载《天津市政法管理干部学院学报》2005年第3期，第79、82页。

能够在一定程度和范围内弥补国家法的不足，国家法需要吸收民间法的精要之处，来弥补自己的弱处，填充制定法的'真空'区域……首先，在国家法尚未涉入的领域，民众对民间法的尊崇和依赖民间法形成的社会秩序为国家法的进入做好了铺垫……其次，民间法在一定程度上弥补了国家法的不足，丰富了国家法的内容"①"所谓民间法对国家法的补充作用是指民间法所具有的在国家法本身模糊、不明确或产生解释歧义时，民间法成为司法解释的重要资源，从而法院有条件地适用民间法的作用"② 等。在这些研究文献的作者看来，国家层面的民间法只是国家法成熟完善过程中的过渡形式，是国家法需要着力整治，也能够进行内在整合的对象。

其二，相关研究以国家层面民间法与国家法于现实法律实践中的部分事实关系为根据来进行阐释。在许多研究者看来，国家层面民间法与国家法之间在现实法律实践中不是一种"平起平坐"的关系，国家层面之民间法的法律地位甚或政治地位远远低于国家法的法律地位和政治地位。③ 若从现实法律实践来看，国家层面民间法与国家法冲突的后果主要有这样两种情形：要么国家层面的民间法被改造或转化，特别是那些糟糕的国家层面民间法被彻底改造或转化，最终与国家法相和谐；要么国家层面的民间法完全被破坏，而国家法又难以进入其所退出的空间，导致出现新的国家法无法发挥效用而旧的国家层面民间法已经垮掉的"无序"状态或秩序"真空"状态。④ 或许说，国家层面民间法与国家法冲突的过程可以援引这样一

---

① 于语和主编《民间法》，复旦大学出版社，2008，第59页。
② 刘旺洪：《论民间法及其与国家法的关系》，载《江海学刊》2007年第4期，第130页。
③ 参见田成有《乡土社会中的民间法》，法律出版社，2005，第198~199页。
④ 参见田成有《乡土社会中的民间法》，法律出版社，2005，第212~218页；田成有《乡土社会中的国家法与民间法》，载谢晖、陈金钊主编《民间法》（第1卷），山东人民出版社，2002，第24页；于语和主编《民间法》，复旦大学出版社，2008，第134~143页。

套说辞："首先，当国家法的刚性规则与民间法发生冲突的时候，由于国家法的优势地位和优先适用效力，将直接导致民间法的某些规则被废止或被彻底抛弃；其次，国家法对民间法的一部分内容进行吸收、消化的过程，同时就是对民间法进行甄别、选择、修正和创造性功能转化，也就是对民间法修正的过程，以保留和发扬其进步、合理的一面，剔除其落后、野蛮的一面，从而导致民间法的创造性重构；最后，在国家法和民间法并存的领域，随着当事人对国家法的选择导致民间法的作用有所减弱，从而引导人们选择国家法，导致民间法的社会调整功能在这些领域得到弱化，也对民间法的存在和发展产生深刻的影响。"①

审视关于上述"基本观点"的论证方式，不难看出，第一种论证方式存在的问题是将需要证明的论断即"国家层面的民间法是国家法的补充"，当成不容置疑的逻辑前提来使用；第二种论证方式存在的问题是，该种论证方式是一种归纳论证或"盲人摸象"式论证，用选择性事实来论证或阐述观点。"国家层面的民间法是对国家法的补充"这种论断或判断更多的可能是一种臆想。国家层面民间法与国家法在法或广义上之法体系中存在的客观结构形态，不仅会呈现这种关系状态，而且会包括其他种类的关系状态。同时，这两种基本法形态在法或广义上的法体系中，是相互独立的结构性存在。学界特别是法学界学者现有关于国家层面民间法与国家法之间关系的论断在很大程度上是可以争辩的，或者说是可以重新进行或展开探讨的。

一般而言，国家层面民间法与国家法之间的关系，在现实法律实践中的具体表现应当说是全面的或全方位的。在这种情况下，这些具体表现缘于人们看问题视角的差异，既可以让人们得出当前学

---

① 刘旺洪：《论民间法及其与国家法的关系》，载《江海学刊》2007年第4期，第131页。

界特别是法学界学者关于两者之间关系的基本论断即国家层面的民间法不是一种独立存在，它与国家法的"并存"现象是"暂时"的，将被国家法逐渐改造并取代，亦可以让人们得出其他基本论断。不过，诡异的是，这后一种可能性即得出其他基本论断，在现有学界特别是法学界学者的研究中根本没有出现。在审视学界特别是法学界学者现有关于国家层面之民间法与国家法之间关系研究的过程中，不难发现，学界特别是法学界学者不是没有意识到两者之间关系的其他关系类型可能性呈现，而是他们在审视国家层面民间法与国家法之间关系的具体表现事实时深受国家法法律一元观及其国家法法治一元观理论"视镜"的局限。关于国家层面民间法与国家法之间的关系问题，学界特别是法学界学者不是没有"洞见"其中的"真理颗粒"（在后面引证中会提及），而是这些"洞见"没能及时上升为关于这一问题的基本理论论断。其中的原因可能不仅仅是他们审视国家层面民间法与国家法之间关系的基本事实的视野受到了"钳制"，更可能是没有找到审视这一问题的新的或更科学的理论分析工具。在一般意义上的民间法哲学即法律全球化背景下的民间法哲学这一新的理论分析工具出场之际，本书再返国家层面民间法与国家法之间的关系甚或一般意义上之民间法与官方法（包括国家法）之间的关系这一话题就有了现实可能性。

从一般意义上的民间法哲学即法律全球化背景下的民间法哲学来看，国家层面的民间法，与国家法一样，都是法或广义上之法体系中的一种基本法形态。它们不仅是一种事实意义上的存在，而且是一种理论意义上的存在。就事实意义上的存在而言，很多学者可以说已经意识到了这一点，即国家层面的民间法已经是一种事实存在。以国家法为参照，国家层面民间法和国家法"两者作为各自自治的事物，自表面看，分理社会秩序之某一方面；但深究其实质，则共筑人间安全之坚固堤坝。即两者之共同旨趣，在构织人类交往行动之秩序。自古迄今，国家法虽为江山社稷安全之必备，然民间法亦为人类交往秩序所必须。故人间秩序者，国家法与民间法相须而成也。此种情形，古今中外，概莫能外"。① "当代中国，在社会控制的大系统中，实际上存在两种动作机制：一是由国家或法律确认的维持体现新价值的法理机制；二是由宗族或村落维持的体现旧价值的礼俗机制或称'民间法'。这是一个不争的事实。"② 这些论述及其他未提及的大量论述③都表明，且不说在整个人类历史上民间法或一般意义上的民间法存在了多久或能够存在多久，也不说国家层面的民间法能否在历史上与国家法"同进退"，单就国家层面民间法的存在事实而言，学界特别是法学界学者有基本共识，即国家层面的民间法当前是以国家法为参照的一种基本法形态。

就理论意义上的存在而言，国家法旨在捍卫一个社会或国家的政治秩序，保护国家这一整个实体的政治秩序法益。与国家法相对位，国家层面民间法维护国家范围内不同区域或领域亦即各种场域法域中的场域公共秩序，保护这些场域法域的场域公共秩序法益。也就是说，只要在现实生活中人们对场域公共秩序有需求或存在场域公共秩序需求市场，或者说，只要在现实生活中存在场域公共秩序法益，国家层面的民间法就会存在。国家层面民间法的理论存在

---

① 谢晖：《〈民间法〉年刊总序》，载谢晖、陈金钊主编《民间法》（第1卷），山东人民出版社，2002，第2页。

② 樊鹏、刘超：《民间法范式的反思与国家法之于民间法的正效应初探：从对民间法在一个经典法律文本中适用的检讨生发》，载谢晖、陈金钊主编《民间法》（第5卷），山东人民出版社，2006，第100页。

③ 参见谢晖《大、小传统的沟通理性》，中国政法大学出版社，2011，第17~18页；谢晖《法律的信仰与理念》，山东人民出版社，1997，第249~266页；田成有《乡土社会中的国家法与民间法》，载谢晖、陈金钊主编《民间法》（第1卷），山东人民出版社，2002，第23页；李秀群《民间法与国家法的冲突与融合：一个比较的视角》，载谢晖、陈金钊主编《民间法》（第2卷），山东人民出版社，2003，第81页；王青林《民间法若干问题初探》，载谢晖、陈金钊主编《民间法》（第3卷），山东人民出版社，2004，第79~80页；张建《以民间法为方法》，载谢晖等主编《民间法》（第18卷），厦门大学出版社，2017，第142页。

不是由国家法的强势事实存在所能够决定的，且国家法是没有办法"消灭"理论意义上之国家层面民间法的。基于这样一种思想认识逻辑，国家层面的民间法显然与国家法一样，都有其各自的"势力范围"，"在国家法与民间法各自专有的'势力范围'（如民间法之伦理生活范围，国家法之政治生活范围）内应充分尊重各自的独立性，但同时又要注意相互的借鉴和促进——特别是在两者的共同'势力范围'内更不应刻意地去排挤对方的生存空间"。① 国家层面的民间法与国家法一样，不仅在理论上具有独立存在的理由，如独特的法益对象、独特的场域公共秩序逻辑和独特的法疆界等，而且有其独立存在的"接地气"的现实逻辑。也就是说，国家层面民间法的理论存在有其现实表现或现实逻辑支撑，国家层面的民间法与国家法"二元并存、相互作用、彼此冲突和互动将长期存在，这是由人类社会领域的广泛性和复杂性、国家能力的有限性、人类社会关系调整体系的多元性、民间法本身也具有适应社会变化而不断变化等多种因素所决定"。② 具体来讲，"首先，任何一个国家都不可能实现对社会关系全面彻底的正式制度化控制和管理……许多非正式关系、内在感情关系则无法用正式的制度安排来调控……其次，任何国家都是有限国家……人类社会生活的领域十分广泛，而国家无论是动员资源的能力还是国家所能运用的管理手段和能力都是有限的，不可能管理到社会生活的所有领域……再次，在国家不可能实现对社会进行全面管理的情况下，一方面在国家法无法干预和规制的领域，人们的社会生活完全可以用他们自己的'活法'来调整；另一方面，在两者双重调整的领域，在国家法能够容忍并且民间法的解决方法又有利于维系社会的和谐和当事人双方长期协作关系的情况下，国

① 黄金兰、周赟：《初论民间法及其与国家法的关系》，载谢晖、陈金钊主编《民间法》（第1卷），山东人民出版社，2002，第76~77页。

② 刘旺洪：《论民间法及其与国家法的关系》，载《江海学刊》2007年第4期，第130页。

家法应采取消极的态度，以充分发挥民间法的积极功能"。①

可见，基于一般意义上的民间法哲学即法律全球化背景下的民间法哲学，国家层面的民间法有独立存在的理论基础，此为一方面。另一方面也是学界特别是法学界许多学者所忽略的，即从一般意义上的民间法哲学即法律全球化背景下的民间法哲学来看，一般意义上的民间法与官方法（包括国家法）之间的关系，不仅是国家层面民间法与国家法之间的关系，还包括国际社会层面的民间法即国际"民间法"与国际"官方法"之间的关系。总体来说，基于一般意义上的民间法哲学即法律全球化背景下的民间法哲学，民间法或一般意义上的民间法与官方法（包括国家法）之间的关系主要呈现为三大维度。

首先，民间法或一般意义上的民间法与官方法（包括国家法）之间的关系呈现为一种并行的独立存在。从一般意义上的民间法哲学即法律全球化背景下的民间法哲学来看，国家层面的民间法有独立存在的理论逻辑依据，这种逻辑依据跟"天不变，道亦不变"这一表达中的唯物主义逻辑相似。一般意义上的民间法哲学即法律全球化背景下的民间法哲学表明，国家层面民间法的存在在现实法律实践中不是一种偶然性存在，而是在特定历史时空中的必然性存在，这种"必然性"根源于法或广义上法体系之结构性的客观存在。申言之，一方面，一般认为，法或广义上的法体系主要包含一般意义上的国家层面民间法、国家法和国际法等法的基本构成部分或构成形态。② 在法或广义上的法体系中，这些基本构成形态的体量会有变化，如国家法基本法形态膨胀而国家层面民间法基本法形态"消隐"这种情形。另一方面，构成法或广义上之法体系的基本构成形态结

---

① 刘旺洪：《论民间法及其与国家法的关系》，载《江海学刊》2007 年第 4 期，第 130 页。

② 参见〔日〕千叶正士《法律多元：从日本法律文化迈向一般理论》，强世功等译，中国政法大学出版社，1997，第 223~224 页。

构不会发生质的变化。这些特定基本构成形态的体量在一定条件下可能会在法或广义上的法体系范围内发生变化甚或可能会相互转化，但这些变化不会影响国家层面民间法、国家法等法的特定基本构成形态在法或广义上之法体系中的结构性存在。具言之，法或广义上的法体系呈现为一般意义上的国家层面民间法、国家法和国际法等法的特定基本构成形态，那么，即便这些法的特定基本构成形态会随特定条件如法律全球化的背景条件而相互转化，但在法或广义上的法体系结构中是永远存在的，亦即国家层面民间法、国家法等法的特定基本构成形态在法或广义上的法体系中是永远存在的。更进一步说，国家层面的民间法即便在特定条件如法律全球化的背景条件下可能转化为国家法，但是，其在法或广义上之法体系中的结构性存在意味着，国家法不是国家层面民间法的发展前途。反之亦然，国家法即便在特定条件如法律全球化的背景下可能转化成为"民间法"，但是，其在法或广义上之法体系中的结构性存在意味着，国家层面的民间法同样不是国家法的发展前途。

其次，民间法或一般意义上的民间法与官方法（包括国家法）的关系呈现为一种结构性独立存在。从一般意义上的民间法哲学即法律全球化背景下的民间法哲学来看，国家层面民间法与国家法是并行独立存在的，但不是相互之间"不相干的"。国家层面民间法与国家法并行独立存在主要是强调了它们各自的疆界性，但在法或广义上之法体系所构造的整个法秩序体系中，国家层面民间法所构造的民间法法秩序与国家法所构造的国家法法秩序都是法或广义上之法体系所构造之整体法秩序体系的有机组成部分。国家法所构造的国家法法秩序构成特定社会或国家整个法秩序的"骨架"，保护整个社会或国家的政治秩序法益，而国家层面的民间法在国家法的"缝隙"中构造民间法法秩序，保护国家范围内不同区域或领域亦即各种场域法域的场域公共秩序法益。国家层面民间法与国家法在法或广义上之法体系中的存在都有其初衷和使命，共同构成完整的整体社会法秩序体系。也可以说，国家法法秩序是法或广义上之法秩序体系的"骨架"，而国家层面之民间法法秩序填补法或广义上法秩序体系中的国家法法秩序所必然留下的"缝隙"，这一基本事实并不意味着，整个社会法秩序结构体系可以不要民间法法秩序，可以缺失民间法法秩序。具体来讲，一方面，国家层面之民间法的法秩序疆界因国家法法秩序的强势可能不断收缩。但是，因为法或广义上之法秩序体系构造完整性所赖以为基之法或广义上法体系的内在基本构成形态结构的完整性，国家层面的民间法法秩序疆界在法或广义上之法体系所构造的整个社会法秩序体系中永远存在。另一方面，当国家层面之民间法法秩序的部分"领地"被国家法法秩序疆界"侵蚀"时，因法或广义上法秩序体系的构造完整性所赖以为基之法或广义上法体系之内在基本构成形态结构的完整性，国家层面的民间法法秩序又会"收编"新的民间法法秩序"领地"。也就是说，国家层面之民间法法秩序疆界与国家法法秩序疆界在法或广义上之法体系所构造的整个社会法秩序体系结构中是动态存在的，共同构成完整和有效的国家层面法或广义上之法秩序体系状态。在此意义上讲，国家层面之民间法与国家法在法或广义上之法体系中的结构性独立存在主要呈现为国家层面之民间法所构造之民间法法秩序与国家法所构造之国家法法秩序，在法或广义上法体系所构造之整个社会法秩序体系中的结构性独立存在。

最后，民间法或一般意义上的民间法与官方法（包括国家法）之间的关系还有其国际向度表现。国际社会层面之广义上的法体系或全球社会之广义上的法体系，与国家层面之特定社会或国家广义上的法体系在结构上是相似的。在国家层面，在特定社会或国家中存在民间法与国家法之分，而在国际社会层面，在全球社会中亦存在国际"民间法"（包括国际"软法"和区域国际法等）和国际"官方法"（包括国际强行法和国际刑法等）之分。所不同的是，在特定社会或国家中民间法与国家法之间比较好区分，因为有比较确定的国家法标准，而在全球社会中的"民间法"与"官方法"则不好区分，它们之间的疆界界限模糊性更强。因此缘故，民间法或一般意义上的民间法与官方法（包括国家法）之间关系的国际向度主要呈现这样三个方面。

其一，缘于国际社会层面之法或广义上的法体系与国家层面特定社会或国家之法或广义上的法体系在结构上的相似性，在国家层面，民间法与国家法之间是一种并行独立存在，在国际社会层面，国际"民间法"与国际"官方法"之间亦是一种并行独立存在。其二，缘于国际社会层面之法或广义上的法体系与国家层面特定社会或国家之法或广义上的法体系在结构上的相似性，在国家层面，民间法与国家法之间是一种结构性独立存在，在国际社会层面，国际"民间法"与国际"官方法"之间也是一种结构性独立存在。其三，民间法或一般意义上的民间法与官方法（包括国家法）之间关系的国际向度，在法律全球化时代还存在一个基本法形态之间的相互转换问题。从国际社会层面来看，特定社会或国家的民间法或国家法都是一种全球社会"民间法"或国际"民间法"，因为不论是在全球社会或国际社会中，还是在其他主权国家中，特定社会或国家的民间法或国家法都不具有当然的法之拘束效力。不过，在法律全球化的背景下，特定社会或国家特别是西方国家的国家法和民间法，一方面极有可能转换成全球社会的"官方法"（如国际强行法和国际刑法等）和国际"民间法"（如国际"软法"和区域国际法等）；另一方面亦极有可能转换成其他特定社会或国家特别是非西方国家的国家法，而这些社会或国家的原有国家法则可能在法律全球化的背景下沦为一种新的国家层面民间法。不仅如此，在法律全球化背景下，全球社会的"官方法"或"民间法"即国际"官方法"或"民间法"，亦可能转换为特定社会或国家的国家法或国家层面民间法。在此意义上，从理论上看，法或广义上之法体系的诸基本构成形态如国家层面民间法、国家法和国际法等在法律全球化时代这一特定条件下都可以相互转化，但并不影响一般意义上的国家层面民间法、国家法和国际法等法的基本构成形态在法或广义上之法体系中的结构性独立存在。

当然，不论是一般意义上的民间法哲学即法律全球化背景下的民间法哲学构建，还是法律全球化背景下的民间法哲学视野中民间法或一般意义上民间法与官方法（包括国家法）之间关系问题的厘清，都不仅是纯粹的理论问题，而且能为当下我们该如何对待国家层面的民间法这一问题的解决起哲学定向[①]式的指引作用。申言之，其一，国家层面的民间法跟国家法一样，都是法或广义上之法体系中的结构性独立存在，那么，不仅在理论上"民间法消亡论"[②] 是站不住脚的，而且在现实法律实践中，国家层面的民间法应当像国家法一样获得尊重。国家法不是国家层面之民间法的未来，国家层面之民间法也不是国家法所能彻底改造和最终取代的。就国别法治而言，法治或一般意义上的法治是法或广义上之法体系的法治。实现法治状态或一般意义上的法治状态或法治国家，不能光靠国家法，还要依靠国家层面之民间法，在摒弃国家法法律一元观及其国家法法治一元观的基础上，树立起国家层面之民间法与国家法法律二元观，以及国家层面之民间法与国家法法治二元观。[③] 其二，在法律全球化的背景条件下，国家层面民间法、国家法和国际法等法或广义上之法体系的基本构成形态可能会相互转化。但必须同时正视的是，全球法律实践的基本事实是西方国家法律甚或美国法律的法律全球化，并引发了许多未意料的连锁

---

① Cf. John Rawls, *Justice as Fairness: A Restatement* (Cambridge, Massachusetts: Harvard University Press, 2001), p. 3.
② 参见魏治勋《民间法思维》，中国政法大学出版社，2010，第260~309页。
③ 参见姚选民《法律全球化背景下的中国法治二元观：基于一种民间法哲学主体视角》，载谢晖等主编《民间法》（第17卷），厦门大学出版社，2016，第37~50页。

反应或一系列恶果。① 这一事实意味着，非西方社会或国家要特别警惕，特定社会或国家特别是西方国家甚或美国的国家法或民间法作为全球社会中"民间法"或国际"民间法"，经由全球社会的"官方法"或国际"官方法"化，而转化为其他特定社会或国家特别是非西方国家或第三世界国家的国家法或国家层面民间法，而这些社会或国家原有的国家法在法律全球化浪潮中被迫沦落为一种国家层面民间法。实际上，这样一种法律全球化背景下转化的合法性是一种假象，输入特定社会或国家中的法并不是真正意义上的国际"官方法"，而是一种特定的国际"民间法"即特定社会或国家的国家法或民间法特别是西方社会甚或美国社会的国家法或民间法。并且，当这样一种转换在假借国际"官方法"或普世之法理的名义下在特定社会或国家特别是非西方国家或第三世界国家完成时，这些社会或国家的法秩序将会产生"前途未卜"的"天翻地覆"式巨变，所影响的是千百万人的社会生活秩序。这些社会或国家中的人们被突然抛入一种新的法秩序当中，原有的法秩序得不到尊重，并沦为新的国家层面法秩序体系中的"民间法"法秩序。人们在新的法秩序体系当中生活"一段时间"后，最终极有可能还要"走回头路"。②

其三，更深一步来看，一般意义上的民间法哲学即法律全球化背景下的民间法哲学构建，一是要揭穿当前法哲学或一般意义上之法哲学的一元假象或其"国家法法哲学"面相，即所谓"法哲学"或一般意义上的法哲学，其实主要是一种国家法法哲学。③ 二是更要为构建法或广义上之法体系的法哲学贡献智性力量。也就是说，一般意

---

① 参见邓正来《谁之全球化？何种法哲学？——开放性全球化观与中国法律哲学建构论纲》，商务印书馆，2010，第 7~193 页；陆南泉等主编《苏东剧变之后：对 119 个问题的思考》（上、中、下），新华出版社，2012，第 1~1588 页。

② 参见陆南泉等主编《苏东剧变之后：对 119 个问题的思考》（上、中、下），新华出版社，2012，第 1~1588 页。

③ 参见谢晖《法学范畴的矛盾辨思》，法律出版社，2017，第 1~467 页；谢晖《法律哲学：司法方法的体系》，法律出版社，2017，第 1~384 页。

义上的法哲学不应仅仅是国家法法哲学，而更应是法或广义上之法体系的法哲学，其中包括国家层面民间法这一法或广义上法体系之基本构成形态的法哲学。我们建构一般意义上的民间法哲学，或者说建构法律全球化背景下的民间法哲学，是在国家法法哲学之旁树立了一个基本实体参照，开启了法或广义上法体系之法哲学或真正之一般意义上法哲学建构的大门。国家法法哲学身边之民间法哲学的存在及其所表征的民间法法秩序这一事实，彰显了法或广义上之法秩序体系构造的复杂性。在特定历史时空中，不能随意用特定社会或国家的国家法或国家层面民间法，来替换自己社会或国家的国家法，因为特定历史时空中特定社会或国家特别是非西方国家或第三世界国家中的法秩序体系是一种复杂的结构性秩序体系存在。随意替换其中一部分或一个环节特别是其中的"骨架"即国家法法秩序，会引发"牵一发而动全身"的"多米诺骨牌效应"或后果，且残酷的现实表明，要在这些社会或国家中再度形成一个圆融的广义上的法秩序体系，是一个极其痛苦、极其艰难和极其漫长的过程。①对此，我们不可不察！

---

① 参见李琦《与学生书：春叶秋叶菩提叶》，清华大学出版社，2012，第 153~157 页。

主要参考文献

一 著作

《马克思恩格斯全集》（第 3 卷），人民出版社，1960。

《马克思恩格斯文集》（第 1 卷），人民出版社，2009。

《马克思恩格斯选集》（第 1 卷），人民出版社，2012。

《马克思恩格斯选集》（第 3 卷），人民出版社，2012。

陈金钊：《法治及其意义》，法律出版社，2017。

淡乐蓉：《藏族"赔命价"习惯法研究》，中国政法大学出版社，2014。

邓正来：《国家与社会：中国市民社会研究》，北京大学出版社，2008。

邓正来：《谁之全球化？何种法哲学？——开放性全球化观与中国法律哲学建构论纲》，商务印书馆，2009。

邓正来：《中国法学向何处去：建构"中国法律理想图景"时代的论纲》，商务印书馆，2011。

高铭暄，马克昌主编《刑法学》，北京大学出版社，2016。

高其才：《中国习惯法论》，中国法制出版社，2008。

高其才主编《当代中国民事习惯法》，法律出版社，2011。

葛兆光：《中国思想史》（第 1 卷），复旦大学出版社，2010。

海乃拉莫、曲木约质、刘尧汉主编《凉山彝族习惯法案例集成》，云南人民出版社，1998。

洪汉鼎：《诠释学：它的历史和当代发展》，人民出版社，2001。

胡平仁：《宪政语境下的习惯法与地方自治："萨摩亚方式"的法社会学研究》，法律出版社，2005。

胡平仁编著《法理学》，中南大学出版社，2016。

蒋传光等：《新中国法治简史》，人民出版社，2011。

李步云：《论法治》，社会科学文献出版社，2015。

李步云：《走向法治》，湖南人民出版社，1998。

李鸿禧：《宪法与人权》，台湾大学法学丛书编辑委员会，1985。

李琦：《与学生书：春叶秋叶菩提叶》，清华大学出版社，2012。

厉尽国：《法治视野中的习惯法：理论与实践》，中国政法大学出版社，2010。

梁启超：《李鸿章》，何卓恩评注，湖北人民出版社，2004。

梁治平：《法律的文化解释》，生活·读书·新知三联书店，1994。

梁治平：《清代习惯法》，广西师范大学出版社，2015。

刘泽华：《中国政治思想史集》（第1卷），人民出版社，2008。

龙大轩：《乡土秩序与民间法律：羌族习惯法探析》，中国政法大学出版社，2010。

陆南泉等主编《苏东剧变之后：对119个问题的思考》（上、中、下），新华出版社，2012。

马德才：《国际私法中的公共秩序研究》，法律出版社，2010。

马珺：《清末民初民事习惯法对社会的控制》，法律出版社，2013。

马戎等主编《田野工作与文化自觉》，群言出版社，1998。

彭中礼：《法律渊源论》，方志出版社，2014。

邵津主编《国际法》，北京大学出版社，2014。

沈亚平：《社会秩序及其转型研究》，河北大学出版社，2002。

苏力：《道路通向城市：转型中国的法治》，法律出版社，2004。

苏力：《法治及其本土资源》，北京大学出版社，2015。

田成有：《法律社会学的学理与运用》，中国检察出版社，2002。

田成有：《乡土社会中的民间法》，法律出版社，2005。

王利明等：《民法学》，法律出版社，2017。

王利明主编《中华人民共和国民法总则详解》，中国法制出版社，2017。

王铭铭、王斯福主编《乡土社会的秩序、公正与权威》，中国政法大学出版社，1997。

王人博、程燎原：《法治论》，广西师范大学出版社，2014。

王铁崖主编《国际法》，法律出版社，1995。

王新生：《习惯性规范研究》，中国政法大学出版社，2010。

魏治勋：《民间法思维》，中国政法大学出版社，2010。

吴大华等：《中国少数民族习惯法通论》，知识产权出版社，2014。

向红：《全球化与反全球化运动新探》，中央编译出版社，2010。

谢晖：《大、小传统的沟通理性》，中国政法大学出版社，2011。

谢晖：《法律的信仰与理念》，山东人民出版社，1997。

谢晖：《法律的意义追问：诠释学视野中的法哲学》，法律出版社，2016。

谢晖：《法律哲学：司法方法的体系》，法律出版社，2017。

谢晖：《法学范畴的矛盾辨思》，法律出版社，2017。

谢晖：《法意与表达》，法律出版社，2014。

谢晖：《法治讲演录》，广西师范大学出版社，2005。

谢晖：《民间法的视野》，法律出版社，2016。

谢晖：《制度修辞论》，法律出版社，2017。

谢晖：《中国古典法律解释的哲学向度》，中国政法大学出版社，2005。

谢望原主编《台、港、澳刑法与大陆刑法比较研究》，中国人民公安大学出版社，1998。

于语和：《寻根：民间法絮言》，清华大学出版社，2012。

于语和主编《民间法》，复旦大学出版社，2008。

曾明生：《刑法目的论》，中国政法大学出版社，2009。

张邦铺：《彝族习惯法及调解机制研究》，法律出版社，2016。

张济民主编《青海藏区部落习惯法资料集》，青海人民出版社，1993。

张济民主编《渊源流近：藏族部落习惯法法规及案例辑录》，青海人民出版社，2002。

张明楷：《法益初论》，中国政法大学出版社，2003。

张千帆主编《宪法学》，法律出版社，2015。

张文显主编《法理学》，高等教育出版社，2011。

张中秋：《中西法律文化比较研究》，中国政法大学出版社，2006。

赵秉志主编《澳门刑法典、澳门刑事诉讼法典》，中国人民大学出版社，1999。

郑维东：《政治秩序的构建：儒家政治文化与政治稳定》，吉林人民出版社，2002。

郑永流：《法治四章：英德渊源、国际标准和中国问题》，中国政法大学出版社，2002。

中共黄浦区委党校课题组编著《转型时期社区公共秩序的建构：基于上海市黄浦区社区发展现状的研究》，复旦大学出版社，2014。

周旺生：《立法学》，法律出版社，2009。

朱文奇：《国际刑法》，中国人民大学出版社，2014。

〔爱尔兰〕J. M. 凯利：《西方法律思想简史》，王笑红译，法律出版社，2002。

〔德〕康德：《判断力批判》，邓晓芒译，杨祖陶校，人民出版社，2002。

〔德〕尼克拉斯·卢曼：《法社会学》，宾凯、赵春艳译，上海世纪出版股份有限公司，2013。

〔德〕施塔姆勒：《现代法学之根本趋势》，姚远译，商务印书馆，2016。

〔德〕魏智通主编《国际法》（第五版），吴越、毛晓飞译，法律出版社，2012。

〔德〕尤尔根·哈贝马斯：《后民族结构》，曹卫东编译，上海人民出版社，2002。

〔法〕孟德斯鸠：《论法的精神》，许明龙译，商务印书馆，2012。

〔法〕皮埃尔·布尔迪厄：《艺术的法则》，中央编译出版社，2001。

〔法〕皮埃尔·布尔迪厄、〔美〕华康德：《反思社会学导引》，李猛、李康译，商务印书馆，2015。

〔法〕皮埃尔·布尔迪厄：《实践感》，蒋梓骅译，译林出版社，2012。

〔古希腊〕亚里士多德：《形而上学》，苗力田译，中国人民大学出版社，2003。

〔美〕E.博登海默：《法理学：法律哲学与法律方法》，邓正来译，中国政法大学出版社，2017。

〔美〕M.谢里夫·巴西奥尼：《国际刑法导论》，赵秉志、王文华等译，法律出版社，2006。

〔美〕布赖恩·比克斯：《法理学：理论与语境》（第四版），邱昭继译，法律出版社，2008。

〔美〕戴维·斯沃茨：《文化与权力：布尔迪厄的社会学》，陶东风译，上海译文出版社，2006。

〔美〕胡斯托·L.冈萨雷斯：《基督教史》，赵城艺译，上海三联书店，2016。

〔美〕霍贝尔:《原始人的法:法律的动态比较研究》,严存生等译,法律出版社,2006。

〔美〕克利福德·格尔茨:《地方知识:阐释人类学论文集》,杨德睿译,商务印书馆,2014。

〔美〕理查德·A. 波斯纳:《法理学问题》,苏力译,中国政法大学出版社,2002。

〔美〕罗伯特·C. 埃里克森:《无需法律的秩序:邻人如何解决纠纷》,苏力译,中国政法大学出版社,2003。

〔美〕罗斯科·庞德:《法理学》(第3卷),廖德宇译,法律出版社,2007。

〔美〕罗斯科·庞德:《通过法律的社会控制》,沈宗灵译,商务印书馆,2010。

〔美〕约翰·罗尔斯:《罗尔斯论文全集》(上册、下册),陈肖生等译,吉林出版集团有限责任公司,2013。

〔日〕美浓部达吉:《法之本质》,台湾商务印书馆,1993。

〔日〕千叶正士:《法律多元:从日本法律文化迈向一般理论》,强世功等译,中国政法大学出版社,1997。

〔日〕伊东研祐:《法益概念史研究》,秦一禾译,中国人民大学出版社,2014。

〔英〕H. L. A. 哈特:《法律的概念》,许家馨、李冠宜译,法律出版社,2006。

〔英〕戴维·赫尔德、〔英〕安东尼·麦克格鲁:《全球化与反全球化》,陈志刚译,社会科学文献出版社,2004。

〔英〕戴雪:《英宪精义》,雷宾南译,中国法制出版社,2001。

〔英〕弗里德里希·奥古斯特·冯·哈耶克:《通往奴役之路》,王明毅等译,中国社会科学出版社,1997。

〔英〕洛克:《政府论:下篇》,叶启芳、瞿菊农译,商务印书馆,1964。

〔英〕韦恩·莫里森:《法理学:从古希腊到后现代》,李桂林等译,武汉大学出版社,2003。

〔英〕约翰·奥斯丁:《法理学的范围》,刘星译,中国法制出版社,2002。

〔英〕约翰·菲尼斯:《自然法与自然权利》,董娇娇等译,中国政法大学出版社,2005。

〔英〕约瑟夫·拉兹:《法律的权威:法律与道德论文集》,朱峰译,法律出版社,2005。

《奥本海国际法》(第1卷·第1分册),〔英〕詹宁斯·瓦茨等修订,王铁崖等译,中国大百科全书出版社,1995。

Charles Taylor, *Philosophy and the Human Sciences: Philosophical Papers*, vol. 2 (Cambridge, New York: Cambridge University Press, 1985).

Hayek, *The Constitution of Liberty* (Chicago: University of Chicago Press, 1960).

John Finnis, *Natural Law and Natural Rights* (Oxford: Clarendon Press, 1980).

John Rawls, *A Theory of Justice* (Cambridge, Mass: Belknap Press of Harvard University Press, 1972).

John Rawls, *Justice as Fairness: A Restatement* (Cambridge, Massachusetts: Harvard University Press, 2001).

John Rawls, *Political Liberalism* (New York: Columbia University Press, 1996).

Joseph Raz, *The Authority of Law: Essays on Law and Morality* (Oxford: Clarendon Press, 1979).

Lon L. Fuller, *The Morality of Law*, Revised Edition (NewHaven, Connecticut: Yale University Press, 1969).

Michael Hechter, Christine Horne, *Theories of Social Order: A*

Reader（Stanford，CA：Stanford University Press，2003）．

二 硕士、博士学位论文

李岩：《民事法益研究》，博士学位论文，吉林大学，2007。

陈冬春：《民间法研究的反思性解读》，硕士学位论文，华东政法学院，2004。

宋超光：《国际经济法的渊源新论》，硕士学位论文，吉林大学，2006。

吴玥瑶：《刍论国际法渊源之位阶序列》，硕士学位论文，山东大学（威海），2014。

三 论文

拜荣静：《论纠纷解决机制的层级性》，载谢晖、陈金钊主编《民间法》（第13卷），厦门大学出版社，2014。

曹景文、任东来：《政治与美国联邦的司法独立：从最高法院大法官人数的变化开始的讨论》，载《学术界》2013年第4期。

陈冬春：《法治的资源：国家法与民间法的对立和融合》，载谢晖、陈金钊主编《民间法》（第4卷），山东人民出版社，2005。

陈冬春：《民间法研究批判》，载谢晖、陈金钊主编《民间法》（第4卷），山东人民出版社，2005。

陈光：《论区域治理中民间规范的功能与转化》，载《第十二届全国民间法·民族习惯法学术研究讨会论文集》，重庆大学，2016。

陈光中、魏晓娜：《论我国司法体制的现代化改革》，载《中国法学》2015年第1期。

陈会林、范忠信：《中国民间社会纠纷解决权的法源考察：以明清两代为例》，载谢晖、陈金钊主编《民间法》（第8卷），山东人民出版社，2009。

陈绍芳：《公共哲学视角的公共秩序价值解析》，载《社会科学家》2009 年第 1 期。

陈云良、邓慧强：《模糊法学的初步叙事》，载《政治与法律》2009 年第 5 期。

陈云良：《消费者概念之模糊性分析：模糊法学的一个应用》，载《法学》2006 年第 10 期。

邓峥波：《从实证角度解析"习惯法"概念》，载《江西社会科学》2013 年第 3 期。

邓正来：《社会秩序规则二元观：哈耶克法律理论的研究》，载《北大法律评论》1999 年第 2 辑。

董兴佩：《法益：法律的中心问题》，载《北方法学》2008 年第 3 期。

董郁玉：《美国政党的轮流执政与司法独立》，载《炎黄春秋》2012 年第 8 期。

杜苏：《司法独立的黎明：法国古典司法体制诸问题研究》，载《中外法学》2013 年第 1 期。

多杰：《古代法·部落法·习惯法：对藏区民间法现象的透析》，载谢晖、陈金钊主编《民间法》（第 3 卷），山东人民出版社，2004。

樊鹏、刘超：《民间法范式的反思与国家法之于民间法的正效应初探》，载谢晖、陈金钊主编《民间法》（第 5 卷），山东人民出版社，2006。

范愉：《民间社会规范在基层司法中的应用》，载《山东大学学报》（哲学社会科学版）2008 年第 1 期。

范愉：《试论民间社会规范与国家法的统一适用》，载谢晖、陈金钊主编《民间法》（第 1 卷），山东人民出版社，2002。

方立新：《司法独立形态考》，载《浙江大学学报》（人文社会科学版）2000 年第 6 期。

付子堂、宋云博：《对"法的目的"传统理论之批判与反思》，载《政法论丛》2014 年第 2 期。

龚卫东：《西部少数民族传统习惯法治化的功能辨析》，载谢晖、陈金钊主编《民间法》（第12卷），厦门大学出版社，2013。

古祖雪：《国际法的法律性质再认识：哈特国际法学思想述评》，载《法学评论》1998年第1期。

韩秀桃：《近代中国对司法独立的价值追求与现实依归》，载《中国法学》2003年第4期。

胡峻：《不良行政行为的司法监督》，载《理论探索》2015年第3期。

胡平仁、陈思：《民间法研究的使命》，载《湘潭大学学报》（哲学社会科学版）2012年第2期。

胡平仁：《从法哲学的范围与品格看部门法哲学研究》，载《法制与社会发展》2010年第3期。

胡平仁：《法律人的思维方式》，载《怀化学院学报》2007年第3期。

黄金兰、周赟：《初论民间法及其与国家法的关系》，载谢晖、陈金钊主编《民间法》（第1卷），山东人民出版社，2002。

黄金兰：《传统中国的乡村社会控制方式：兼及宗族的社会控制功能》，载谢晖、陈金钊主编《民间法》（第12卷），厦门大学出版社，2013。

黄伟：《也论国际法的等级》，载《湖南社会科学》2009年第2期。

姜福东、刘吉涛：《民间规范何以进入司法判决：基于"婚礼撞丧"案的分析》，载谢晖、陈金钊主编《民间法》（第8卷），山东人民出版社，2009。

姜明安：《再论法治、法治思维与法律手段》，载《湖南社会科学》2012年第4期。

蒋德海：《民间法的概念和作用反思》，载谢晖等主编《民间法》（第14卷），厦门大学出版社，2014。

金彭年：《国际私法上的公共秩序研究》，载《法学研究》1999年第 4 期。

金玄武、武庆阳：《韩国习惯法初探》，载谢晖、陈金钊主编：《民间法》（第 13 卷），厦门大学出版社，2014。

孔庆平：《关于习惯与法律关系的误会：民国立法中的一个争论》，载《北方法学》2008 年第 5 期。

蓝寿荣：《关于土家族习惯法的社会调查与初步分析》，载谢晖、陈金钊主编《民间法》（第 3 卷），山东人民出版社，2004。

李伯军：《非洲国际法初探》，载《西亚非洲》2006 年第 2 期。

李鼎楚：《清末司法独立思想的端倪、动因及途径：至预备立宪前夕的考察》，载《湘潭大学学报》（哲学社会科学版）2009 年第 2 期。

李继扬、吴大华：《场域、惯习、资本与纠纷解决：对贵州黔东南占里侗寨纠纷解决的法社会学解读》，载谢晖等主编《民间法》（第 15 卷），厦门大学出版社，2015。

李居迁：《强行法与国际法的性质》，载《研究生法学》1998 年第 2 期。

李黎明：《略论西方国家的司法独立》，载《湖北社会科学》2011 年第 1 期。

李秀群：《民间法与国家法的冲突与融合：一个比较的视角》，载谢晖、陈金钊主编《民间法》（第 2 卷），山东人民出版社，2003。

李瑜青、张建：《论民间法研究的内在精神》，载《甘肃政法学院学报》2010 年第 4 期。

李育全、马雁：《乡土社会中民间法的审视》，载谢晖、陈金钊主编《民间法》（第 4 卷），山东人民出版社，2005。

梁海燕：《民族地区习惯法与区域法治构建探析》，载谢晖等主编《民间法》（第 15 卷），厦门大学出版社，2015。

梁西：《国际法的社会基础与法律性质》，载《武汉大学学报》

（社会科学版）1992 年第 4 期。

刘传海：《话语与规制：正式法的乡土社会进入》，载谢晖、陈金钊主编《民间法》（第 4 卷），山东人民出版社，2005。

刘建荣：《公共秩序：人类德性与理性之维》，载《道德与文明》2008 年第 3 期。

刘孔中、王红霞：《台湾地区司法改革 60 年：司法独立的实践与挑战》，载《东方法学》2011 年第 4 期。

刘旺洪：《论民间法及其与国家法的关系》，载《江海学刊》2007 年第 4 期。

刘筱岚：《刑事国际法的产生、发展及其渊源》，载《政治与法律》1990 年第 2 期。

刘芝祥：《法益概念辨识》，载《政法论坛》2008 年第 4 期。

刘作翔、王勇：《锻铸政体的法理学：中国社会科学院法学研究所刘作翔教授学术访谈录》，载《甘肃社会科学》2015 年第 1 期。

刘作翔：《具体的"民间法"：一个法律社会学视野的考察》，载《浙江社会科学》2003 年第 4 期。

卢有学：《论国际刑法的渊源》，载《刑法论丛》2010 年第 2 卷。

马得华：《民间法及其当代命运》，载谢晖、陈金钊主编《民间法》（第 2 卷），山东人民出版社，2003。

马小红：《法治的历史考察与思考》，载《法学研究》1999 年第 2 期。

牟利成：《内嵌并生成于社会文化结构的法律和秩序：文化结构主义视角下"乡土中国"的法治逻辑》，载谢晖、陈金钊主编《民间法》（第 12 卷），厦门大学出版社，2013。

南杰·隆英强：《藏族赔命价习惯法对我国刑事司法的挑战及其可能贡献》，载谢晖、陈金钊主编《民间法》（第 8 卷），山东人民出版社，2009。

潘佳铭：《法治概念的性质探析》，载《西南师范大学学报》（人文社会科学版）2005 年第 1 期。

彭中礼：《不成文法是法律渊源吗：以民间习惯为例》，载谢晖、陈金钊主编《民间法》（第 12 卷），厦门大学出版社，2013。

彭中礼：《法律渊源词义考》，载《法学研究》2012 年第 6 期。

彭中礼：《法治之法是什么：法源理论视野的重新探索》，载《北京航空航天大学学报》（社会科学版）2013 年第 1 期。

彭中礼：《论法律形式与法律渊源的界分》，载《北方法学》2013 年第 1 期。

彭中礼：《论习惯的法律渊源地位》，载《甘肃政法学院学报》2012 年第 1 期。

冉瑞燕：《论民族习惯法对乡村社会的治理：以湘鄂西民族地区为例》，载谢晖、陈金钊主编《民间法》（第 8 卷），山东人民出版社，2009。

尚海涛：《场域、惯习和习惯法：以民国时期华北地区的农业雇佣习惯法为例》，载谢晖、陈金钊主编《民间法》（第 13 卷），厦门大学出版社，2014。

孙宏伟：《公共秩序的结构分析》，载《新疆社会科学》2013 年第 5 期。

孙丽君：《少数民族地区基层司法实践分析：以场域为视角》，载谢晖等主编《民间法》（第 14 卷），厦门大学出版社，2014。

孙希尧：《国际海事商人法断思：一个民间法的角度》，载《甘肃政法学院学报》2007 年第 6 期。

谭岳奇：《民间法：法律的一种民间记忆》，载谢晖、陈金钊主编《民间法》（第 1 卷），山东人民出版社，2002。

田成有：《国家法在乡土社会中取得成功的条件与保证》，载《江苏行政学院学报》2001 年第 3 期。

田成有：《乡土社会中的国家法与民间法》，载谢晖、陈金钊主编《民间法》（第 1 卷），山东人民出版社，2002。

王彬：《民间法如何走进司法判决：兼论"顶盆继承案"中的法律方法》，载谢晖等主编《民间法》（第 7 卷），山东人民出版社，2008。

王斐：《国家法失效的民间法救济》，载谢晖、陈金钊主编《民间法》（第 6 卷），山东人民出版社，2007。

王家福等：《论依法治国》，载《法学研究》1996 年第 2 期。

王建国：《全球化背景下中国司法独立的价值取向》，载《金陵法律评论》2006 年秋季卷。

王林敏：《习惯法概念谱系的辨析与界定：基于法律实证主义视角的分析》，载谢晖、陈金钊主编《民间法》（第 9 卷），济南出版社，2010。

王梦遥：《论国际私法的国际法性质：基于对传统学说的梳理和批判》，载《佳木斯大学社会科学学报》2008 年第 3 期。

王青林：《民间法若干问题初探》，载谢晖、陈金钊主编《民间法》（第 3 卷），山东人民出版社，2004。

王秀梅：《国际法体系化机制及其进路》，载《政法论丛》2007 年第 2 期。

王彦志：《跨国民间法初探：以全球经济的私人规制为视角》，载谢晖、陈金钊主编《民间法》（第 11 卷），厦门大学出版社，2012。

王佐龙：《生态习惯法对西部社会法治的可能贡献》，载《甘肃政法学院学报》2007 年第 2 期。

魏敦友：《民间法话语的逻辑：对当代中国法学建构民间法的三种理论样式的初步探讨》，载《山东大学学报》（哲学社会科学版）2008 年第 6 期。

魏小强：《民间法复兴论纲》，载谢晖、陈金钊主编《民间法》（第 12 卷），厦门大学出版社，2013。

魏治勋：《"民间法"概念问题辨谬》，载谢晖、陈金钊主编《民间法》（第 11 卷），厦门大学出版社，2012。

魏治勋：《"民间法消亡论"的内在逻辑及其批判》，载《山东大学学报》（哲学社会科学版）2011 年第 2 期。

闻银玲：《对欧洲联盟法的渊源及原则的认识》，载《桂林电子工业学院学报》1999 年第 2 期。

夏勇：《法治是什么：渊源、规诫与价值》，载《中国社会科学》1999 年第 4 期。

谢晖：《论当代中国官方与民间的法律沟通》，载《学习与探索》2000 年第 1 期。

谢晖：《论民间法研究的两种学术视野及其区别》，载《哈尔滨工业大学学报》（社会科学版）2012 年第 2 期。

谢晖：《民间规范与法律的全球对话》，载《山东大学学报》（哲学社会科学版）2011 年第 4 期。

谢晖：《问道生活取法民间》，载于语和主编《民间法》，复旦大学出版社，2008。

徐显明：《论"法治"构成要件：兼及法治的某些原则及观念》，载《法学研究》1996 年第 3 期。

徐晓光：《从苗族"罚 3 个 100"等看习惯法在村寨社会的功能》，载谢晖、陈金钊主编《民间法》（第 5 卷），山东人民出版社，2006。

杨春洗、苗生明：《论刑法法益》，载《北京大学学报》（哲学社会科学版）1996 年第 6 期。

杨瑞萍、曹彤丹：《公民理性视野下的微信公共秩序》，载《北京邮电大学学报》（社会科学版）2016 年第 4 期。

杨小敏：《晚清司法权概念考：以宪法学为视角》，载《政法论坛》2014 年第 5 期。

印子：《纠纷主体的能动性与纠纷解决的社会场域——一起乡土纠纷的田野考察》，载谢晖、陈金钊主编《民间法》（第 13 卷），厦门大学出版社，2014。

于飞：《"法益"概念再辨析：德国侵权法的视角》，载《政法论坛》2012年第4期。

于明：《古代宪制、法律职业与主权者革命：重读"司法独立"的英国故事》，载《中外法学》2013年第1期。

于语和、刘伟：《从阳泉农村的实地调查看中国的民间法》，载谢晖、陈金钊主编《民间法》（第2卷），山东人民出版社，2003。

于语和等：《简论民间法约束力的来源和表现》，载谢晖、陈金钊主编《民间法》（第3卷），山东人民出版社，2004。

虞卫东：《舆论与司法独立关系之辨析》，载《探索与争鸣》2012年第11期。

曾宪义、马小红：《中国传统法的"一统性"与"多层次"之分析：兼论中国传统法研究中应慎重使用"民间法"一词》，载《法学家》2004年第1期。

张赫：《民间法进入司法的意义及方式》，载谢晖等主编《民间法》（第7卷），山东人民出版社，2008。

张继民：《民间法在中国特色社会主义法制体系中的地位》，载谢晖、陈金钊主编《民间法》（第11卷），厦门大学出版社，2012。

张建：《民间法的秩序还是民间的法秩序?》，载《广西政法管理干部学院学报》2009年第6期。

张建：《以民间法为方法》，载谢晖等主编《民间法》（第18卷），厦门大学出版社，2017。

张景峰：《官方法与民间法视野下的公司章程》，载《甘肃政法学院学报》2009年第5期。

张明泽、严文强：《少数民族习惯法的意蕴：理论与个案的透视——以彝区解纷为例》，载谢晖、陈金钊主编《民间法》（第3卷），山东人民出版社，2004。

张千帆：《法治概念的不足》，载《学习与探索》2006年第

11 期。

张伟强：《论民间法的能与不能》，载谢晖、陈金钊主编《民间法》（第 8 卷），山东人民出版社，2009。

张晓东：《论欧盟法的性质及其对现代国际法的贡献》，载《欧洲研究》2010 年第 1 期。

张璇孟：《论美国司法独立的政党困境及其制衡之道》，载《党政干部学刊》2011 年第 2 期。

张学亮、王学栋：《中国乡村社会法治秩序的建构：从国家法和民间法的关系考察》，载《天津市政法管理干部学院学报》2005 年第 3 期。

赵秉志、刘志伟：《论扰乱公共秩序罪的基本问题》，载《政法论坛》（中国政法大学学报）1999 年第 2 期。

赵海怡、钱锦宇：《法经济学视角下国家法的限度：民间规则与国家法关系的重新定位》，载《山东大学学报》（哲学社会科学版）2010 年第 1 期。

赵明、黄涛：《论法的目的：以康德目的论哲学为视角》，载《哈尔滨工业大学学报》（社会科学版）2012 年第 2 期。

赵蓬：《论乡村治理视域下的民间规范》，载谢晖等主编《民间法》（第 10 卷），济南出版社，2011。

赵廷光：《试论法的目的和基本作用》，载《贵州师范大学学报》（社会科学版）1979 年第 3 期。

郑永流：《法的有效性与有效的法：分析框架的建构和经验实证的描述》，载《法制与社会发展》2002 年第 2 期。

周光辉：《政治文明的主题：人类对合理的公共秩序的追求》，载《社会科学战线》2003 年第 4 期。

周俊光、姚选民：《民间规范权利的成因、特征及司法识别》，载《求索》2017 年第 6 期。

〔法〕布尔迪厄：《法律的力量：迈向司法场域的社会学》，强世功译，载《北大法律评论》1999 年第 2 期。

〔韩〕ChongChoi：《东亚的儒家法律文化及其全球化》，吕廷君、王斐译，载谢晖、陈金钊主编《民间法》（第 4 卷），山东人民出版社，2005。

〔美〕大卫·V. 施耐德：《论民间立法》，姜世波、卫学芝译，载谢晖、陈金钊主编《民间法》（第 6 卷），山东人民出版社，2007。

〔日〕寺田浩明：《超越民间法论》，吴博译，载谢晖、陈金钊主编《民间法》（第 3 卷），山东人民出版社，2004。

R. H. Coase, "The Problem of Social Cost", *Journal of Law and Economics*, Vol. 3（Oct. , 1960）.

四　资料文献

《中共中央关于全面推进依法治国若干重大问题的决定》，人民出版社，2014。

《中华人民共和国立法法：含修正案草案说明》，法律出版社，2015。

《中华人民共和国宪法：含宣誓誓词》，法律出版社，2018。

《中华人民共和国刑法》，中国法制出版社，2015。

人民法院出版社法规编辑中心编《中华人民共和国民法总则》，人民法院出版社，2017。

《果洛藏族自治州志》编纂委员会编《果洛藏族自治州志》，民族出版社，2001。

《习近平关于实现中华民族伟大复兴的中国梦论述摘编》，中央文献出版社，2013。

广东、广西、湖南、河南辞源修订组，商务印书馆编辑部编《辞源》（全 2 册），商务印书馆，2010。

罗国杰主编《中国伦理学百科全书·伦理学原理卷》，吉林人民出版社，1993。

时蓉华主编《社会心理学词典》，四川人民出版社，1988。

夏征农、陈至立主编《辞海》，上海辞书出版社，2010。

〔日〕木村龟二主编《刑法学词典》，顾肖荣等译，上海翻译出版公司，1991。

作者研究著述要目[*]

2005 年

《法律责任的结构初探》，学士学位论文，张秋航指导，湖南大学，2005。

2008 年

《"全球化论辩"语境中意识形态的复数"问题化"》，载里赞主编《望江法学》（2008 年卷），法律出版社，2008。

2009 年

《智者与学者：兼评邓正来〈中国法学向何处去〉》，载《西部法学评论》2009 年第 2 期。

《"和谐社会"主题下的法学研究现象之分析：基于布尔迪厄的"场域"逻辑视角》，硕士学位论文，陈动、黄金兰指导，厦门大学，2009。（获优秀毕业论文）

2010 年

《全球化的政治秩序：帝国，抑或村落？》，载邓正来主编《西方法律哲学书评文集》，中国政法大学出版社，2010。

2011 年

《如何认识"主体中国"？》，载《社会科学论坛》2011 年第 10 期。

---

* 该要目中作品系作者主要研究（翻译）成果，要目中未标示著者情况的作品，均系作者独著，截止时间为 2019 年 7 月。

2012 年

《谁之"合作"？何种"可欲"？》，载《二十一世纪》2012 年第 1 期。

《罗尔斯政治秩序观问题：一种以中国为根据的问题化理论处理》，博士学位论文，邓正来指导，复旦大学，2012。

《谁之"法学"？何种"理想图景"？》，载《社会科学论坛》2012 年第 7 期。

《民事审判的法律之维与政治之维："沈/张系列诉讼案"的法政治学解读》，载《社会科学论坛》2012 年第 11 期。

《党指导思想的内在结构性完善》，载《文史博览》（理论）2012 年第 12 期。

《政治性格与政党制度的形成：一种政治哲学的视角》，载《中共党史研究》2012 年第 12 期。（CSSCI 论文）

2013 年

《"事情本身"与"物质"：黑格尔和马克思看待世界方式的差异》，载《武陵学刊》2013 年第 2 期。

《论政体的包容性：亚里士多德政体思想新探》，载《广东行政学院学报》2013 年第 2 期。（中文核心期刊论文）

《罗尔斯的政治理想图景：基于〈正义论〉中正义二原则推演过程的分析》，载邓正来主编《西方法律哲学家研究》，中国政法大学出版社，2013。

〔美〕马克·布莱彻：《资本主义转型：城市化、全球化与大众政治：一个以中国为个案的考察》，姚选民译，载李路曲主编《比较政治学研究》（总第 4 辑），中央编译出版社，2013。

《坚持群众路线，深刻认识三大意义》，载《厦门特区党校学报》2013 年第 5 期。

《缘于学术的"邂逅"：缅怀我的先生邓正来教授》，载《社会科学论坛》2013 年第 11 期。

《全球化话语中的国家意识形态问题：基于一种问题化进路》，载周赟主编《厦门大学法律评论》2013 年下卷，厦门大学出版社，2013。（CSSCI 论文）

〔美〕约翰·罗尔斯：《缅怀我的同事：伯顿·德雷本》，姚选民译，载许章润、翟志勇主编《历史法学：世俗秩序：从心灵世界到法权政治》（总第 7 卷），法律出版社，2013。

《扶贫政治逻辑与"国家主体"预设》，载徐勇主编《中国农村研究》（2013 年下卷），中国社会科学出版社，2013。（CSSCI 论文）

2014 年

《试论西方民主促进问题：基于民主的政治哲学思考》，载《武陵学刊》2014 年第 1 期。

《弘扬雷锋精神，助力中华民族伟大复兴》，载《湖南日报》2014 年 3 月 4 日。

《罗尔斯政治秩序观研究：一种论纲》（上），载《社会科学论坛》2014 年第 5 期。（CSSCI 扩展版论文）

《罗尔斯政治秩序观研究：一种论纲》（下），载《社会科学论坛》2014 年第 6 期。（CSSCI 扩展版论文）

《论中国共产党指导思想的内在结构》，载《岭南学刊》2014 年第 3 期。（人大复印资料《中国共产党》2014 年第 9 期全文复印）

《谁之"官僚社会"？何种"宪政转型"？》，载李路曲主编《比较政治学研究》（总第 6 辑），中央编译出版社，2014。

《试论中华民族的伟大复兴及其基本条件：美国对外关系史对中国的启示》，载《湖南行政学院学报》2014 年第 4 期。

《罗尔斯政治秩序观问题：建构与批判》，中共中央党校出版社，2014。

〔爱尔兰〕托尼·卡蒂：《国际秩序的哲学基础问题：一种西方视角》，姚选民译，载陈玉刚主编《复旦国际关系评论：国际秩序与国际秩序观》（2014 年下卷），上海人民出版社，2014。（CSSCI 译文）

《试论新中国政党制度的正当性：一种政治哲学基础探求》，载《湖南省社会主义学院学报》2014 年第 5 期。

《正义社会的民族性：米勒论罗尔斯》，载王博主编《哲学门》（总第 29 辑），北京大学出版社，2014。（CSSCI 论文）

《雷锋精神与中华民族伟大复兴：一种政治哲学视角》，载《船山学刊》2014 年第 4 期。

《基于社会最不利者服务型政府的构建战略》，载《南华大学学报》（社会科学版）2014 年第 6 期。

2015 年

《让党规党纪真正成为"达摩克利斯之剑"》，载《湖南日报》2015 年 4 月 20 日。

《让法治成为扼制腐败的利剑》，载《人民法治》2015 年 5 月号。

《书评论文可成为图书评论的主流形式》，载《中国社会科学报》2015 年 5 月 20 日。

《学术志业与"飞蛾扑火"》，载《社会科学报》2015 年 7 月 9 日。

《实现教育公平：农村孩子的中国梦》，载刘建武主编《湖湘智库（2014）》，中共中央党校出版社，2015。

《司法独立再审视：一种民间法哲学思考》，载谢晖等主编《民间法》（第 15 卷），厦门大学出版社，2015。（CSSCI 论文）

《国家政治竞争与法国大革命：兼论〈旧制度与大革命〉对中国的启示》，载《社会科学论坛》2015 年第 9 期。（CSSCI 扩展版论文）

《什么样的刊物才是好刊物》，载《中国社会科学报》2015 年 10 月 20 日。

《坚持贯彻党的群众路线》，载《湖南日报》2015 年 11 月 6 日。

《毛泽东与中国特色社会主义道路的形成》，载《南华大学学报》（社会科学版）2015 年第 5 期。

《比较视野下新中国政党制度的正当性原因的探求》，载李路曲主编《比较政治学研究》（总第 8 辑），中央编译出版社，2015。

《坚定不移走中国特色社会主义法治道路》（合著排名第一），载《湖南日报》2015 年 12 月 9 日。

2016 年

《古镇群建设需要考虑文化民生》（合著排名第一），载《中国城市报》2016 年 2 月 22 日。

《抗日战争胜利的政治哲学解析：基于习近平关于抗战的重要论述》（合著排名第一），载刘思平主编《纪念抗日战争胜利 70 周年文集》，湖南师范大学出版社，2016。

《做真读书人和真学问家：兼论〈三一集：邓正来学术文化随笔〉》，载《社会科学论坛》2016 年第 5 期。（CSSCI 扩展版论文）

《论雷锋精神中的"创新"命题》，载《云梦学刊》2016 年第 3 期。

《邓正来的"思"与"不思"：关于选择学术之路正当性问题的思考》，载周晓虹、谢曙光主编《中国研究》（总第 21 辑），社会科学文献出版社，2016。（CSSCI 论文）

《中国共产党与中华民族伟大复兴：中国崛起的政治哲学解释》，九州出版社，2016。

《"您并没有离去"：邓正来先生诞辰六十周年暨往生三周年追思》（合著排名第一），载何家弘主编《法学家茶座》（总第 48 辑），山东人民出版社，2016。

《习近平党的作风建设思想四大维度》，载《南华大学学报》（社会科学版）2016 年第 4 期。

《农村葬礼风俗亟待引导：以湖南祁东、邵东两县为例》，载刘建武主编《湖湘智库（2016）》，湖南人民出版社，2016。

《法律全球化背景下的中国法治二元观：基于一种民间法哲学主体视角》，载谢晖等主编《民间法》（第 17 卷），厦门大学出版社，2016。（CSSCI 论文）

《"历史终结"的神话：福山"历史终结论"论证逻辑批判》，载李路曲主编《比较政治学研究》（总第 11 辑），学林出版社，2016。

2017 年

《中国国家治理现代化向何处去：一种政治哲学层面追问》，载《社会科学论坛》2017 年第 1 期。（CSSCI 扩展版论文；人大复印资料《体制改革》2017 年第 6 期全文复印；《新华文摘》（网络版）2017 年第 11 期全文转载）

《五"管"齐下，铸就株洲新常态党建模式》，载《中国城市报》2017 年 1 月 9 日。

《"发展非意图后果"与地方国际科技合作：兼论美国科技对中国/湖南的非对称性影响》，载刘建武等《美国问题研究报告（2016）》，光明日报出版社，2017。

《直面世道人心，"问诊"人情腐败》，载《湖南日报》2017 年 5 月 3 日。

《论政治意志力的内在结构：以中国共产党政治实践为背景》，载《云梦学刊》2017 年第 2 期。

《"现代性悖论"与第三次工业革命论：里夫金〈第三次工业革命〉批判》，载《武陵学刊》2017 年第 3 期。

《论新形势下党内政治生活规范化的四大新挑战》，载《中共浙江省委党校学报》2017 年第 5 期。（人文核心期刊论文）

《分配正义：共产主义的逻辑起点》，载《学术论坛》2017 年第 4 期。（CSSCI 论文）

《目光向外，让湖南文化产业走向世界》，载《湖南日报》2017 年 10 月 14 日。

《对接"一带一路"，湖南亟需自己的知识产权战略》，载《当代商报》2017 年 12 月 1 日。

《人类命运共同体：跨越"修昔底德陷阱"的中国方案》，载

《学术论坛》2017 年第 6 期。（CSSCI 论文；人大复印资料《中国特色社会主义理论》2018 年第 5 期全文复印）

《解"一带一路"湖南知识产权保护难题》，载《中国城市报》2017 年 12 月 25 日。

2018 年

《宋教仁思想中的法治因子及其现代意义：基于一种传统中国国家法民间法化视角》，载谢晖等主编《民间法》（第 20 卷），厦门大学出版社，2018。（CSSCI 论文）

《产业扶贫要充分发挥多元主体积极性》，载《湖南日报》2018 年 7 月 29 日。

《习近平处理中美关系的策略研究》（合著排名第一），载《南华大学学报》（社会科学版）2018 年第 4 期。

《发挥多元主体积极性，湖南产业扶贫进入攻坚决胜期》，载《中国工业报》2018 年 10 月 11 日。

《法律全球化背景下的民间法哲学构建研究》，博士后出站报告，中南大学，2018。（获优秀博士后出站报告）

《中国反贫困伟大实践的世界意义》，载《中国经济时报》2018 年 11 月 15 日。（《新华文摘》2019 年第 3 期转摘）

2019 年

《构建人类命运共同体的科学社会主义逻辑基础》，载《毛泽东研究》2019 年第 1 期。（人文核心期刊论文；《高等学校文科学术文摘》2019 年第 3 期详细转载；《世界社会主义研究》2019 年第 3 期转摘）

《论纪委监督责任的基本特性及制度优势》，载《岭南学刊》2019 年第 3 期。（人文核心期刊论文）

跋

"逝者如斯乎，不舍昼夜。"没想到，博士后出站就快一年了。

翻出书柜里的博士后出站报告，在付梓前想再改一改，谁知读起来却出奇地"滑溜"，最终只是改动了些许词句，增删了一些注释。难道是我的博士后出站报告已经"尽善尽美"了？显然不是。此刻思绪又飞回了出站报告的答辩会现场，谢晖教授、蒋先福教授、胡平仁教授、陈云良教授、彭中礼教授以及湖南省博管办朱怡珍主任等师友的批评和期望，似乎还在耳边回响。

关于"改不动"的情况，我琢磨着主要有这样两方面的原因：一方面，在博士后出站答辩时，我对出站报告的定稿是极其严肃认真的，不是拿出个"半拉子"作品应付了事；另一方面，在出站报告最终文本提交时，结合诸位答辩委员的意见，我已对能够修改的地方进行了认真修改，"改不动"的地方其实都是需要进行"伤筋动骨"式修改的地方。后来，我觉得，这些"改不动"的地方本就没有什么标准答案，即便对这些"改不动"的地方强行进行修改，也终究是"治标不治本"，并非真的提高了自己的学术能力或研究"水位"。与其如此，还不如"持平常心"坦然面对，将本书当作自己学术征途中的又一个"坐标"看待。

其实，这种心态在出站报告答辩会现场时就已生成。记得答辩会期间，鉴于各位教授先生对出站报告的"厚爱"，即将其评定为"优秀"等次，法学院院长陈云良教授满心期待地进一步勉励我将该书稿往"名著"或"经典"的方向打磨，甚至说，即便不能成为

"经典"，也要修改成为"名著"。当时，听了他的话，我的反应不是热血沸腾，而是不好意思。羞赧、困窘已透露我对自己这部研究作品的期许了。陈先生勉励我将书稿修改得更好、更完善一些，这是好意，是更高的要求，却让我有些为难了。我压根儿没想过自己的作品会成为"名著"或"经典"，而是觉得能将自己学术事业中的一些"心得"及时呈现给大家就已经很好了。

本书研究能成为今天这个样子，要致谢的内容虽已大部分在我的博士后出站报告的《后记》中呈现，但现在看来，还是有需要增补的内容。比如，在该《后记》中，我竟然忘记特别说明，复旦大学国际关系与公共事务学院陈明明教授和厦门大学法学院李琦教授是我申请到中南大学博士后流动站做法学博士后之两封推荐信的撰写人。虽然陈先生不是搞法学理论方面研究的，他是我国著名的政治学家，但是，我的博士后进站推荐怎么能少了博士阶段母校老师的推荐呢？李先生是我进厦门大学法学院读研伊始就仰慕的老师，我在准备进法学博士后流动站、给自己的法学理论专业修养画一个"圆满"的句号时，怎么会不逮住机会麻烦先生一下呢？二位先生"有爱"的盛情推荐，不仅让我感动，而且是我博士后在站期间铭感压力的重要原因，生怕自己会砸了两位先生的"牌子"。为申请某出版项目，还曾烦劳中南大学法学院胡平仁教授、厦门大学法学院周赟教授为本书写了两封推荐信。二位先生热情洋溢的推荐让我对拙稿的出版增添了信心。我怀着极为忐忑的心情请当今民间法研究权威、我的合作导师中南大学特聘教授谢晖先生为拙著写序，先生爽快地答应了，我当时顿感"心中石头落地"。但面对先生的即时肯定答复简讯，心想先生一定正"窥视"着我有点发烫的脸庞：一方面平时督请各种"事务"缠身的先生注意多休息，特别是少码点字；另一方面又催促着先生赐序，真是一副"口是心非"的模样！

感谢以上诸位先生和师友，希望本书的出版能给他们"添彩"，而不是增加"负担"。

2019 年 7 月于长沙跃进湖畔

　　本想把书稿整得更"厚实"些，可"计划没有变化快"，一些相关专题论文没能作为"附录"收入本书，就连我的博士后出站报告《后记》亦未能享受特别"优待"。对此，我铭记着诸位师友（包括未来得及一一提及的师友）对我的帮助和厚爱，希望将来在本书修订时能够弥补这一"缺憾"。本书能够顺利完成离不开"中国博士后科学基金资助项目"的支持；本书能够顺利呈现在读者面前，离不开社会科学文献出版社人文分社宋月华社长的关心。在此特致谢忱！

2019 年 11 月补记于长沙跃进湖畔

图书在版编目（CIP）数据

民间法哲学论：一种中国特色法哲学建构论纲 / 姚
选民著 . —北京：社会科学文献出版社， 2019.12
　ISBN 978-7-5201-5516-8

　Ⅰ.①民⋯　Ⅱ.①姚⋯　Ⅲ.①法哲学-研究-中国
Ⅳ.①D920.0

　中国版本图书馆 CIP 数据核字（2019）第 201292 号

民间法哲学论
　　——一种中国特色法哲学建构论纲

著　　者 / 姚选民

出 版 人 / 谢寿光
组稿编辑 / 宋月华　罗卫平
责任编辑 / 罗卫平
文稿编辑 / 潘琼阁　罗卫平

出　　版 / 社会科学文献出版社·人文分社（010）59367215
　　　　　　地址：北京市北三环中路甲 29 号院华龙大厦　邮编：100029
　　　　　　网址：www.ssap.com.cn
发　　行 / 市场营销中心（010）59367081　59367083
印　　装 / 三河市尚艺印装有限公司

规　　格 / 开　本：787mm×1092mm　1/16
　　　　　　印　张：16　字　数：211 千字
版　　次 / 2019 年 12 月第 1 版　2019 年 12 月第 1 次印刷
书　　号 / ISBN 978-7-5201-5516-8
定　　价 / 98.00 元